安徽师范大学徽学研究丛书

绩溪方言俗语

JIXI FANGYAN SUYU

邵名农◎编著

安徽师范大学出版社

·芜湖·

图书在版编目(CIP)数据

绩溪方言俗语 / 邵名农编著. —芜湖:安徽师范大学出版社,2020.1
ISBN 978-7-5676-3711-5

Ⅰ.①绩… Ⅱ.①邵… Ⅲ.①江淮方言—俗语—方言研究—绩溪县 Ⅳ.①H172.4

中国版本图书馆CIP数据核字(2018)第174414号

绩溪方言俗语　　邵名农◎编著

责任编辑:蒋　璐　　责任校对:孙新文
装帧设计:张　玲　　责任印制:桑国磊
出版发行:安徽师范大学出版社
芜湖市九华南路189号安徽师范大学花津校区
网　　址:http://www.ahnupress.com/
发 行 部:0553-3883578　5910327　5910310(传真)
印　　刷:江苏凤凰数码有限公司
版　　次:2020年1月第1版
印　　次:2020年1月第1次印刷
规　　格:700 mm × 1000 mm　1/16
印　　张:17
字　　数:254千字
书　　号:ISBN 978-7-5676-3711-5
定　　价:55.00元

绩溪方言语境探秘(代序)

方　静

在古徽州一府六邑中，绩溪地处山区，东有鄣山之固，西有大会山之雄，扬水襟其南，丛山鄣其北，偏远而闭塞。研究这一特殊地理文化圈中的方言语境，必须研究绩溪土著人群结构和战争移民，必须研究文化、天灾、行政隶属变化等因素给语境带来的综合影响，从中发现语言碰撞、变异和自身发展的路径和规律。

一、人口迁徙是方言产生的基本条件

方言是带有地域性的语言。徽州方言，又称“徽语”，脱胎于古吴越语系，是中国最古老的南方方言之一。绩溪方言是徽州方言的一种，迄今仍保留着晋唐以前大量吴语口语词汇和发音特点。

1.绩溪方言与吴语有紧密联系

绩溪有三千年以上的文明史。新石器时代，绩溪境内华阳镇的方家园和镇头等地就有人类聚居。周穆王伐越，扬越人徙居境内，始有扬之水（今扬之河）之名。秦时，百越中的一支东瓯越人，溯今新安江徙歙地山区，史称“山越人”，为绩溪早期居民的组成部分[①]。《越绝书》云：“乌程、余杭……芜湖、石城县以南，皆故大越徙民。秦始皇刻石徙之。”东汉建安十三年（208），在东吴大将贺齐等出兵征讨下，土人大量被杀或逃亡，剩下的山越人

① 绩溪县地方志编纂委员会编：《绩溪县志》，黄山书社1998年版，第127页。

被赶出深山，与吴国人[1]融合形成早期的吴语社区。两晋时，北方士民因避战乱而纷纷南迁于徽（绩），既带来了先进的中原文化，也携带着中原古语，并在徽语中沉淀，极大地丰富了徽语的内涵。

由于人口迁徙频繁，先后有七十八个大姓落户徽州（包括绩溪），并在这块土地上聚族建村，繁衍生息。显然，战争移民对语言环境的冲击最大，它打乱了绩溪语境的纯净，再加上周边商贸交流活动的长期渗透，徽州方言的语境也在发生着变化。

虽然徽州方言的语境发生着变化并受外来词汇的影响，但令人称奇的是，以吴越语为根基的徽州方言体系从来都未被“外来语”撼动过。这得益于徽州地理文化单元的相对独立，得益于徽州聚族而居的传统，得益于徽州家族语言传承的树大根深。这是绩溪方言生存的基本语境。

2. 江淮官话削弱了徽州方言的影响

语言是交流的工具。在语言自身发展过程中，历来受统治者或官方导向的影响。地方行政长官以训化土著文化为己任，如东晋李忠任丹阳太守，“以文化人”自居，意在改变土著越人的“椎髻鸟语”之俗。南朝梁大同元年（535），析歙县华阳镇置良安县，治今绩溪华阳镇，带来了官方语言。由于吴语长期“统治”着江苏、安徽两省中部的江淮地区，出于政治需要，吴语后来渐渐上升为“江淮官话”。

作为中国标准语的官话，两晋南北朝以来分为南北两支，北方以中原官话的“洛阳音”为代表，南方以江淮官话的“南京音”为代表。而以北方方言为基础的中原官话直到清代中叶以后才逐渐取代江淮官话的“南京音”成为中国官方的标准语。“江淮官话”的升级，对以吴语为内核的徽州方言影响到底有多大，对绩溪方言的影响有多少，不得而知。

早期徽州移民多数为政府文官或带兵战将，他们携带的是“官话”，如中原官话或江淮官话。因种种原因他们留居绩溪，慢慢接受当地方言，对当地

① 绩溪古属吴国。

方言影响不大，但在文化、风俗方面影响深远。大致有三种情况：

一是在绩溪或歙州任职留居的。如高氏、葛氏、胡氏（龙川胡、明经胡）、方氏、柯氏、任氏、俞氏、唐氏、冯氏等。较典型的是冯氏，唐咸通六年（865）歙州刺史冯子华次子延普，偶至绩溪岭北白沙，爱其山水，筑室定居，定名冯村。一千多年来，冯姓分布浩寨、冯村、华阳、方村、新川等10多处村镇。此外，周氏，唐中和元年（881）江西鄱阳湖垚公官歙州刺史，正值黄巢之乱，隐居绩溪虎头山，后人称其地曰“周坑”。周姓分布梅间、竹里、石门、湖里、城西等。方蕴，桐庐白云源人，宋雍熙年间任绩溪县令，咸平年间任满后定居绩溪浒里，成为绩溪方姓一族始祖。由于这些人讲官话，虽难入当地方言圈，但并不影响交流。

二是为躲避战乱移民的。如上金山陈氏、朱显包氏等。陈氏，南朝陈文帝第四子伯固封新安王，居新安（歙县）。陈亡，伯固之子陈鑑避难隐居绩溪岭北上溪山（今上金山）。唐末，其裔迁蜀马。陈姓今分布蜀马、蜀水、高山、沙坝等10余村。绩溪包氏，南宋初，包拯六世裔包聚和避金兵从合肥南迁，辗转定居荆州朱显。后裔居钱家坞、下村党、凹塘、高村、万富山等28处村镇。这些人最初讲来源地语言，听不懂当地语言，后慢慢被绩溪方言同化。

三是偶然旅居的。如仁里耿氏、荆州何氏。南北朝时期工部尚书耿源携弟耿汝进游历徽州，逆练江而上，“误入”登源洞，看中“仁里”吉地而定居。宋咸淳年间，浙江汾水（今属桐庐）何栖凤任绩溪县丞，后调昌化县丞，赴任途经绩溪荆州，爱其山水，赞其“别有天地”，辞官后，居家荆州，很快融入了当地方言圈。

这三种情况，由于是个体性、间隔性、分散性的迁入，对绩溪本土方言影响不大，但这些人对推广“江淮官话”起了重要作用，从而使绩溪方言与“江淮官话”差异逐渐缩小。“江淮官话”的主要特点是声母浊音清化，并保留了其他官话里面都已经消亡的“入声”，这也是徽州（绩溪）方言的一个基本口语发音。绩溪方言常用词汇还可从更古老汉语中找到“来源”。徽州（绩溪）方言还保留了大量俚语、谚语，这些俚语、谚语蕴含了古老的语境信息，语言表达比江淮官话更为古远、生动、纯净和接地气。

3.移民对绩溪方言的阶段影响

人的流动过程也是基本口语、语言信息、用语习惯的携带过程，每一批每一个南迁移民定居绩溪都是对绩溪方言纯净性的挑战，每一次移民后代繁衍都是对方言土语传承的一次考验。然而徽州移民的迁徙大多是“零散迁徙”，这种迁徙模式对当地语境的影响大大降低，有的甚至可以忽略不计。根据族谱及县志资料，绩溪移民大致可分三个阶段。

第一阶段：唐朝及唐以前阶段。清嘉庆《绩溪县志》称唐朝以前居民为“土人”或土著人。两晋及黄巢战乱，为躲避战乱，南迁人口较多，绩溪先后共有胡、汪、陈、耿、叶、冯、高、葛、洪、程、周、曹12个姓氏迁入。这是迁入绩溪最早的移民，如周坑周（饶州）、华阳高（金陵）、仁里耿（淮阴）等，他们散落在绩溪徽岭山脉附近的村落，后繁衍形成了大族。这些人定居下来之后，与绩溪原居民融合，后裔成为原住居民的一部分。

第二阶段：宋元时期。由于北方战争不断，南宋又移都临安（今杭州），大量移民涌入徽州。此时先后共有方、戴、柯、任、王、倪、许、章、俞、邵、姚、舒、吴、包、张、唐、黄、姜、李、朱、石、余、郑等23个姓氏迁入绩溪定居。其中包括婺源明经胡（湖里）、桐庐方（浒里）、新安许（南关许）等，而且有一部分是从邻近的歙县、旌德、昌化、休宁、婺源等地迁来的，如歙县左汊张姓、歙县石姓、昌化潘姓、旌德李姓等。这时的村落语言区域已定型，这些个体移民对绩溪方言的影响有限。

第三阶段：明清时期。迁徙原因一部分是因战乱，一部分是为官、经商、游学等。此阶段有董、金、宋、丁、江、凌、纪、鲍、路、穆、郎、昌、喻、吕、赵、成、殷、孙、钱等19个姓氏迁入绩溪，这些姓氏大部分都是从歙县、旌德、婺源迁来的，且以明代迁徙为多，到清代后期这种大规模的移民迁徙已基本结束。

笔者对绩溪的移民做了一次调查，移民的语言变化主要有两种情况：第一，移民自己择地开村聚族而居的，这是绩溪较早的移民方式，由于聚族而居，在相当长的时间内保持着原属地语言不变，但因与当地人往来，经过三四代人后，开始接受绩溪方言，但或多或少保留了原属地语言。第二，移民是在已建村落及附近定居的，这种移民的语言分化更快，第一代移民讲原属地语言，第二代移民就接受了绩溪方言，但掺杂着一部分原属地语言，到了第三代后即讲绩溪方言了，原属地语已不会讲了。

二、绩溪话南北片区主要成因

明嘉靖《徽州府志》载："六邑之语不能相通，非若吴人，其方言大抵相类也。""大抵相类"，只是说"大致相似"，多数是"十里不同音，隔山不同调"。在绩溪徽岭山脉的阻隔下，绩溪话形成了岭南话和岭北话两个独立的片区。而且，这种地理语境结构一直保持至现代。当然，造成绩溪话现状的原因，除了人文历史背景之外，主要来自地理及移民影响。

1.徽岭山脉影响

绩溪以徽岭山脉为界，形成岭南、岭北两个相对独立的语境空间。尽管绩溪话的源头为吴越语，岭南、岭北两个区域由于长期的阻隔，人流物流互动机会极少，语言差异十分明显。绩溪这种依山傍水、聚族而居的古老生活模式，在相当长的时间内，造成了岭南、岭北语言差异性的发展。岭南话和岭北话究竟谁更古老，更能体现吴越语特点，这可能需要更深入地研究！

徽岭之南的岭南话区域：以县治华阳镇为中心，包括瀛洲、伏岭、北村、逍遥、胡家、家朋、荆州、和阳、扬溪、金沙、校头、尚田等地，人口约占县境的百分之七十。荆州、逍遥、鄣山、伏岭一带与浙江临安、昌化、淳安、安吉等相邻。中部和南部地势平坦，水陆较便。由于县治所在，岭南人流相对较多，且岭南与徽州府治歙县较近，岭南话自然也成了“绩溪官话”或绩溪代表性方言。

徽岭之北的岭北话区域：大源、长安、浩寨、旺川、上庄，人口约占县境的百分之三十。与岭南话相比，岭北话的进化过程更加扑朔迷离，难解之谜更多。

2.三大河流影响

绩溪山高谷深，县内扬之水、登源河、大源河三条主要河流均为源头水。全县近九百多个自然居民点，大多“依山傍水”。岭南话集中在县城华阳镇为主体的扬之水和登源河流域，这里自古水运较发达，上接徽州府属之地，桐坑、胡家、家朋及丛山关以下的金沙河、戈溪河、龙溪河、莲坑河，经宁国流入水阳江，入长江水系，这些地区也属岭南话范围。

讲岭北话的主要集中在大源河流域，包括常溪、昆水、到溪、茶源水、新岭水，涉及上庄、旺川、大源、临溪等地。岭北河流分散，河面较窄，水量不大，河流阻碍了人口流动，对岭北话的发育起到了保守作用。

3.行政区划影响

行政区划的变动往往改变了语言交流群体和方向，这对方言也会产生影响。绩溪话属徽州方言的“歙绩片”，表明与徽州府其他县的区别。绩溪原属歙县华阳镇，五代梁朝从歙县析出建良安县，后又经历撤并分合。但绩溪县和歙县地理山水相连，语言接近。迄今，歙县人听得懂绩溪岭南话，但绩溪人已听不懂歙县话了。民国时绩溪原大源乡从歙县划出，大源的绩溪话带有较浓的歙县北乡口音。

三、古村落是绩溪话的生存空间

绩溪人聚族而居的传统使得村落成为语言生存的基本空间，家族成为语言社区的核心。绩溪人“不染它俗”的顽固文化个性，使任何一种外来方言都有可能被本土语言“统一”或“同化”。因此，村落地理文化越成熟，方言语境就越古老越稳定。

1.村落久远与语辞古僻相辅相成

语言是人类历史文化的“化石”。由于长期处于独立地理文化单元，绩溪话中的单音节动词较丰富，从中可以看出与古汉语较接近的痕迹，如斫、俵、着（将你一身着）、害、煮、作、嚎、焐、焙、嬉、野、荡等。目前绩溪话中常用的“嬉”“野”“荡”在普通话中已用“玩耍”替代了，“嚎”用“哭”替代了。有时无法用汉字表达，故绩溪人自创了许多“土字”，仅在区域内通用，这些土字现代人只能“意会”，如闶（呼狗的声音）、尯、熥（取暖竹具）、狪等。还有些词组与现代汉语词组结构恰好相反，但含义相同，体现了词语组合由古迄今的微妙变化。如，绩溪话中的欢喜、闹热、鸡公、鸡母、火萤虫、墙围，普通话中分别为喜欢、热闹、公鸡、母鸡、萤火虫、围墙。

在绩溪话中，许多带有俚语性质的词组至今仍在使用，如“好点稼”“不打紧”“伤阴骘”“好作孽”“跌下肚（记不着）”等，这些词组用词语境固定，语意表达明确。另外还有一些常用结构性句式，如：作兴（也许），生成功（天生的），等。

2.宗族语境与称谓礼仪相伴相生

村落宗族文化是语言生存的基本土壤，绩溪方言的顽固性是基于聚族而居习性的牢固性。这种群居习俗不但使村落在政治上形成了强大的宗法自治体系，而且在语言上也形成了自己的“方言王国”。正是这样比较稳定的语言环境，使得吴越语的再生延续在客观上成为可能，也使得徽州方言因“文化围墙”阻隔而很难融入其他语系中。

首先是男女有别。无论妇女生前死后一律称之为“孺人”。女人婚后称为“老妪”，对应的男性则称“老倌”。老妪，在徽州土话中，是老婆、妻子的专用称呼。称新娘子为“新人”，对应的男性则称“女婿倌”。称童养媳为“细新妇”。统称祖父为“朝（奉）”，突出官本位思想。祖母为“婺”，曾祖母为

“太婺”，母亲为“姆”，父亲为“伯”。

其次称谓雅俗共存。族人围祠而住，出生后须按祠堂规定，以辈分取族谱名，为正式名字。所有社会称谓，如姻亲、血亲、堂亲、表亲、远亲均按伦理亲疏称呼。不论年龄大小，对血缘长二辈以上的称“公”“娘（第二声）”，如“伯公”“叔公”“姑公”“舅公”“姨公”“太公”“太太公”“大娘”“细娘”“伯娘”“叔娘”。五服内外沾亲带故的姻亲，均可互称为“亲丫（家）公”“亲丫（家）婆”。

另外，绩溪许多村为一姓村，平常口语“喊名不带姓”。大人、小孩、男女分层次等级，还有许多泛称，如嬶、细鬼、细人家、大人家，老人家、姐妹家、女家、男子家、老妪家。

第三是贱名、寄名文化丰富。因婴儿死亡率高，出于恐惧心理，想借助“超自然力”来改变命运，贱名、寄名现象普遍。父母给刚出生的婴儿取贱名，意思就是借助抗病灾强的动物或生命力较强的人“神力”，意在“好养”，如小虎、小猫、来狗、逃荒、讨饭、家化。寄名，也称“傍神佛”，是旧时绩溪普遍的做法，以求得神灵暗中的保佑。如寄给地方神汪公老爷称汪某某，寄给社公称社某，寄给观音叫观某，寄给周王老爷叫周文、周武、周成等。也有寄给人丁大户、旺盛人家，随他家辈分姓氏取名，以便借助他族强大生命力量求平安。

3.村落土语与书面借鉴相互映衬

绩溪邑小士多。文人作为乡贤，对方言词汇的影响也不可忽视。乡间“说鳖”，说书人“借用”戏曲语言、庙会语言、祭祀语言、喜庆吉言、民谣谚语等，只要大家听得明白，被人接受，便可在一定区域流传开来。如《水浒传》中“梁山上下来的”，指性格豪爽或粗野之人；戏曲《包龙图》中的“陈世美”，指抛弃贫贱之妻的人；“三言二拍”等白话小说中的“保证婆”，称好管闲事的人；《三国演义》中“蛮张飞”，指做事猛撞的人。徽州（绩溪）民间创造的本地土语如“烂肚宝”“塌皮秀才”“多到嫂”“火殃婆”等，通俗易懂，含义深刻。“烂肚宝”指机智诙谐但坏点子多的人，“塌皮秀才”是指穷困潦倒的文化人，“多到嫂”是指招惹是非的女人，“火殃婆”指为两面讨好搬弄是非的人。再如土地公、老爷菩萨、茴香豆、骚鸡公、辣椒蒂、拖油瓶等，这些书面语词被嫁接到了绩溪方言上，在特殊的村落语境中被赋予了新意，给方言土语带来了生命活力。

绩溪宗族祠规族训严谨，禁忌避讳词语较多，这也是绩溪方言的特色，如担肚（怀孕）、过背（去世）、身上来（月经）、同房（性交）、病娒（怀孕初期反应）。

四、岭南、岭北话的差异比较

绩溪县域内，南北相对隔绝，方言差异性较大。总体上，绩溪方言发音特别，吐字“急速轻快”，没有卷舌音，不会后鼻音，x、s、z不分，分不清l与n，分不清c与s，故绩溪有讲话节奏“像日语”，发音高低似“狗打架”之说。外来移民又增加了绩溪方言的复杂性，留下了一些“错音痕迹”，在岭南、岭北形成了“方言杂音”地块。近百年来，随着交通改善，绩溪岭南、岭北方言出现了同化的趋势。

1.南腔北调的发音个性

绩溪方言因地理原因造成了“南腔北调”。南腔，指岭南话语速稍快，抑扬顿挫有力（所谓“硬”），收尾利落。北调，指岭北话语调较软，吐字轻缓，尾音拖长，音感较柔（所谓“软”）。

1934年，语言学家赵元任等人在绩溪做过一个方言调查，写成了《绩溪岭北音系》一文。文中对绩溪岭南、岭北、城内方言的声母、韵母、声调、连音作了列表记录，指出绩溪方言声母n、l不分，韵母z是舌尖前韵母。

岭南话中，“洪”与“冯”不分，“柱”“取”“鼠”同音。岭北话中，h、f不分，且没有zh、ch、sh翘舌音，h、f不分。

2.南物北事的表达差异

绩溪方言自身发展过程中，南北村民长期固守各自生活语境，在宗族源流、鬼神信仰、饮食嗜好等不同背景下，创造了各自不同的谚语、俗语等常用语。

日常口语交流是绩溪方言词汇创造的源泉。如，“请老郎”“死说东贵”“死说乱聊”“许德元家儿子”“南瓜藤下芦稷秧”“说海盖”等，这些词汇源出岭南，有一定的故事背景和特殊词义。如“请老郎”的故事发生在岭南霞水村，“死说东贵”中的东贵为岭南磡头人，“许德元家儿子”的故事发生在岭南霞水村。而岭北也有不同的俗语或谚语习惯语，如“沈家沈大汉，挑米挑三担，砌好仙人磅，赶到竦岭上”，故事发生在岭北浩寨。

绩溪方言常常通过动词重叠以强化形象效果，使语言表达、语词意韵更加精准透彻，而这些形象性词汇的创造是源于生活实践的积累，并不是随心所欲的。岭南、岭北由于生活背景不尽相同，生活习惯存在差异，形象性词汇的创造上显示出不同的特点。如岭南话中“拍拍满”“试试看”“压压扁”“刮刮叫”“呼呼扣”“剁剁吃”“走走看”“歇歇力”等，采用动词加形容词的模式。岭北话中则较多地用一些形容词或名词后缀，以增添语气或程度，如“骚切切”“乌隆隆”“甜蜜蜜”“热烘烘”“咸津津”“苦汁汁”“辣绵绵”“红艳艳”“水汪汪”“特为为”等。当然，随着南北交通的便利，这种形象性词汇的创造差异正在渐渐缩小。

3.南来北往中的区块“杂音”

若深入观察，绩溪方言中岭南、岭北两个方言片区中都有特点鲜明的“杂音圈”，这主要受边界语言或小规模移民群的影响。因此，一些研究者主张，岭南话中除了县城周边的“绩东片”，又分“临溪音”“尚校音”“荆州音”，岭北话中又独立出“大源音”。

临溪音。临溪音是典型的移民杂音。临溪介于岭南、岭北间，东部与歙县交界，有些村落是中华人民共和国成立后才划归绩溪的，长期受歙县话影响。因移民原因，部分村民讲淳安话、安庆话，也有的是岭南话与原祖籍地语言相混合。

尚校音。尚田、板桥头、校头一带，长期受旌德县边界语言影响，口语尾音较重。最典型的是“代”与“袋”不分，“会”与“坏”同音。

荆州音。荆州地处绩溪最东部，东与浙江昌化捣石相邻，两地通婚多，经济联系紧密，历史上有一段时间划归浙江昌化，受浙江临安语昌化（十二都话）音影响，互相能听懂，少数人互相能交流。荆州音主体上属岭南话的范畴，尾音有区别。典型的是“人”的发音变成了“银”。

大源音。大源位处徽岭之下，包括里洪、外洪、大源、上源、到溪等地。大源原隶歙县北乡，后划归绩溪。从渊源上讲，大源人原讲“歙县北乡话”，多受歙县大谷运一带方言的影响，后被绩溪岭北话同化，但仍有歙县北乡话口音。

五、保护绩溪“乡音”的路径

徽州方言是徽州人的母语，绩溪方言是绩溪人的“乡音”。绩溪方言蕴藏着先人的语言智慧，饱含文脉延续的大量历史信息，也嵌入了绩溪人世代的情感与乡愁。近些年，包括绩溪在内的徽州方言语境遭到破坏，讲方言人群在迅速萎缩。这给徽州文化带来了严重的挑战。

1.尊重方言选择，保护方言语境

绩溪话是绩溪人生产生活的工具和文化传承的载体。千百年来，绩溪方言依托古村落生存，语境由相对封闭渐变为开放。尊重方言选择，就是不歧视、不排斥方言，不要过多地干涉正常方言的交流。

一个家庭家族，一个村落社区，都是通过口口相传来延续母语，编织基本语言环境的。绩溪话是绩溪人母体带来的自然选择，是绩溪人的第一语言，讲绩溪话、说方言故事、唱方言歌谣是语言遗传。随着对外交流语言自主性的加强和“官话”应用的推广，绩溪人对语言选择有了多样性。尊重方言选择的前提就是不能人为地改变方言村落的乡土语境，让方言有个传统的栖息地。

2.守住口语原生态，留住绩溪乡音

绩溪话是“绩溪乡音”，是文化原生态的重要表征，是乡愁的情感密码。留住绩溪方言乡音才能延续绩溪文脉，保存千年文化“本真”。“乡音”是绩溪人的基因，充满了乡土气息，是村落文化原生态的鲜活标识。

绩溪口语，尤其是独特的谚语俗语，如同汉字结构或笔画，是我们认知绩溪历史的切入口，是探索绩溪先祖迁徙脚印的最好路径。从绩溪乡音口语中，我们可以发现绩溪人表达物事方式的渐变，发现古词古语的词根词源，发现“外来语”的踪迹，发现绩溪话中一语双关、一音多调、一词多义背后的故事，发现方言单词组合再生的一般规律。而这些，只有在方言语境生态下才能生存复制。

由于绩溪方言交流的缺陷性，并随着交通便捷、信息发达、人群流动的加速，一些绩溪话被“洋化”“官话化”，绩溪方言阵地已“四面楚歌”。因此，守住绩溪口语的原生态，让绩溪“乡音”不绝于耳，是我们这代绩溪人的历史责任。事实上，一些有识之士已展开了一场“方言保卫战”，官方也开始尝试建立方言录音档案，表明了包括绩溪话在内的徽州方言文化价值正在得到重视。

3.解放思想，重视幼儿方言教育

徽州方言作为一种非物质文化遗产，其传承在现代社会充满了不确定性。当村落语境的文化原生态环境受到外来力量冲击时，方言土语的生命力会受到无声的干扰和削弱。如果一对父母不愿教子女方言时，如果每一户家庭的方言交流“不畅”“不适”时，如果绩溪方言受到幼儿、小学启蒙教育强烈排斥时，那么绩溪方言的传承将受到致命打击。

绩溪方言包括母语教育（幼儿学语）、家庭教育（生活学语）、社会教育三个层次。而最为重要的是母语自然遗传及家庭家族的原生态方言环境。只有守住原始方言语境，坚持方言母语学习，方言口语才能永续。为母婴交流创造纯净的方言环境，让喃喃学语学会“绩溪声音”，这是绩溪方言最为重要的起点。幼儿教育、小学教育中不能排斥方言而应将方言学习列入教学规划，尤其是在小学教育中开展必要的绩溪方言教育。过去上小学，老师、学生都讲方言，故“少小离家老大回，乡音无改鬓毛衰”。同时，我们应该发挥独特的方言魅力，重视方语歌谣、方言诗词、方言演说的表演功能。

古语有云：“宁卖厅，不卖音。”绩溪方言的“生死”，不仅仅事关生活圈、文化圈、经济圈，而且事关区域文化传承，事关祖先语言的继承。这需要政府主管部门解放思想，需要一批热心人士的呐喊，需要一批志愿者坚定不移的大胆实践和无私奉献。正如一位徽州人所言：“我们这代人注定是迁徙奔波的一代，注定是推动改天换地的一代。地名改了可以恢复，房子拆了可以重建，如果把方言丢了，乡音就永远消失了。”

目　录

第一章　绩溪方言[①]

徽州方言是产生于、使用于徽州地域内的语言，原划入吴语这个大方言区，但后来大家都认为与吴语差别较大，现在徽州方言已被语言学界归入独立的方言，成为汉语十三种一级方言之一。究其源，徽州方言是历史上几次人口大迁徙，外来的中原人与当地的土著居民语言碰撞、渗透、融合的产物。

绩溪方言是徽州方言之一，绩溪方言具有徽州方言的基本特点。绩溪方言与徽州方言的其他语言区一样，有比较完整的语言结构和丰富的语词内涵，但没有独立的文字，必须借用汉字来记载。虽然绩溪方言与普通话的读音相差甚远，有些词语的读音截然不同，好在绩溪方言的词语表达意思和语法与普通话差异不大。

绩溪方言片区的划分

绩溪方言区内又可分为若干个方言小区或片区。笔者认为绩溪方言区以横跨绩溪县的翚岭山脉为界，划分成两个大片区，即岭南大片区和岭北大片区。岭南大片区内又分为城关片区、临溪片区、绩东片区、万莲水片区、荆州片区、尚板校片区，岭北大片区内又分为岭北话片区、大源话片区。

城关片区。即以华阳镇为中心，包括瀛洲镇、金沙镇、扬溪镇在内的区

① 因笔者为绩溪文化爱好者，并非专业语言学研究者，故本书仅为通俗读物，非专业语言学著作。为行文通俗易懂，本书中绩溪方言与绩溪话通用，不作区分。

域。华阳镇自绩溪建县以来一直是县治所在地，当地的语言自然就成了绩溪的官方语言。自城区至丛山关再通往宁国境内的山路是历史上一条交通要道，随着芜屯公路和皖赣铁路的开通，这条路线成了绩溪的交通大动脉。由于交通便利，绩溪官方语言自然就辐射到扬溪镇和金沙镇（临溪镇则是一个例外）。瀛洲镇距城区很近，互动频繁，语言与城区也相近。该语言片区地域面积约460平方公里，人口约8.5万。

临溪片区。即现在临溪镇的范围。临溪镇南与歙县的北乡接壤，有几个自然村还是1956年从歙县划入的。该片区的语言受歙县北乡话的影响较大。历史上临溪是血吸虫病的重点疫区，曾经一度人口锐减，后来安庆、巢湖、新安江水库库区等地一大批移民来临溪定居。据统计，临溪的移民来自九省十三县。这些外来人口对当地语言的冲击、同化作用也是不可小觑的。如临溪镇雄路村七十六户居民中只有一户是原居民，其余都是外地迁徙来的。该村语言与临溪其他村的语言差异也不小，甚至上雄路与下雄路两个自然村的语言都有差异。历史上临溪曾是练江上游重要的水陆码头，曾有“小小绩溪县，大大临溪镇”之称，南来北往的人流，对当地语言的影响也是很大的。临溪镇虽距绩溪县城很近，但两地语言的差别非常大。该语言片区地域面积约96平方公里，人口约1万。

绩东片区。包括现在的伏岭镇、家朋乡（原和阳乡的万富山、莲坑、水浪头三个村除外）。该片区有许多聚族而居的古村落，语言原始、保守，语音较生硬。原大障乡、逍遥乡虽地处深山，且与浙江、歙县交界，但居民基本上都是从伏岭、北村等地迁徙去的。他们一直与祖居地有着千丝万缕的联系，从未中断过往来，所以他们的语言与祖居地的伏岭、北村没有什么区别。该语言片区地域面积约260平方公里，人口约3.4万。

万莲水片区。即撤乡并镇前原和阳乡的万富山、莲坑、水浪头三个村所辖范围。该区域南往和阳村、家朋乡必须要翻越海拔700多米的峤岭，西、北两个方向均与宁国市接壤，河水也流向宁国市境内，东向与浙江省的岛石镇毗连，翻过一座小岭就进入了浙江境内。岛鸿公路（浙江岛石镇至宁国市鸿门镇）穿越该区域。由于交通便利，对外交往较多，特定的地理环境加之受外来语言的影响，形成了该区域与绩东片区语言上的一些小差别。该语言片区地域面积约10平方公里，人口约0.15万。

荆州片区。即现在的荆州乡管辖的范围。该片区是西天目山脉群山间的一个小盆地，距县城53千米，与其他乡镇之间均有海拔千米以上的高山阻隔。而荆州河水流往浙江，顺流而下就是浙江省的新桥镇，荆州的东、南、东北都与浙江接壤，历史上还曾一度分属安徽、浙江两省管辖。特殊的地理环境和历史，古老的方言加上浙江昌化语言的影响，形成了颇具特色的荆州话。虽地处岭南，但与距离最近的绩东片区的语言也有很大的差别。该语言片区地域面积约24平方公里，人口约0.7万。

尚板校片区。即撤乡并镇前的尚田乡（大谷、柳村两个村除外）、校头乡、板桥头乡。撤并后，该区域现在统称为板桥头乡，其东北、西北均与旌德县接壤，原尚田、校头两乡到旌德县城比到绩溪县城要近得多。尚板校片区的语言自成一体，不同于岭北话，与岭南其他片区的话又有不少的差别。该语言片区地域面积约130平方公里，人口约1.2万。

岭北话片区。即包括撤乡并镇前的浩寨乡、旺川乡、上庄镇、长安镇、原尚田乡的大谷和柳村两个村，也就是绩溪县历史上的四都、五都、六都、七都和八都。该语言片区地域面积约165平方公里，人口约3.5万。

大源话片区。即撤乡并镇前的大源乡范围。该区虽居翚岭以北，但历史上一直属歙县管辖，直到1956年才划归绩溪县管辖。由于长期以来与歙县北乡的交往多，受歙县北乡话的影响较深，故大源话与岭北话也有较大的差别，更接近歙县北乡话。但该区内与绩溪上庄镇毗邻的梨川、里洪、外洪等几个村的语言又接近岭北话一些。该语言片区地域面积约45平方公里，人口约0.4万。

绩溪方言的个性特点

2016年2月至4月，黄山市档案局和绩溪县档案局联合进行了绩溪方言语音档案的收集存档工作。绩溪县档案局在这次配合黄山市档案局进行徽州方言语音档案建档工作中，从上文所述的各个方言小片区中挑选了十三位土生土长的当地人担任语音员，他们是：城区的章洪立（87岁）和许蕴仪（83岁）、华阳镇洪上塘村的程明顺（53岁）、临溪村的赵正中（80岁）、大源村的程洛飞（55岁）、冯村的冯继托（63岁）、上庄村的胡洪忠（63岁）、板桥头中村的戴友之（70岁）、尚田村的汪自源（73岁）、伏岭镇胡家村的胡亚虎（67岁）、荆州下胡家村的胡其水（70岁）、家朋乡万莲水村的曹新体（47岁）、伏岭村的邵宗星（66岁）。这次录制语音档案以标准文本加自选文本为内容。标准文本是必录内容，包括：1000个单字，1200个词汇，50个例句。自选文本有方言顺口溜、方言谚语、方言谜语、方言故事、方言曲艺、方言戏剧等。笔者也参与了这项工作，并有幸在录制工作完成后获得了整套文本和录音的复制件，为笔者研究和分析绩溪方言片区划分提供了原始的依据。

最近，笔者又对部分语言区的字词发音进行了补充调查。参照语音资料，结合这次走村访老、田园调查所获，谈谈本人对绩溪方言个性特点的一些认识和看法：

（一）语音方面，绩溪方言大部分字词的读音可以用汉语拼音拼出来，但也有少数的字词是无法拼出的。先用汉语拼音来分析绩溪方言的语音特点。

1. 声母l和n不分。有许多单字在使用这两个声母时用的模棱两可，有的干脆不用n而直接用l。

2. 只用前鼻韵母，后鼻韵母基本不用。如：郎（láng①）和篮（lán），绩

① 笔者对国际音标不熟悉，本书相关字词使用《汉语拼音方案》注音，部分字词注音不规范以模拟绩溪方言的读音。特此说明，敬请广大读者理解。

溪人往往都读成lán。

3.声母h和f不分。如：绩溪方言把胡（hú）读成fū、把互（hù）读成fù。汪治芳先生在《岭北方言》一书中说岭北人h和f不分，其实岭南人，尤其是绩东片区把h都读成了f，如壶（hú）读成fū。

4.绩溪方言读音基本上没有翘舌音（zh、ch、sh）。如：知（zhī），岭南话读zī，岭北话读jī；又如沉（chén），岭南话读qiān，岭北话读cēn；再如始（shǐ），岭南话读sǐ，岭北话读sì。

5.一音多字的现象很多。这种现象可能是当地人生活简单、用语简单而留下的语言痕迹，许多普通话读音相近、相似的字，绩溪方言仅用一个读音就全部包括。如：伦（lún）、农（nóng）、龙（lóng）、能（néng）、隆（lóng）等，岭南话均读成lān；又如：红（hóng）、冯（féng）等，岭南话均读成fān；再如：史（shǐ）、死（sǐ），岭南话均读成sǐ，岭北话读成sì。用语简单有好处也有坏处，如一个人的名字叫冯龙，用岭南话跟人介绍说，我叫“fān lān”，因方言读fān的字太多，读lān的字也很多，别人就会问具体是哪个字，你就得一一解释。如此等等，要深究字意，则比普通话麻烦许多。

（二）词语搭配多样。

绩溪方言不少词语搭配多样。比如“搞”字，可以用在名词前，烧饭称“搞饭”、砍柴称“搞柴”等，用在形容词前，如“搞好”“搞全”等，另外，还有“搞过去”“搞上去”等。又比如“煞”字，如吓坏说“吓煞”，非常热称“热煞”，非常饿称“饿煞”，等。

（三）词汇的组织和结构较普通话更直观、更形象。

如普通话中的“种公猪”，岭南话称“猪郎”，岭北话称“猪王”。又如普通话的野果“金樱子”，岭南话称“竽樱”（因果实形状酷似乐器竽），岭北话称“毛樱”（因果实上长满了毛刺）。再如树上的爬行虫“尺蠖”，岭南话称“量尺虫”，岭北话称“搬弓虫”（均因此虫在树上移动时把尾部身子弓起来，再把头部往前伸直身子，如此往复前行，好像在量树干、树枝的长度)。还有普通话中的“垂死挣扎”，岭南话称“踢死腿”，岭北话称“打死腿”。这类词语还有很多。

（四）两字词快读时合成一字。

两个字的词在快读时被拼成了一个字，这在普通话中也是有的，但在绩溪方言中为数不少，这可能与当地人生活方式简单，语言表达简约有关。这里试举三例。

1.如“没有”，普通话在使用时，大都可用“没”一个字代替。“没有”绩溪方言读音是mē yěi，快读则把两字合成一个字，读miè，与“灭”字同音，用汉字记录则为“冇”字。如：你家有这幅画吗？回答说“没有”，用绩溪方言说则是“冇”。

2.如“起来”，绩溪方言读音是cǐ lāi，如快读则把两字合成一个字，读“ceāi”，汉语没有同音字。如：那个事你回忆起来了吗？回答是“回忆不起来”，用绩溪方言说则是“回忆不ceāi”。

3.如“不要”，绩溪方言读音是bē yéi，如快读则把两字合成一个字，读bié，与“别”字同音。如：普通话说“那个事不要参与”，而绩溪方言则说“那个事bié参与”。

（五）词汇的后缀有丰富的特色。

1.名词后的后缀与普通话相比有增有简。

（1）用“子”字后缀仅用于指人。例如：“儿子”“胖子”“骗子”等。

（2）普通话中有些用在名词后缀的“子”字，在绩溪方言中就被省略了。例如：“竹子”就直称“竹”，“桃子”就直称“桃”，“鞋子”就直称“鞋”，等等。

（3）用“佬”字后缀，一般都含有贬义或戏谑的意味。例如：“美国佬”（美国人），“讨饭佬”（要饭的人），“外地佬”（外地人）。

（4）用“家”字后缀。例如：“小官家”（未婚男青年），“老妪家”（已婚妇女），“男子家”（成年男子），“女家”（未婚女子），等等。

2.用“头”字后缀，可以放在动词、形容词、量词、方位词后。

（1）动词后的“头”字后缀。例如：“这个朋友没交头”（这个朋友不值得结交），“那件事没讲头”（那件事不值得提），“那件事没做头”（那件事不值得做），等等。

（2）形容词后的“头”字后缀。例如：“瘦头”（指小气、吝啬的人），“硬头”（指倔强的人），“贱骨头”（指犯贱的人），等等。

（3）量词后的“头”字后缀。例如：“十块头”（指十元一张的钞票），“三间头”（指三开间的房子），“半块头”（指对某项技艺懂一些但不精通的人），等等。

（4）方位词后的“头”字后缀。方位词可以单用，还可以叠加用，以示加强，有“更”“再”的意思。例如：“里头”（里面），“里里头”（更里面）；“高头”（上面），“高高头”（再上面）；“前头”（前面），“前前头”（更前面）。

3.绩溪方言中用于后缀的字还有很多。如：“鬼”字，例：“赌博鬼”（嗜赌成性的人），“追命鬼”（骂家中经常惹是生非的人），“夜饭鬼”（骂傍晚出来干坏事的人），等等。又如“匠”字，例：“瘌瘌匠”（喻容易发火的人），“嚓屎匠”（指不讲道理的人），“收官匠”（小孩见了不敢调皮的人），等等。再如“添”字，例：“吃碗添”（再吃一碗），“嬉下添”（再玩一会），“你去下添”（你再去一次），等等。

（六）形容词有形容事物的程度逐步加深加强的特点。

1.例如：“有点热”—“好点热”—“热煞人了”，“有点胀”—“好点胀”—“胀来要死啦”，等等。

2.用它物的形或色来形容此物。例如：“白”—“雪白”—“竽樱花白”，“黄”—“煎黄”—“蜜蜡金黄”，“硬”—“铁硬”—“铁蛮十硬”，等。

（七）动词重叠式以示强调。例如：“洗干净”—“洗洗干净”，“讲清楚”—“讲讲清楚”，“字写端正”—“字写写端正”，“学习”—“学学习”，等等。

（八）一些方言词语是由汉语词语颠倒而成。如“热闹”说成“闹热”，“围墙”说成“墙围”，“早晨”说成“晨早”，“公鸡”说成“鸡公”，“母鸡”说成“鸡母”，“犯不着”说成“不犯着”，等等。

（九）还有一些词语当地人能正确理解，但其实是错误的用法。如两个相等的数，绩溪人却说成“差不多”。笔者上小学时亲历过，上数学课时，老师问一学生：“3+5的和与2+6的和哪一个大?”学生脱口而出：“差不多。”老师接着问：“差多少?”学生还不觉回答有错，又接着说：“就差不多。”老师告诉学生们应该说相等。

（十）绩溪方言单字读音与普通话读音相同的极少。据笔者查找只发现：五、坞、舞、武、午、舞、仵、伍、死等字绩东片区的读音与普通话相同。其他片区与普通话读音相同的单字也很少。

绩溪方言有语音却无独立的文字，只有借助汉字进行书写记录，但也有例外。绩溪人还自己创造了一些村名、人名、地名的文字，如石㮾的“㮾”字、梅圩的“圩”字、狗的别称“闵”字（“闵”字也常用于人名）等。绩溪方言好在与普通话在语法上除了少数语序有些差别以外，大多与普通话是一致的。绩溪方言的拼音没有规律可循，外地人都说听起来有点像日语，但日语有完整的拼音体系，而绩溪方言则没有。绩溪方言不光难讲，就是听懂都非常难。关于绩溪方言难懂、难讲的故事很多。

笔者的家乡伏岭村就有一个“五珍不改乡谭”（乡谭，这里指出生、成长地的语言）的故事。伏岭人擅长面点制作和徽菜烹饪，曾在苏浙沪等地开办过一百多家饭店。旧时绩溪的男孩十三四岁就要外出学徒谋生（当地称出门学生意），伏岭人在饭店学徒（当地称吃面饭）的为多。男孩到了适婚年龄就回家娶亲，也有在当地娶亲的。中华人民共和国成立后，不少人带着在外娶的妻子回到了老家。伏岭村就来了五个名字中带“珍”的女人，即“翠珍”“美珍”“爱珍”“玉珍”“赛珍”。后来这些女人在伏岭村生活了几十年，绩溪话能听得懂，但到死都没学会讲绩溪话，只能用带着绩溪方言口音的家乡话与家人、亲戚、乡邻交流。

绩溪方言“搭尔讲有”被外地人听成“冬瓜面”的故事就是一个典型的例子，故事内容请阅读方言谐音故事《“搭尔讲有”与“冬瓜面”》。

还有一则故事更能体现绩溪方言听、学、译的难度。在战争时期，我军小股部队行动时与上级联系都用报话机，敌军中有专家专门截获破译我军的通话内容，故对我军小股部队的行动及将要实施的任务十分清楚，我军小股部队陷入被动局面。一位首长想到了一个绝招：这个小股部队有几位战士来自绩溪，平时用绩溪话交谈，谁也听不懂，以后小股部队行动时与上级联系就用绩溪话。结果，敌军的专家也无法破译用绩溪话联络的内容。难懂、难学、难破译的绩溪话还在战争时期立下了汗马功劳！

第二章　方言谐音故事

方言谐音故事是以绩溪方言的发音为基础的。有的是绩溪方言中某个字或词的读音与普通话其他字词读音相同或相似，让外地人造成了误会，如故事《“搭尔讲冇”与“冬瓜面”》；有的是某种鸟的叫声恰似方言中的某个字词的发音，让人们联想并用其寄托某种情感或谴责某种丑恶行为，如故事《家家摘茶》和《贵鸟》《恶姑》《公鸡·蜈蚣和龙》；有的是某种物体发出的声响与方言的某个字词同音而产生的故事，如故事《葛志公》；有的是因为方言中的近音字和同音字而生成的故事，如《“半边”与“半坑”》《“瓦”与“哑”》。

为了让不懂绩溪方言的人也能看懂故事并感受方言故事的魅力，故对部分故事的题目和关键词语作了注音。但绩溪方言中有不少的字词是无法用汉语拼音注音的，要想让外地人读出这些字词的方言音是很难的。

“搭尔讲冇”与“冬瓜面”

绩溪岭南土语“搭尔讲冇”即“跟你说没有”。“搭尔讲冇”若讲得稍快一些极像普通话的“冬瓜面”，就是这一句绩溪方言还引发了一个小的误会，这个误会一直被人们流传着，成为人们茶余饭后的笑谈，也让外地人感觉到学习绩溪方言的难度，哪怕想听懂也非易事。想听故事，还得先回顾故事发生的历史背景。

1956年，个体工商业的社会主义改造中，县、区、乡都成立了供销合作社，以前的个体工商户都进入了供销合作社工作。伏岭的合作社成员中有两位中年妇女，她们过去都是提篮小贩，没读过什么书，也没有固定的经营场所，入社后对她们的工作安排确是难事。好在伏岭是有名的徽厨之乡，不论男女都会厨艺，妇女都是面点制作的高手。合作社领导就将她们安排在北村一家小饮食店，以面点为主，也兼炒菜、卖饭。小饮食店生意不是很好，但也能维持。随着三线厂的迁入，北村也开通了至县城的公路，外地的客人逐渐地多了起来，饮食店生意越来越好。北村公社也在区供销社的支持下成立了独立的供销社，并在北村汽车站的公路边新建了门市部和北村饭店，小饮食店的两位妇女就在北村饭店工作。

一晃十多年过去，两位中年妇女也成了老太太。她们在与外地客人的交往中，普通话勉强能听个大概，但不会说，与客人交流还只能用方言。邻近万里厂的上海职工由于长住绩溪，大多数人能听得懂当地方言，到饭店来用餐，语言交流都还过得去。恰巧有一天，两位来北村外调的外地人在北村附近的小村忙完事，来到汽车站候车去县城，此时已过了中午饭点，也没有去县城的车，饥肠辘辘的他们来到北村饭店，看见两个老太太正在收拾餐桌餐具，就问："还有什么吃的吗？"其中一位老太太用方言回答说："冇。"即"没有"。两个外地人把"冇"听成了"面"，高兴地说："面就面，来两碗。"另一位老太太说："搭尔讲冇。"即"跟你讲没有"。两个外地人把"搭尔讲冇"听成了"冬瓜面"，赶忙说："冬瓜面就冬瓜面。"老太太听了很不高兴地说："搭尔讲冇就是冇。"即"跟你讲没有就是没有"。说完，两位老太太就只顾做自己的事，不再理睬客人。两个外地人把"搭尔讲冇就是冇"听成了"冬瓜面翠丝面"，冬瓜面还加点翠丝，心想翠丝大概是青翠的菜叶切成的丝吧，这不但能饱腹，还可尝尝绩溪的特色面点"冬瓜面翠丝面"呢，耐心等待吧！左等右等就不见面条上桌，两个外地人跑到厨房一看，哪有什么面条在煮，炉灶都已熄灭。这一下，两个外地人找到两位老太太吵了起来。一边是普通话，一边是绩溪话，好不热闹。吵闹声惊动了饭店隔壁的供销社领导。领导赶来一问缘由，真是哭笑不得。一边忙向两个外地人赔不是并做出解释，一边批评两位老太太。两个外地人和两位老太太搞清了是语言沟通出了问题才造成了今天的误会，虽感到委屈但都理解原谅了对方。两位老太太重烧炉灶，为两位外地人赶制了两碗绩溪特色的手擀面。两位已经饿极了的外地人吃出了特色手擀面的美味，也吃出了绩溪人的实诚。

家家摘茶

绩溪的大山里，有一种鸟，貌似喜鹊，每年谷雨前后的清晨和夜晚，总是停留在小山村周围的树木上，对着村庄一声接一声地叫着，“gōu gōu zā cōu!”“gōu gōu zā cōu!”笔者想应该是鸟儿在呼唤着寻找配偶吧。可当地的老人却说不是的，它是由一位因悔恨忧郁而终的新媳妇的灵魂变成的，当地人都叫它“家家摘茶鸟”。你听，它叫的不就是“家家摘茶”“家家摘茶”吗？经这么一说，再听起来还真是当地的方言“家家摘茶”，叫声中还能听出几分悲痛、几分悔恨。那新媳妇如何忧郁而死，为什么她死后要变成一只鸟，年复一年地在谷雨前后的清晨和夜晚这么叫着？我们来听一听当地老人说“家家摘茶”的故事吧！

很久以前，逍遥谷大山里的一户茶农家娶了一位县城里的姑娘做儿媳。姑娘出身于一户败落的商人家庭，茶农家倾尽多年的积蓄，凑足了不低的聘礼，在一年的仲秋之月将这位姑娘娶进了门。这位姑娘虽不会做山里的农活，但还是认真地学着做。一晃，过去半年了，姑娘思娘家心切，但又不敢跟丈夫和公婆讲，终日闷闷不乐。家里人也都心知肚明，可接下来拔笋、摘茶等事非常的忙，最缺的就是劳动力。大山里交通不便，满山的木竹要变钱，需肩扛二十多里经江南第一关出山，真可谓望山兴叹。竹笋虽也不少，但价值不高，一季竹笋的纯收入不多。只有这茶叶，才是家庭一年开销的依靠，可茶叶采摘的时间性非常强。新媳妇心灵手巧，只要稍加学习，肯定是一把采茶的好手。一天，姑娘鼓起勇气提出了回娘家一趟的请求。婆婆虽不感到突然，但也有些为难，因农忙在即，虽然竹笋不是很多，两三个劳动力能应付，但茶季眨眼就到。婆婆是过来人，能体会媳妇的心情，咬咬牙，同意媳妇回娘家一趟，还派儿子将她送出山，直至上了能看见县城的登岭。

姑娘回到家，与父母日夜相伴，走亲访戚。姑娘几次提出要回婆家，母亲就是不让走。经不住姑娘的反复坚持，在娘家住满一个月那天，母亲让女儿回了婆家。可回到婆家一看，许多茶叶都老在了山上，失去了应有的价值。原本每年茶季家里都要请一位采茶工，今年以为娶了位心灵手巧的媳妇，就把每年都来他家的采茶工辞掉了。临时再请人是很难的，家里天天盼着媳妇归来，可她一个月才归，山上的茶就这么不等人地老去了。茶叶收入减少，所有积蓄也被娶媳妇时用光，今年的日子怎么过！父母骂儿子，儿子不敢对姑娘怎么样，但总是整天的不高兴，姑娘知道这都是为自己受过。婆婆心里埋怨媳妇，早一句晚一句地冷骂热讽。姑娘也自恨不该这么不懂事，只顾在娘家快活，误了自家的茶季，造成无可挽回的损失。由于悔恨交加，加上婆婆的折磨和丈夫的不理不睬，新媳妇不久便忧郁而死。她死后，灵魂变成了一只鸟，每当采茶季节的清晨和夜晚，就在村边的树上对着村庄凄鸣，以悲痛的叫声忏悔着自己的过错，告诫着、呼唤着以茶叶为主要生活来源的茶农们适时采摘茶叶。多少年来，“家家摘茶鸟”的叫声都会按时出现，从未间断过。

贵鸟

绩溪山区有一种鸟，形体像麻雀，飞起来很快。但它们都单个独飞，飞一段路停下来，“guí！guí！”地叫两声又飞走，再飞一段路又停下来，“guí！guí！”叫两声。这种鸟就这样不停地飞着、叫着，好像在到处呼唤着自己的同类。可是，老人们都说这鸟是一个黑心的后娘变的，她到处飞着叫着，是在寻找自己的亲生儿子。这又是怎么一回事呢？

很早以前，有一个后娘，她的亲生儿子叫贵（绩溪方言读“guí”），继子叫祥。这个后娘嫌弃祥，千方百计要赶走他。贵与祥虽是同父异母的兄弟，可他们亲密无间，形影不离，后娘一时也无从下手。相亲相爱的兄弟俩在不知不觉中长大了，但后娘一直想把祥赶走。这一年的芒种过后，当地已到了播种油麻（即芝麻）的时候。后娘把兄弟俩叫到面前，交给他们每人一袋油麻种和一袋勉强能维持十天的冷饭馃（即绩溪的拓馃，在山里烧个火堆，焙热了当饭吃），叫祥去种东山培，叫贵去种西山坞，并要他们看见油麻出苗才能回家。原来心肠歹毒的后娘给祥的那袋油麻种是炒熟过的，不可能再发芽。油麻不能发芽怎能出苗，那祥也就永远不能回家，所有的家产就是贵的了！兄弟俩带了油麻种和冷饭馃上山，走到岔路口的土地庙里歇脚，土地公公察知真情，心想祥种的油麻不出苗就不敢回家，可贵不一样，油麻出不了苗跑回家，母亲也不会对他怎么样。于是趁兄弟俩互相鼓励、互相祝愿的时候将他俩袋子里油麻种调换了。祥在东山培种的油麻，四天见芽，不到十天就齐了苗，于是便下山回到了家。后娘见祥回来，却不见贵回来，大惊失色，当即昏倒在地。后娘卧床数日，心知不妙，又不能向祥道破玄机，病稍好转，就直奔西山坞去找贵。可是，找遍了山坞也不见贵的身影。后来，后娘精疲力竭地瘫倒在山坡上，变成了一只鸟，时时呼唤着：“guí！guí！”从这山飞到那山。多少年过去了，至今也没有找到贵。

恶姑

有一种鸟，体型和鸽子相仿，但较细长一些，上体灰色，腹部布满了横的灰白斑纹，素雅漂亮，飞行急速无声。每年谷雨后小满前出现在绩溪，日出前和日落后都能听到它那低沉，并带一点凄凉、怨恨的“恶姑！恶姑！”的叫声。外地人说这是布谷鸟，它叫“布谷！布谷！”催促着人们不要误了农时，抓紧播谷下种。而绩溪的老人们却都说它的叫声是“恶姑！恶姑！”你们听，那叫声多么凄凉，还有一股怨恨。它在向人们倾诉，它是一位被小姑子害死的童养媳。你们看，它张开嘴鸣叫时，可以看到满嘴殷红，像鲜血就要喷出。还有的外地人说，这种鸟也叫子归。还因为它张嘴时可看到满嘴殷红，所以又叫“啼血杜鹃”。绩溪的老人们说，鸟的名字叫什么我们不管，可它叫的是“恶姑！恶姑！”还有一个关于它的故事呢！

许多年以前，梅山上的张家收养了一位童养媳。姑娘姓许，是对面乳山上许家的四女儿。张家生有两男一女，家境不是很好，怕以后娶媳妇困难，就为长子收养了童养媳。一来为了减轻今后娶儿媳的经济压力；二来也算多了一个劳动力；三来还可以与自己的女儿做伴。张家的女儿，上有一个大她两岁的哥哥，下有一个小她两岁的弟弟，就她一个宝贝女儿，从小娇惯，养成了专横不讲理的性格，平时就欺负哥哥和弟弟，更不把这个比她还小一岁的童养媳放在眼里。许姑娘来张家时才十岁，转眼四年过去，如今已出落成一位漂亮的大姑娘。张家长子已经外出学木匠，父母打算等他木匠出师后就为他们举办婚礼。

四年来张家姑娘没少欺负许姑娘这位未来的嫂子。父母不在家时，好菜自己霸着吃，只让许姑娘吃差的，有时还夺许姑娘的饭碗，不让她吃饭呢！许姑娘忍了，不告诉公婆。一起上山扯猪草时，张家姑娘偷懒，坐在树荫下乘凉，回家的路上，将许姑娘篮里的猪草抓一大半放在自己的篮子里回家冒功，许姑娘也忍了。上山砍柴时仍故伎重演，柴都是许姑娘砍好捆好，张家姑娘要挑轻的。快到家时再与许姑娘换担重的挑回家，让父母看见她比许姑娘砍得多，许姑娘还是忍了。近来张家姑娘发现许姑娘变了，也敢对她说不了。她想打许姑娘，可发现许姑娘个子不比她低，力气比她大多了。武的不行就来阴的，经常在父母面前说许姑娘的事，使许姑娘多次遭到公婆的责骂。许姑娘想，小姑子比自己还大一岁，按“开门姑，关门嫂”的习俗，小姑子在家也待不了几年了，还是忍了。小满前的一天，姑嫂两人上山拔野笋。张家姑娘上山不多时，没拔几根笋就觉得又热又累，便一屁股坐在树荫下休息。许姑娘不怕荆棘，不怕热，在竹丛中钻来钻去，野笋拔得袋子都装不下了。张家姑娘故态复萌，硬要和许姑娘分笋子，许姑娘就分了一些给她，她还嫌少不高兴。回家的路上，两人走到一处山崖时，张家姑娘想到自己袋里的笋比许姑娘少，一定还要从许姑娘的袋子里再拿一些，许姑娘紧紧地捂住自己的袋子，张家姑娘一时火冒三丈，顺势将许姑娘推下了山崖。张家姑娘左右一看，周围没有人影，放下心来。张家姑娘还沾沾自喜，又在心里编造了一个许姑娘在回家路上失足摔下山崖的谎言，然后慢悠悠地走回家，待到村口时才大声地哭喊着跑回家。父母听女儿说许姑娘失足摔下山崖，连忙邀上邻居一起赶往出事地点。众人赶到一看，许姑娘浑身血肉模糊，早已断气，可她的双手还紧紧地抓着自己装笋的袋子。张家姑娘见许姑娘已死，虽松了一口气，但见许姑娘紧抓笋袋的姿势，心里又有一些紧张。许家父母姐妹来了，听说女儿是自己失足摔下山崖而死，也无话可说。许姑娘因还是没有圆房的童养媳，就草草地被安葬了。

许姑娘被安葬后的第三天，山上就飞来了一只鸟，早上和晚上都停在村子周围的大树上“恶姑！恶姑！”地叫着。张家姑娘心虚，听到这只鸟的叫声，就疑心这鸟是许姑娘变的，是在向人们哭诉她这个“恶姑”。听着疑着，疑着听着。不久，张家姑娘就得了忧郁症，最终不治而离世。张家童养媳摔死，一只鸟又天天围着村子叫，特别是在张家的房前屋后叫得更加凄凉、怨恨。接着，和她一起拔野笋的张家姑娘又忧郁而死。老人们就说：这事背后肯定有冤情。于是，关于“恶姑”的故事就在民间被创作出来，并越传越神化，越传越完整。

公鸡、蜈蚣和龙

很久以前，公鸡、蜈蚣和龙是十分要好的朋友。那时，龙只能在地上爬行，而公鸡则有一对非常漂亮而神奇的角。有了这一对角，公鸡可以带着母鸡和小鸡们飞起来，遨游天空；也可潜入水中，嬉戏深海。龙对公鸡的这对角羡慕不已，多次恳求公鸡借他用一次，享受一下遨游天空，嬉戏深海的乐趣，公鸡总是婉言谢绝。一天，公鸡、蜈蚣和龙又聚在一起，共叙友情之后，龙又提出了借角一用的请求，蜈蚣在一旁帮忙说情，并拍着胸脯愿意作保。公鸡再也无法推托，答应借角一次。龙欣喜万分，随即带着母龙和小龙们，借助公鸡的角飞向高空。有这对角真是太好了！既可以遨游天空，俯瞰大地，藐视万物，且可以搅动乌云，把雨水撒向人间；又可以潜入大海，戏弄波涛。高兴之余又想到，角是公鸡的，还了角就没有了这一切，龙实在不想把这神角还给公鸡了。在母龙和小龙们的怂恿下，龙一咬牙，决定背信弃义，将神角据为己有。从此龙族不再返回大地，除了在天上寻欢作乐，就是躲进大海深处，筑宫称王。公鸡左等右等，不见龙来还角，就去找蜈蚣。龙借角不还，蜈蚣也无可奈何！他们既上不了天，也入不了海。

“角角家家！”（绩溪方言读为“gōu góu gǒu gòu”，“家家”就是回家的意思），公鸡捶胸顿足之余，又伸长脖子呼唤自己的神角。从此以后，公鸡到了四更天就再也无法安睡，不停地，一遍一遍地呼唤“角角家家”。天亮后，公鸡在觅食之余，到处找蜈蚣这个担保人要角。

“角角端来！”（绩溪方言读为“gōu góu dāo lāi”，“端来”就是拿来的意思）母鸡一想起公鸡没有了神角就不能带她和小鸡们遨游天空，嬉戏大海，遂向龙族讨要神角。尤其在产蛋之后，母鸡一想起自己的后代都失去了神角，叫声更为凄惨。每当母鸡带着小鸡们觅食的时候，嘴里总是念叨着：“角！角！角！”（绩溪方言读“gōu！gōu！gōu！”）还不时地叫一声：“角角端来！”仿佛在向下一代诉说鸡族曾经拥有可以飞天入海的神角，后来被龙族骗走了，叮嘱他们不要忘记向骗子讨回神角。“角、角、角……”小鸡们似乎在说：“知道了，我们将来一定会讨回神角的。”

蜈蚣也觉得很窝囊，自己一点好处也没得到，还要承担这借角不还的连带责任，后悔不该当这个担保人。公鸡、母鸡一见蜈蚣就追上去讨要神角，蜈蚣怕见鸡族，白天躲在洞里，只在晚上出来觅食。时间一长，蜈蚣干脆不再理睬鸡族。鸡族被蜈蚣这种态度激怒了，所以时至今日，只要鸡看见蜈蚣就追上去往死里啄，啄死以后还要将其吃掉，以泄心头之愤。据说被蜈蚣咬伤的人疼痛难忍，但一听到鸡鸣，疼痛顿时缓解。被蜈蚣咬伤后，民间的偏方是将鸡，最好是大公鸡的脚绑住，倒挂起来，一段时间后鸡的嘴中就会流下口水，只要在被蜈蚣咬伤的地方涂上鸡的口水，伤口渐愈。蜈蚣对鸡的不依不饶也心生怨恨，等鸡死后，蜈蚣只要闻到鸡的气味，哪怕是一丁点鸡骨头，都会蜂拥而上，将其吃得干干净净。现在蜈蚣养殖场都把鸡骨头作为上等的饲料，据说养土蜈蚣不需要买种，只要做好养殖池，再往池中倾倒一些鸡骨头，池里自然而然就有蜈蚣聚集繁衍。

龙骗取了公鸡的神角，开始还自知理亏，潜入深海，蛰伏隐居。时间一长，他那高傲自大、放荡不羁的本性又复萌了，龙的家族不但翻江倒海，制造海难，还把大海里的水吸到天上，向人间倾洒，造成水患，祸害大地上的生灵。但他们不敢面对昔日的好友蜈蚣，所以有蜈蚣在的地方，龙族不敢乱来。人们就利用蜈蚣来保护石桥和水利设施，石桥桥墩和水利设施在奠基时把蜈蚣埋在基石中，以驱赶龙族。因真的蜈蚣死后会烂掉，人们就用生铁浇铸铁制蜈蚣以代之。据说，埋了铁蜈蚣的石桥、河坝等水利设施都能千百年安然无恙。自从有了水泥钢筋代替石头石灰以后，这一做法就淡出了历史舞台。

葛志公

绩溪大竹坑的山里有几个居民点，其中有个独居户，主人姓葛，单名志。按照当地风俗，年纪较大的男性被尊称为“公（guāng）”，年纪较大的女性被尊称为“嬢（lióng）”。若不是直系，要称公、嬢的又很多，为了区别彼此，就在称谓前面加上名字。葛志虽五十多岁，但因憨厚且又乐于助人，附近的居民都称他“葛志公”。葛志公虽然生性憨厚，但对竹编工艺一看就懂，一学就会，尤其是扳匠（即用竹子扳弯或扳圆做成竹床、竹椅、竹凳等竹具的匠人）的手艺炉火纯青。大竹坑得天独厚，最多的就是竹子，每家都有大片的竹林。乐于助人的葛志在几声“葛志公”一叫后，义务为各家做过不少竹具。大竹坑满山翠竹，燕竹可以出笋焙干笋卖，毛竹的笋干人们不太喜欢吃，只能养成竹子供篾匠使用。但因交通不便，竹子很难运出山，销量不是很大，老竹子只能砍了当柴烧。葛志公有扳匠的手艺，在大竹坑是如鱼得水。他做的竹具品种很多，不仅有单人或双人的竹床、竹躺椅、小孩坐的竹轿，大大小小的竹交椅、竹凳，还有竹桌、竹碗橱和竹书架等。出自他手的竹具，既轻巧漂亮又结实耐用，因此葛志公也就远近闻名了。山外的人在他这订货的不少，葛志公就三天两头地往山外送货。山外的人都知道葛志喜欢听人叫他“葛志公”，所以他一来送货，收货的人家就连声地叫着“葛志公”，还直夸他做的东西好。三声“葛志公”一叫，货款就少要许多。葛志公想，反正竹子一头吃泥土一头吃露水，又不花钱买，能赚点做竹具和送货的工夫钱就行了！

这一天，葛志公又用一根竹棍挑着四把竹交椅往山外送货。由于天旱干燥，竹棍子与竹交椅接触摩擦发出“咯吱！咯吱！”的响声，走得越快，竹椅晃动越大，“咯吱！咯吱！”声就越响（绩溪方言“葛志”与“咯吱”同音）。葛志公越听越不耐烦了，心想我扳的竹交椅真没规矩，大声骂道：“人家都叫我葛志公，尔人（即你们）却叫我葛志。看来，不教训教训尔人，不晓得我葛志公厉害，今朝就把尔人抛到深山里吓吓。”说完就把四把竹交椅丢到了路边山坞的草丛中，气呼呼地回了家。葛志公虽将竹交椅丢进了山坞里，但回了家一直担心着它们，一夜没睡好。第二天一大早葛志公就赶到丢竹交椅的山坞里，捡起竹交椅往山外挑去。由于竹棍和竹交椅被露水湿透，接触摩擦的地方像有了润滑剂，再也没有了“咯吱！咯吱！”的响声。葛志公得意极了，对着竹交椅讲："就是要教规矩，让尔人在深山里吓了一夜，再不敢叫我葛志了吧。"

"半边"变"半坑"

绩溪方言中"半边"与"半坑"读音相近，尤其是讲得快的时候，容易被人误听和误传。一般的误听和误传不要紧，关键时刻被误听和误传了，就会造成千百年的遗憾。

很多年以前，绩溪的十三都、十四都均不产石灰石，当地人要到十二都的大坑口或十五都的霞水村、尚村去买石灰石，还必须要肩挑回村。挑灰料（石灰石当地称"灰料"）、烧石灰这是最苦的一种农活，故民间有"男怕烧灰，女怕打胎"之说。而在农村中，造房筑屋和种田施肥都离不开石灰。在水泥问世之前，石灰是唯一普遍使用的建筑凝结剂，还是优质的墙体粉刷材料。在没有化学农药和化学肥料的年代，石灰既是农田中十分有效的杀虫剂、杀菌剂和除草剂，又是含农作物必需的钙、磷、钾、镁、硅等元素的好肥料。因此，石灰对农民来说是一种十分重要的东西。

烧石灰的时间一般都选在每年的春耕前或秋种后，农田用灰以烧春灰为多。春节一过，这儿的农民就要筹划烧石灰的事了。农历二月初二，家家都要包粽子，要烧石灰的人家会做一些冷饭粽子当作挑运灰料的干粮。二月初二以后就开始挑运灰料。缺乏男性劳动力或男性劳动力较差的家庭，妇女也要担当挑运灰料的任务，她们有的跟男子一样用担子挑，有的则用背箩背。如果从天上往下看，十三都、十四都通往南北两端的路上挑运灰料的人就像蚂蚁搬家一样。恰巧有一天，赤脚大仙在巡视凡界时看到了这一现象，遂摇身变成凡人，向人们打听一番，顿时心生怜悯。回到天庭，赤脚大仙即向玉帝奏报，并请求玉帝帮助这里的人们解除挑运灰料之苦。玉帝准奏，并委派赤脚大仙送灰料山给这两个都的人。

把灰料山放在哪儿呢？赤脚大仙开始调查研究：石川、北村一带可以借助登源河水，用竹排将在大坑口一带买的灰料运回家。而伏岭村人要到大坑口一带买灰料，用竹排运到石川村（登源河上溯到石川村后，水量减少，且河床中花岗岩裸露，竹排无法上行），还要再挑运五华里，灰料才能到家。伏岭村人如到十五都买灰料，中间隔一个十四都，挑运里程二十五华里之多。而十四都人到十五都买灰料，挑运不过几里路。这伏岭村人最苦最累，那就把灰料山放在伏岭村吧，具体放在伏岭村的哪个地点就由伏岭村德高望重的人来定吧！伏岭村是邵氏聚族而居的一姓村，村中有一长辈，儿孙满堂，家庭殷实，在村中做了不少善事，威望很高，赤脚大仙就选定此人，让他开口定夺。

不几日，邵氏长辈刚好要做七十大寿。是日，赤脚大仙扮成一云游和尚，背着装有一块灰料的背箩给邵氏长辈送礼。赤脚大仙来到邵氏长辈家，让管事的看过寿礼，并嘱咐管事的："请问明东家，这礼物放在何处为好？"管事的立刻向东家禀报。邵氏长辈觉得，灰料是好东西，不过哪有做寿送灰料的。再说，那背箩中的一块灰料又能派上多大用场，他始终参不透其中的奥妙，只好说："就把灰料抛到半边吧！"意思是先把灰料摆在边上吧！不知是管事的因为太忙，把"半边"听成了"半坑"，还是认为只能抛在"半坑"。管事的告知赤脚大仙："东家让你把石头抛在半坑。"赤脚大仙明白，邵氏长辈和管事的都看不起这寿礼，看来伏岭人挑运灰料的苦还要再吃。赤脚大仙说："那好吧！"话毕，抓起灰料随手抛了出去，赤脚大仙也顿时不见了踪影。正当众人惊愕之时，忽然听到伏岭的西北方向传来"轰隆隆"的一阵巨响。灰料飞落在离伏岭村十几里的半坑村边，刹那间化作了一座灰料山。由于赤脚大仙为伏岭人准备的灰料山实在太大，半坑村的地界实在容纳不下。结果，一部分的灰料山就延伸到十四都的西坑和胡家的地界。从此，十三都的半坑和十四都有了灰料山，再也不用花钱到外地去买灰料和挑运灰料了。邵氏长辈得知灰料山落根半坑，恨自己有眼无珠，怠慢了神仙，真白活了七十年，错失了千载难逢的仙机，害得子子孙孙仍旧要到外地去买灰料，还得肩挑背扛地运灰料回家。从此，邵氏长辈茶饭不思，不久便忧郁而终。因自己的误听误传给伏岭人带来无法挽回的损失，管事的一想起来就捶胸顿足、号啕大哭，后来把眼睛都哭瞎了，在黑暗中度过了余生。

后人总结说：伏岭人没福气，灰料只生半坑村。十三都的范围是南起石门外的三面亭，北至绩溪岭凹分水岭，南北贯穿十三都的登源河两岸全是花岗岩地貌。西面和大石门接壤，但卓溪河两岸基本上是铁凝石和石英石山。东面和浙江交界，但全是花岗岩的大山。唯独西北方向的半坑村拥有丰富且品质很好的灰料。伏岭人把灰料山拱手送给了半坑人，还要花钱到半坑村去买灰料，挑运里程也还有十几华里。半坑人趾高气扬，伏岭人垂头丧气。半坑人和伏岭人打嘴仗时说："伏岭的牛，到半坑来背石头。"意思是伏岭人要肩挑背扛的运灰料。伏岭人则说道："半坑的人，挑到伏岭来倒石灰。"意思是农闲时，半坑的农民将灰料烧成石灰，挑运到伏岭及周边村子来卖。有时天色已晚还没卖掉，又要急着赶十几里路回家，有的人就只好把石灰寄放在亲戚家或贱卖掉，有的人实在卖不掉又无处存放，只好把石灰倒掉。

由于伏岭人错失了仙机，铸成了千古之恨。恨归恨吧，子子孙孙总得生存下去，没有灰料山就花钱买吧。伏岭村的先人们聚全族之力，上门、中门、下门（因家族大，人口众多，全族分为三个门派）分别在半坑的境内买下了沙湾里、黄连坑、捙钟形三处永久的灰料山场。伏岭村的先人们还在半坑村通往伏岭村的路上，刚进伏岭村地域的山脚边建造了石灰窑，最大限度地减少灰料和薪柴的运输里程，减轻烧石灰的劳动强度和降低烧石灰的生产成本。伏岭村上门在村西北的西坑坞建了几处灰灶（即石灰窑），中门、下门则在村西的太雷坟、王边山、灰灶湾等处建了很多灰窑，其中灰灶湾（处于路边的一座山湾）的灰灶鳞次栉比，后称为灰灶湾。20世纪70年代末，绩溪县城经伏岭至胡家的公路修通，公路沿线的瀛洲公社和胡家公社相继办起了用石煤烧石灰并利用煤渣制砖的煤灰厂，烧石灰的成本大大降低，到瀛洲或胡家煤灰厂买石灰比自己烧石灰划算得多。改革开放后，农村劳动力流动成为可能，大多数人都出外打工赚钱，没有人愿意再烧石灰；种植制度的改革，化肥、化学农药的推广使用，农田用石灰越来越少；交通的便利，使水泥逐渐替代了石灰。石灰的重要性逐渐淡化，烧石灰的艰辛慢慢地被人们淡忘。伏岭人肩挑背扛，到后来用木头轮子的独轮车，再后来用橡胶轮子的独轮车运灰料的辛酸劳苦都已成为历史，伏岭人用真金白银买下的灰料山场也逐渐被废弃了。

“瓦”与“哑”

绩溪方言“瓦”与“哑”同音。就这两个同音字，在很久以前还促成了一对哑巴姐妹和一对同胞兄弟的美好姻缘。

绩溪县十三都下塘村有一户人家，男主人姓许，名一达。许家经营着一座砖瓦窑场，由于砖瓦质量好，价格公道，服务周到，生意很是红火。十几年下来，赚了不少钱，家庭也逐渐富裕起来。许家生了两个女儿、一个儿子，美中不足的是两个女儿生来就是哑巴，但都十分聪明漂亮，虽不能习琴棋书画，但女红家务样样拿手，小儿子在本村的小学堂念书。两个女儿都到了该出嫁的年龄，但附近人都知道她们是哑巴，所以一直未婚配。这真让许一达夫妻俩发愁，两个女儿适婚年龄不出嫁，以后嫁人就更难了。

一天，许一达的内弟汪金旺来访，两个人几杯酒下肚，谈及此事都叹息不已。最后，汪金旺决定为两个外甥女找婆家。话说汪金旺，人很精明，交际也广，他常年跑一岭之隔的歙县南乡换锅（即把十三都铸造坊的铁锅等产品挑运到南乡售卖，同时回收废铸铁）。汪金旺在南乡有几处落脚东家。当时的歙县南乡很贫困，不少人家的男子娶亲困难，但为外甥女选的婆家，家境不能太差，要嫁的小伙子要诚实可靠。汪金旺认真观察和选择，终于选定了一户吕姓人家的儿子。这户吕姓人家就住在歙县南乡的西村，也是汪金旺在西村的落脚东家。西村附近村子很多，汪金旺常在这一带做生意，时常在吕家落脚。吕家有两个儿子，都忠厚老实。一家人勤俭持家，虽在当地家境也不算差，但两个儿子都到了该娶亲的年龄，要娶两房媳妇也不是件容易的事情，光彩礼钱就不是一个小数目，所以两个儿子都还未婚配。汪金旺想做媒又不知如何开口。恰巧有一天，吕姓东家说要买瓦翻盖房屋。汪金旺突然计上心来，介绍吕姓东家到下塘村自己姐夫家去买，吕姓东家也很相信许一达家的产品，当即应允，并约定第二天到许一达家会合。汪金旺辞别吕姓东家，立即起身回家。汪金旺并没有回自己家，而是直奔姐夫家，和姐姐、姐夫商量起来。第二天，吕姓东家赶到了下塘村，汪金旺早已在许一达家迎候。许一达见到吕姓东家后只字不谈买瓦之事，把吕姓东家作为贵客来款待，而许一达的两个女儿更是忙前忙后，端茶送菜，彬彬有礼。吕姓东家也耳闻许家有两个哑巴女儿，今天见了，觉得她们虽不能开口说话，但事情都懂，而且貌美如花，顿时心生惋惜。吕姓东家想到自己的两个儿子都未婚配，要是这两个姑娘不哑该多好。酒足饭饱之后，许一达用绩溪方言问吕姓东家："你家要大哑还是小哑?"两县的语言有些差别，但相邻地带的人们都会说对方的方言，吕姓东家干脆也用绩溪十三都的话回答："大瓦小瓦都要，大瓦五百，小瓦四百。"许一达紧接着说："今朝不能给你，十日之内给你家送过去。"吕姓东家欣然应允。下塘村和西村虽分辖两县，但仅十来里路程，两地民间交往十分活跃，送瓦也是常有的事。随后，吕姓东家辞别许一达，醉眼蒙眬地回家了。吕姓东家走后，汪金旺和姐夫拿着黄历选起了日子，刚好第八日是黄道吉日，就把送嫁的日子定在了这一天。尔后，就紧锣密鼓地筹办起来。许家的两个女儿知道要出嫁，更是嫌时间过得太慢。

第八天一早，送亲的队伍出发了，许家除了家乡风俗的嫁妆外，另加大女儿陪嫁银五百块银元、小女儿陪嫁银四百块银元。汪金旺作为媒人跟队随行。一路吹吹打打，上午十点多钟送亲的队伍就到了西村吕家门前。看热闹的人把吕家门前围了个水泄不通。吕姓东家得知是送嫁上门，一时都蒙了。

汪金旺上前说了恭喜的话，就当着众位乡邻的面问吕姓东家：“几日前你亲口讲的‘大哑小哑都要，大哑五百，小哑四百’，几日功夫怎么就忘了呢？今朝我可是把两个姑娘都送来了，嫁妆之外，九百块银元的陪嫁银一文不少，你看着办吧！”吕姓东家真是哭笑不得，回忆起几日前自己确实讲过“大瓦小瓦都要，大瓦五百，小瓦四百”，这大瓦小瓦怎么就成了大哑小哑了呢，都是这“瓦”和“哑”同音惹的事。转念一想，许家人不但把两个姑娘送来，还出了这么多的陪嫁银，可见诚意。再说自己两个儿子娶媳妇也确实有困难，这两个姑娘的容貌和品行自己也是十分看中的。于是，吕姓东家遂请来了族中长辈，大开中门把送亲队伍迎进门。两个儿子稍加打扮就分别和大女儿、小女儿拜堂成亲。亲戚邻里都来帮忙，简单而热情地款待了送亲的人。事毕，汪金旺就带着送亲队伍返回了下塘村。至此，许一达、汪金旺两家人七上八下的心终于安定了下来。

许家的两个女儿不负父母和舅舅的期望，孝敬公婆、夫妻恩爱，还生了一堆健健康康、聪明伶俐的儿女。许一达为照顾两个女儿，把两个女婿招到自己的砖瓦窑场，给他们安排适当的工作，付给他们丰厚的报酬。两个女婿也勤劳肯干，使许家窑场更加兴旺发达。

第三章　方言俗语故事

方言俗语故事是当地人对社会生活中真实发生的事件或对某些人的行为，加以总结提炼而形成的故事。本章收录了十二篇方言俗语故事，其中：有的是告诫人们养子不教就会终身无靠，如故事《许德元家儿子》《惯细偷咸鱼》《熇麻纱》；有的是告诫人们不要忘记父辈的养育之恩，要尊敬长辈、孝敬父母，如故事《十个亲生子，不敌一箱鳖砾子》《卖朝笏不知来历》；有的是源于戏剧的传播，用戏剧人物的境遇表达对时运不济者的同情，如故事《朱买臣》《梅良玉》；有的是借用戏剧中的人物来谴责社会生活中的不道德行为，如故事《张士贵得功》《起萧何烂萧何》；有的是告诫人们受人之托的事不能儿戏，为官者不能草菅人命，如故事《寄信割牛草》；有的告诫人们买卖要讲货真价实，如故事《细观生不吃贵果子》；有用当地的历史人物和传说中的人物阐述事理的故事，如《花朝老爷》。

许德元家儿子

绩溪的岭南，尤其是十三都至十五都一带，几百年以来人们骂自家叛逆的小孩时都会说："尔只细鬼（细鬼即小孩），真是个许德元家儿子。"妇女们在一起谈论邻里某家不听话的小孩时也会说："那个人家只细鬼唉，完全是个许德元家儿子。"许德元是何人？许德元家儿子为何被用来比喻有叛逆心理的小孩子呢？

许德元，霞水村人。他上懂天文，下懂地理，精通风水学。荆州乡有个“何家自害自”的历史传说，可以从中了解许德元其人。相传，在荆州乡上胡家胡氏未建村之前，何氏就在此繁衍了很多代，形成了一个很大的村子，这个村子的兴旺与霞水村的风水先生许德元不无关系。许德元常年住在何家，专给何家看风水。荆州乡境内较好的风水基地，如下村垅的茂林、石桥头的虎形、梅树下的狮形、上胡家里杨村的蛇形、东山脚下、银子坦等都被何家筑坟建墓，不少墓地还是何家听从许德元的指点，从别处移葬到这些地方的。这些坟墓的朝向也与众不同，都是“逆源朝，捡富地”，意为何家聚财敛富。最终何氏合族生财，族长成为荆州乡首富，人称何百万。家族的兴旺，逐步滋长了何氏的高傲和狂妄。有一年的大年三十晚上，何百万对许德元说，我家“接天地”（指当地吃年夜饭前要先祭拜天地神灵）要避生人，你到外头去避一下吧！许德元在何家住了二十多年，也经历过“接天地”，没有让他回避过啊！此事有点蹊跷，但碍于情面，许德元还是走出了何家，来到了一个叫庄前的地方。此时，上胡家的明经胡氏刚迁来此地，在大片水竹林的边上盖了几间茅棚。胡氏见有一人在房前走动，便主动问他为何大年三十晚上还在此地徘徊，许德元如实相告。胡氏说：“那不是避生人，现在何家有钱有势了，可能不想再要你了，我刚从何百万家门口经过，见他家已接过天地，在吃年夜饭了。”许德元不信，走回何家门口往里一看，何家果真已热热闹闹地吃年夜饭了，被遗弃的痛楚和被羞辱的怒气一下涌上心头。许德元想回霞水村家中，但山高路远显然不可能，只好来到胡家。胡氏见他垂头丧气，便安慰说：“既然何家已经吃年夜饭了，你再回去也没面子，如不嫌弃，就在我家吃吧！”许德元只好答应。胡家初迁来此地，生活也很拮据，年夜饭虽已烧好，为了招待许德元，又宰了一只鸡。这顿年夜饭虽简单，但饱含胡氏的诚心。许德元在胡氏的劝慰下，心情平复了许多。饭后，胡氏说：“我家新来乍到，周围全是水竹，不知哪个地方可以建房屋，还请先生指点。”看风水是许德元的老本行，他随口便说：“很简单，你明天早上起床，看哪个地方的老鸦

（即乌鸦）多，那儿就是上好的屋基。”第二天一早胡氏看到后来建胡氏宗祠的地方和自己的茅棚门口乌鸦最多，就赶紧把看到的情况告诉了许德元。许德元问胡氏是想本家族发展得快还是发展得慢，作为始迁祖的胡氏说当然是想要快些。许德元接着说：“你们所在的地形是个排形（即形状像竹排或木排），河道直下，灵气被冲走了，很难发展得快。要想发展得快，唯一的办法是把河道改向东山脚，灵气就大了。原有的河道也可以利用，发展的余地也就大了。”改河道，对于单门独户的胡氏来说，简直是天方夜谭。许德元见胡氏为难，忙说：“你放心，何家人多、钱多，我叫他们改，你还可以向何家提出原有的河道须归你家所有。”胡氏听后不敢相信，何家不欺负我们后来的住户就很不错了，怎么肯为我家改河道？权当许先生说笑吧！

何家人多势力大，又很富有，在荆州是一个大家族，美中不足的是没有出过显贵之人，何百万多次让许德元想办法，许德元均称没有办法。这次许德元正好利用此事惩罚一下这个过河拆桥、卸磨杀驴的何家，也好报答一下胡氏。次年二月初，许德元回家探亲半月后，又来到了何家。何百万不想再雇用许德元，便假意关怀地说：“先生应该多在家陪陪家人，不用这么急着到我家来。”许德元说：“东家待我不薄，近日悟出一个能让东家出显贵之人的方法，不得不赶过来。”何百万一听能出显贵之人，顿时来了精神。许德元对何百万说：“何家灵气太大，钱是多了，但出不了显贵之人。”何百万急问补救之法，许德元把改河道之法顺势托出，并把自己早已编好的验证诗用荆州方言念了出来：“水拍东山岱，举人塞溪濑；水打东山脚，状元满街摸。”何百万向来对许德元的风水术是坚信不疑的，听说改河道能出举人、状元，更是迫不及待，说动就动。何百万迅速聚集何氏家族所有人力、物力，在很短的时间内就把河道改通了。新河道的水直冲东山脚下的何家坟，把灵气给冲走了。从此，何家也就日渐衰落。胡家按许德元所教，向何家要来了原河道的土地。没花一分钱，没费一分力，既改善了风水，又有了发展的空间。胡氏家族日益兴旺发达，经几百年的发展，胡氏所建村成为拥有一千五百多人的荆州第一大村。许德元也因此成为皖浙两省交界地区屈指可数的风水大师。

然而，许德元这个风水大师，却管不好自己的家事。许德元娶了两房太太，过了不惑之年方喜得一子，全家人如获至宝，捧在手上怕掉了，含在嘴里怕化了。由于过分溺爱，什么事都顺着儿子，使这个儿子唯我独尊、叛逆心强、以戏弄大人为乐，叫他上山偏要下田，叫他买油偏要买盐。许德元也拿他没有办法，只要把许家的香火延续下去就行。许德元把家族振兴的希望寄托在第三代、第四代身上，把兴家旺业的根本放在自己墓地的风水上。他倾其所学，竭尽所能，跑遍了附近的山山水水，终于为自己选中了一处十分满意的墓地。许德元担心儿子跟自己唱反调，在建造墓室时就暗含玄机，棺材入椁时棺材头偏左、偏右都行，后代都能有大发展，就是不能摆正，摆正了只有小发展。许德元未能等到儿子娶妻生子就离开了人世。临终前，许德元把儿子叫到床前，嘱咐儿子将他的棺材入椁后必须要摆正，许德元料定儿子绝不会听他的话，但不管棺材头偏哪一边都可以有大发展。可是没想到，许德元的儿子在父亲死后后悔不已，他想到这么多年以来，老是跟父亲唱反调，从来也没有听过父亲一句话，最后一定要听父亲的话，这也是关系自己家族兴旺与否的大事。出殡那天，当棺材入椁后，许德元的儿子生怕帮忙的人没有将棺材摆正，还亲自用尺子量了又量，确保棺材摆得端端正正。一代风水大师，最终没能算准自己儿子的心思和行为，再好的风水宝地，就因为棺材朝向差那么一点点，许德元这一脉终究没有大的发展。

惯细偷咸鱼

绩溪流传着一句“惯细偷咸鱼”的俗语。这里讲的“惯”不仅为娇惯，还有包容、纵容的意思。“细”即孩子小的时候。要想真正地理解这句俗语的含义，还得从一则故事入手。

清朝嘉庆年间，在绩溪城南一个叫快活林的地方，一名叫江扬的待斩死囚被绑缚着跪在行刑台上。面对江扬跪着一位年近五旬的妇人，她就是江扬的母亲，正在给行将问斩的儿子喂“上路饭”，可江扬拒绝吃这最后的一顿饭。相持片刻，江扬却向母亲提出了一个意想不到的要求，请求母亲再哺乳他最后一次。人们都愣住了，母亲也不知所措，可这是江扬临死前的最后一个要求，也就照做了。谁料江扬张口就咬下了母亲的乳头，并咬牙切齿地说：“娘，我恨你！恨你惯我小时偷咸鱼，才让我走上了今天的杀头死路。”妇人听后悲痛交加，顿觉天旋地转，昏死过去，倒在了地上，衙役和在场的乡邻们赶紧把妇人抬下刑场抢救。午时三刻已到，监斩官发令，江扬的人头随即落地。

江扬为何这么痛恨自己的母亲，竟在临死前咬下母亲的乳头，还咬牙切齿地说出使母亲悲痛欲绝的话？这缘由还得从二十几年前说起：在绩溪县城的南门外三里处，有一个叫下三里的村庄，村子不大，就二十多户人家。村中有一户江姓人家，家庭经济情况还算可以。江家有一独子，名叫江松，娶了城北一个名叫谭萍黎的姑娘为妻。谭氏人长得还算不错，就是有些刁钻、爱贪小便宜，有点贼手贼脚。自从谭氏嫁来后，村里人就发现，不是张家丢东西，就是李家少物件。所丢物品价值不大，也没有谁发现证据，大家也就没当回事。谭氏嫁入江家不久就为江家生了一个儿子，取名江扬。江家添丁，合家欢喜，谭氏在家中的地位也大大提高。好景不长，江家二老相继因病去世，江家每况愈下。一天，村里来了一个卖咸鱼的小贩，小江扬很想吃咸鱼，又怕母亲不买，就动了偷盗之心。趁小贩不注意，偷拿了一条重半斤左右的咸鱼，放在背后。等小贩离开后，把咸鱼带回了家。谭氏见到咸鱼并听儿子说了偷咸鱼的经过，不但不责骂，反而夸儿子聪明能干，还拿零食奖赏了儿子。自此，江扬一发不可收拾，偷的东西价值越来越大，偷盗的手段也越来越高明。母亲看到偷来的钱物，总是喜笑颜开。江扬长到十七八岁还染上了酗酒嫖赌的恶习。为了教育儿子，江松和谭氏不知吵过多少回，到后来，母子还联手对付他。江松感到逆子顽妻已无药可医，终日闷闷不乐，不久忧郁而终。父亲死后，江扬不但毫无收敛，反而变本加厉。一天，县衙贴出悬赏榜，说是县衙金库一千两待上解的官银不翼而飞，悬赏捉拿盗贼。一千两官银，这可不是一个小数目。此事惊动了徽州府，知府责令速查严办，还派人坐镇绩溪督办。一连数月，案子始终未破。此案实属江扬所为，一开始江扬迫于压力还有所收敛，但后来他认为自己偷技高明，没有留下任何蛛丝马迹，案子是永远也破不了的。于是，江扬下临溪、去芜湖，还经常光顾徽州府城，四处嫖赌，整日花天酒地。一日，县衙的捕快在临溪镇上的一个赌场里发现了刻有官府库银记号的银锭。赌场老板一被带到县衙马上就招供，此银锭是一个叫江扬的人投注时出手的。随即江扬被拿，在证据面前，江扬只得供认画押，可一千两银子已被挥霍得所剩无几。接着就发生了刑场上的那一幕，江扬得到了应有的惩处，他的母亲也追悔莫及。

此后，绩溪县城街上出现了一个疯疯癫癫的老妇人，嘴里整天喃喃地说着："不该惯细偷咸鱼，我真不该惯细偷咸鱼啊！"这疯癫的老妇人是什么时候消失的，就没有人关心了。但是，自此之后人们发现家中大人纵容小孩学坏时，都会说："你别惯细偷咸鱼啊！"发现邻居家有人包容小孩干坏事时也会当面批评说："你真是惯细偷咸鱼呦！"或在背后议论说："那个人家真是惯细偷咸鱼。"

熇麻纱

在绩溪的民间流传着一个熇麻纱的故事，并由这个故事生成了有关熇麻纱的俗语。如某家的小女孩自私自利、任性又唯己独尊，人们就会说："那个人家个女唉，过年（即以后）要熇麻纱。"当女儿对父母兄长不敬，凡事以自己为中心的时候，父母会教育女儿说："尔个女家，过年（即以后）真是要熇麻纱。""熇麻纱"是什么意思？"熇"即把东西放在锅里，用大火烧煮。"麻纱"是指用当地种植的苎麻内皮挫成的细绳，这种细绳是当时做布鞋的必需品。徽州女人擅长做布鞋，纳鞋底的鞋绳就是用麻纱做成的。这种用苎麻内皮搓成的细绳刚搓成时不软和且颜色是淡青色，既不好用又不好看，只能算是鞋绳的半成品。要用来纳鞋底还必须放在锅里用大火烧煮，煮的过程中还要加一些草木灰（方言称火灰）。煮透后捞起来放在光滑的石头上用木槌捶软，再用清水漂洗干净后晒干。经过这些工序后的细绳既软和又白净，这才是纳鞋底所需要的鞋绳。把细绳放在锅里用大火烧煮的过程绩溪方言就称“熇麻纱”。那么，熇麻纱怎么会用来指责自私自利、任性、唯己独尊的女孩？父母又为何用熇麻纱来教育自己家不尊父母兄长、唯己独尊的女孩呢？这就要从一则民间口口相传的故事说起。

洪家村有户人家，主人叫洪灶德。洪灶德的父母只生有两个儿子，大儿子已分家另过，父母就一直跟小儿子洪灶德生活。洪灶德有三个儿子，没有女儿，看到村里出嫁的女孩子经常回来帮老人洗涮打扫，把老人的生活料理得舒舒服服，还不时地带一点老人喜欢吃的食物，洪灶德真是羡慕不已。于是洪灶德夫妇到庙里拜观音菩萨，祈求生一个女孩。观音菩萨也真是善解人意、普度世人，在拜观音菩萨求女的第二年，洪灶德妻子就生下了一个女儿。洪灶德夫妇得女不易，就为女儿取名宝女。一家人对宝女是溺爱有加，好吃的都先给她吃，她吃不了别人才能吃。宝女一年就要做好几套新衣服，而三个哥哥穿的都是父母穿破后改小的衣服。一两年都穿不上一套新衣服。一不顺心，宝女就发脾气，打骂哥哥是常有的事，遭到打骂的哥哥不但不能还手和回嘴，最后还要向她赔不是，到后来宝女还打骂爷爷奶奶和父母。宝女在这种溺爱的环境中慢慢地长大了，也养成了只知索取、不知奉献，只有自己、没有他人的性格。

到了该出阁的年龄，左挑右选，宝女自己选中了程家村的程本仁。程本仁为人老实本分，除了农忙时帮父亲干一点农活，一年大部分时间都在外做木工。宝女嫁到程家后不久，好吃懒做、无视长辈、自私自利的行为就显露无遗，丈夫成了她的奴隶和出气筒。程本仁父母无法忍受，就与儿子儿媳分开单过。分开单过后，宝女只要听闻公婆家有什么好吃的，就不知羞耻地跑去吃，公婆对她实在是毫无办法。程家村虽距洪家村有五里之遥，但宝女经常回娘家，在娘家是好吃的东西尽情地吃，吃了还要拿回自己家，根本不顾爷爷奶奶和父母吃了没有，三个哥哥家的东西也是她想要就拿走。自从女儿嫁到程家以后，洪灶德一来深知女儿在程家村名声不太好，羞于去程家走动；二来三个儿子都成家另立门户，自己也有些农活要干，还要做竹匠，很少有空余时间，所以去女儿家的次数不多，从来没在女儿家吃过一顿饭。

一晃十来年过去了，洪灶德也老了。这一天，他回顾往事，想到生女儿的初衷，不禁黯然。如今宝女长大成家了，不像别人家女儿那样关心照顾父母，而是经常索要东西，并且态度还不好。洪灶德不知宝女最近怎么样了，也想去宝女家看看，也想吃一顿宝女做的饭。想到此，洪灶德与妻子打了个招呼，就直奔程家村。到了宝女家，宝女只和他见上一面，便没了踪影，洪灶德只得静坐等待。坐在堂屋里的洪灶德突然闻到阵阵香味从厨房飘来，这不是煮猪下水的香味吗？（过去农家宰猪后，猪肉及一部分猪下水卖给猪肉店换钱贴补家用，而留下一部分猪下水让家人们打打牙祭。）洪灶德想今天运气好，宝女家宰猪了，可以开开荤，可左等右等也不见宝女回来做饭。正午时分，女婿从田里劳作回来了，外孙也放学回来了，宝女这才慢悠悠地回家来。宝女看到父亲还没走，脸就阴下来了。宝女儿子问宝女怎么还没做饭，她就没好气地说："没米没油怎么烧啊！"宝女儿子又问："大锅里煮的什么呀？"宝女又狠狠地说："熇麻纱。"洪灶德一听直冒火，哪有这样的女儿，明明今天宰猪，大锅里煮的是猪下水，舍不得让父亲吃，却说成是"熇麻纱"，分明是赶我走，罢！罢！罢！我也不想吃这顿饭了，这女儿也算我白养了。想到这，洪灶德站起身来，跑到厨房，掀掉大锅盖，畚了几火锨草木灰倒进大锅里，然后盖上锅盖。洪灶德回到堂屋对宝女说："你家熇麻纱忘了放火灰了，我已经代你放了。"说完头也不回，气冲冲地走了。宝女正想着不知父亲到厨房去干什么，听到父亲这样说顿时呆若木鸡，宝女的丈夫也不知所措地站在那儿。宝女的儿子搞不懂发生了什么事，用疑惑的眼神望着外公渐渐远去的背影。

十个亲生子，不敌一箱鳖砾子

绩溪十三都民间流传着一句形容子女不孝的俗语，即“十个亲生子，不敌一箱鳖砾子（鳖砾子即河滩中像小鳖一样的小扁石子）”。这句俗语并不夸张，也并非毫无根据，俗语的背后确有一个真实的故事。

很久以前，十三都有个方家村，是一个方姓人聚族而居的村子，村子不大，就五百多人。村中有一位方老汉，与妻子继承了祖上留下的一份还算可以的家产，加之俩人勤俭持家，生活过得有滋有味。夫妇俩有十个儿子，真可谓人丁兴旺。孩子多了，家庭的负担逐渐加重，夫妇俩咬紧牙关，含辛茹苦，把十个儿子一个个拉扯大。等十个儿子都娶了媳妇，都为他们安排好住房，各自独立生活，家中的积蓄也消耗殆尽了。夫妇俩一生劳苦，为十个儿子操碎了心。在农村有句古话叫“养儿防老”，他们有十个儿子，晚年生活理应是衣食无忧、幸福美满的。可十个儿子都很不情愿承担赡养父母的义务，一谈起赡养父母的问题，十个儿子总是推来推去。几个大一些的儿子说：父母老了是需要赡养，可分家前我们的劳动收入都归了大家庭，我们吃了亏，对大家庭贡献少的弟弟应该多负担一些。几个小一些的儿子则说：赡养父母是应该的，可你们几个大兄长家的小孩都是大家庭养大的，而我们的小孩则都要自己抚养，我们吃亏了，你们才应该多负担一些。媳妇们也在一旁插嘴帮腔。总之，各家都有各家的困难，都有少负担一些的理由。方老汉找来族中长辈几次协调，都未能达成统一的意见。

方老汉夫妇俩无可奈何，只好跑到住在十四都的内弟家诉说，请孩子们的娘舅出来说话。娘舅很气愤，但也感到为难，外甥们的消极态度不改变，想妥善解决赡养问题也是很难的，只好劝说姐姐、姐夫先回家，容他想一个解决的办法。过了几天，方老汉的内弟来了，用一根结实的短竹棒背着一只旧皮箱。方老汉的内弟放下皮箱，喘了口气，喝了点茶，就关上门和姐姐、姐夫商量起来。听了内弟的意见，方老汉和妻子都感到很无奈，但事到如今也没有别的办法了，所以都表示同意。于是，方老汉出门告诉儿子们吃过晚饭后来听娘舅说事。十个儿子吃过晚饭都来了，还有几个媳妇也跟来了。娘舅拿出皮箱对外甥们说："你们家朝（即祖父）传给你爸爸的这个箱子，里面是一些硬货，你们的父母想等他们百年后再把这些祖传之物分给你们留作纪念。他们怕应急要动用箱中的东西，还特意把箱子放在我那儿保管。现在他们生活无着，只好用来变卖度日了。箱子的钥匙一直是他们保管着，我把箱子交还给他们，他们也开箱验过货了，我的任务也算完成了。"外甥们听出娘舅的话是在责备他们不赡养父母，一个个感到羞愧难当，都感到赡养父母是应该的，何况还可以平分那一皮箱的金银珠宝。于是一个个在父母和娘舅面前认错，并请娘舅发话安排父母的生活。娘舅就把方老汉夫妇的生活所需按十等份分摊给十个儿子，并嘱咐他们："父母的今朝就是你们的明朝，要为你们的孩子们树立好的榜样。父母能养大你们十个儿子，还助你们成了家。你们十个儿子养活不了两个老人，会让村里的人看不起的。"方老汉的十个儿子都点头称是，都表示不再让父母伤心、舅舅操心了。娘舅紧接着说："我明天就回去了，箱子由你们父母保管，既然你们都真心地赡养父母，他们也不能再动用里面的东西，钥匙就放在我那儿保管吧！你们都要帮忙看好这只皮箱，到时候我会请你们族中的长辈，按你们孝敬父母的表现来分箱里的东西。"第二天一早方老汉的内弟就回家了。方老汉的儿子、儿媳们都十分关心这个装有宝贝的皮箱，生怕有闪失，提了许多保管的建议。最后大家决定，将皮箱贴上封条，装在一个木箱里，木箱加锁加封条，再放入父母弃用的谷仓里，再加锁加封条。做完这些，一家人才如释重负。

此后，方老汉的十个儿子对待老人的态度发生了翻天覆地的变化。各家分担的生活物品和零花钱都是提前送到老人手中。一到节日，大家都抢着让二老到自己家里过节。老人一有头痛脑热，儿媳们争着端茶送水服侍老人。孙子辈在父母的影响下，对爷爷奶奶更是十分亲热。方老汉的儿子、儿媳们的表现令族中长辈及全族人惊讶，方老汉家自然也不会让外人知道皮箱的事。方老汉的儿子、儿媳们尊老敬老的善行，深刻影响着孙子辈，同时也影响着族中的晚辈们。方家村有了表率，村中尊老敬老蔚然成风。数年后，方老汉的妻子病逝，方老汉的儿子、儿媳们隆重地为老人办理了后事。娘舅前来奔丧，看到此景他心里像打翻了五味瓶，思前想后决定暂时不说明皮箱的事。

母亲去世后，儿子们决定轮流为父亲供饭，每人给父亲一定的零花钱。儿媳们争相端茶送水，嘘寒问暖，无微不至。方老汉在妻子去世后，生活更加优裕，确实享了几年清福。又数年后，方老汉逝世，丧礼更为隆重。族中的长辈自然都来帮忙料理丧葬之事，方老汉的内弟也来了。安葬完方老汉的当天午后，娘舅把外甥们和族中的长辈叫到一起，郑重其事地将一把钥匙交给族中长辈，请他们待方老汉仙逝“一七”（即七日）后，择吉日良辰，打开祖传的皮箱，将里面的纪念品分给儿子、儿媳们。方老汉仙逝“一七”后的一天晚上，儿子们从谷仓中搬出木箱，又从木箱中拿出皮箱，交到族中长辈手中。族中长辈郑重地打开皮箱，大家一看都惊呆了，哪有什么金银珠宝，箱子里全是用白纸包起来的鳖砾子，每张白纸上面都写有一个红色的“孝”字。另外还有一封信，是孩子们的娘舅留下的，信曰：“一箱鳖砾子让姐姐、姐夫享受了晚年应有的幸福生活，让外甥们尽了孝道，防止了弃亲不养的坏影响，让孙辈们学会了如何孝敬父母和长辈。舅舅出此下策是情非得已，请外甥们原谅!”方老汉的儿子、儿媳们个个羞愧难当，这才想到父母为把兄弟十人养大，又帮兄弟十人成家立业早就用尽了所有的积蓄，还向几位亲戚家借过钱，哪会有什么金银珠宝放在舅舅家！十个儿子和儿媳都觉得要感谢舅舅的良苦用心。为让父母含笑九泉，也为了更好地教育子孙后代，十个儿子决定用这一箱鳖砾子在父母的坟前砌成一个孝字。待方老汉仙逝“七七”（七七即第四十九天）日后，方老汉夫妇的坟前出现了一个用鳖砾子砌成的孝字。

随着故事的传播，方老汉夫妇坟前的孝字也成了方家村和邻近村子尊老敬老的好教材。许多较远地方的人们还特意带着自己的子孙到方老汉夫妇坟前进行尊老敬老的教育。一时间，方老汉夫妇的坟成了尊老敬老的教育基地了。

卖朝笏不知来历

很久以前，绩溪周章村住着周、章两家人。章家只种田养猪，虽然田种得多，但交完田租和扣除成本后，纯收入就不多了。周家除了种田养猪以外，还兼做一些小生意，所以周家生活条件比章家要好一些。章家生有五个小孩，老三是个男孩，叫章珩，他有一个哥哥和一个姐姐，下面还有一个弟弟和一个妹妹，章珩从小聪明伶俐、乖巧懂事。虽然章家日子过得紧巴巴，但还是将章珩送入私塾读书。章珩读书认真，放学后还帮家里干农活和做家务。经过数年苦读，章珩最终在京城做了官。章珩虽然在京城里做官，但时刻不忘父母的养育之恩，牵挂着家中的兄弟姐妹，不时地寄些银两接济他们。章家有了接济，生活一天天好起来。

为官二十年后，皇帝批准他回乡省亲。章珩回到周章村后，看到一大家子人还住在破旧的房子里，就拿出多年的积蓄，建起了章家大院，让父母和兄弟两家人都住了进去。章珩还为章家置买了不少的山场田地，让章家人过着优裕的生活。数年后父母相继去世，按照官场的规定，章珩回家守孝三年，妻子儿女随迁周章村。三年期满后章珩只身回到京城复命，虽只三年，但皇位易人，官场已物是人非，章珩经过数年的努力才得到新皇帝的信任。又过了十年，章珩告老还乡。在妻子儿孙和兄弟两家人的陪伴下，章珩过着含饴弄孙的晚年生活，他死后就葬在村后的章家坟山上。

章珩的儿子辈中有经商的，有入仕的，但都没有太大的发展。由于家庭条件过于优裕，从章珩的孙子辈开始就不思进取，只知吃喝玩乐。此后，每况愈下，一代不如一代。章家家道败落，子孙又好逸恶劳，生活拮据就卖田、卖地、卖山场、卖房产、卖祖上珍藏的文物。由于不懂文物的价值，有些物什很便宜地卖掉了。数代下来，章家已家徒四壁，房子也被本村一位名叫周旺的倒卖古董文物的人买去了三分之一，而且周旺买房子的钱也是从倒卖章家古董文物赚来的。

一天，周旺看见章家的一位妇人在喂猪，用一根木板条在搅拌猪食，周旺眼睛突然一亮，这不就是章家祖上的大官章珩上朝面见皇帝时用的朝笏吗？老谋深算的周旺不动声色地跑到铁匠铺买了一把带木柄的铁铲子，第二天专门在章家猪栏旁等候。章家的妇人又来喂猪了，周旺上前跟章家妇人搭话："大嫂，我昨天看见您用那块木板搅拌猪食太费劲了，刚才路过铁匠铺买了一把带木柄的铁铲子，送给你吧！"章家妇人说："那多不好意思，我不能白要你的东西。"周旺说："我们虽不是本家，但都住在一个大院里，是好邻居和好朋友。要不，我用这把铁铲子跟你换这块木板，也算平等交换，互不相欠吧！"章家妇人说："换就换，可不能反悔！"周旺说："好。"两人交换了物件就各自回家了。章家妇人高兴得很，用一块旧木板换了一把带木柄的铁铲子，搅猪食顺手多了。周旺用几块钱的铁铲子换来了一件价值不菲的珍品，真是欣喜若狂。周旺得了便宜还讥笑章家，在同行面前经常吹嘘，后来铁铲换朝笏的事就慢慢传开了。人们都说："章家真是卖朝笏不知来历。"朝笏究竟是何物呢？朝笏是封建社会大臣们面见皇帝时用的，用竹片、木片或玉片等材料制成。朝笏有两个作用：一是上朝时大臣们不可直视皇帝，可用朝笏遮住自己的脸；二是可以将向皇帝汇报的事摘要地记在上面，起记事本的作用。官职越小越要遮脸，汇报时越怕忘事就越要记得详细。所以官职越小朝笏越宽，官职越大反而朝笏越窄、制作朝笏的材料越珍贵。有朝笏是一个家族的荣耀，朝笏本身也是一件珍贵的文物。可章珩家的后人卖掉了祖上的宝贝还不知是什么东西！

朱买臣

在绩溪的民间，尤其是农村妇女的口中，经常会听到“朱买臣”这个名字。如某人诸事不顺，妇女们在与他交谈时就会说：“尔真是个朱买臣。”如某人家接二连三地出现不顺利的事情，家境每况愈下时，妇女们在谈论时就会说：“那个人家真是个朱买臣的人家。”还有的人命运多舛，受尽磨难，妇女们就会说：“那个人真是个朱买臣十败命。”还有某人为人处事没有眼光，把事做绝了，以致造成不可挽回的局面，妇女们在谈论他时就会说：“那个人真是个朱买臣家老孺。”“朱买臣”是何人？这些有关朱买臣的俗语又是怎么一回事？

朱买臣，历史上确有其人。著名史学家班固在他的历史著作《汉书》中有比较清晰的记载：朱买臣，字翁子，吴人，喜爱读书。朱买臣祖上没留下什么产业，家境十分贫寒，和妻子靠砍柴卖柴聊以度日。朱买臣走路时背书，挑柴的路上也在背书，路人都笑他有毛病。妻子劝他走路时不要背书，他反而背得更大声，妻子感到羞愧和愤恨，提出和他分开。朱买臣笑着说：“我五十岁要大富大贵，今年已经四十多岁了。你跟着我吃了这么多年的苦，等我发达了，我一定好好地报答你，让你享受荣华富贵。”妻子认为朱买臣是穷疯了，怒骂道：“像你这样的人，最后要饿死在山沟里，怎么可能有大富大贵？”朱买臣实在留不住妻子，只好写下休书让妻子走了。过了几年，朱买臣时来运转，遇到了贵人。与朱买臣同乡的严助在朝廷当了大官，回乡省亲时听说了有个书疯子朱买臣，召来一测试，果然很有才，就把朱买臣推荐给了汉武帝。汉武帝召见后，也赏识朱买臣的才华，封他做了中大夫。可朱买臣没有把这个官当好，时间不长就被撤职了。朱买臣又变得穷困潦倒，但他不忘读书、不忘关心时政。后来，东越人叛乱，朱买臣审时度势后上书汉武帝，提出了征战平乱之策。汉武帝对朱买臣的策略很赞赏，就封朱买臣为会稽太守，带兵去平息东越的叛乱，叛乱果真被朱买臣给平息了。朱买臣回朝复旨后，皇帝很高兴，让朱买臣回乡省亲。朱买臣衣锦还乡的途中，看见前妻和她现在的丈夫被地方官府征调为他的车队整修道路。朱买臣赶紧下车，将前妻夫妇二人带回太守府邸，安排在后花园的房子中，好吃好喝地招待着。一个月后，前妻自感惭愧而自缢身亡。朱买臣给前妻的丈夫一笔钱，让他好好地安葬了妻子。朱买臣还召见了昔日曾帮助过他的人，全都给予了奖赏。后来，朱买臣被调入朝廷任内史。任内史后因不满昔日的部下、现已官拜御史大夫的张汤，朱买臣与另外两名内史联手诬告张汤出卖军事机密。皇帝严令彻查，在查案中张汤自杀身亡。后来查实是三个内史诬告陷害张汤，皇帝就将朱买臣及另外两名内史一起杀了。这是班固在史书中记载的朱买臣。

其实民间对朱买臣的了解大多来自戏剧以及口口相传的故事，甚至是小人书。戏剧方面，有明末清初的剧本《烂柯山》，还有《夜梦冠带》《马前泼水》等。在经过文学艺术的演绎，朱买臣这个人物更加丰满生动。民间，尤其是在妇女们心目中印象最深的要数《马前泼水》。《马前泼水》说朱买臣的前妻得知朱买臣发迹当了大官后，感到后悔不已，主动找到朱买臣，拦住朱买臣坐的马，要求与朱买臣破镜重圆。朱买臣用勺子舀水，泼在自己的马前，问前妻泼在地上的水还能不能回到勺子里，以拒绝前妻的要求。但马前泼水的情节在班固的《汉书》中是没有的，这是编剧给朱买臣创造的新故事。更有甚者，把朱买臣说成是十败命，加入了许多朱买臣穷困潦倒时诸事不顺的故事，如：朱买臣在卖柴的集市上只顾看书，柴担倒塌，砸伤小孩，有的还说砸死了小孩，吃了官司，最后穷困得沿街乞讨度日。

绩溪文化底蕴深厚，戏剧的普及，民间故事的传诵，使朱买臣其人其事以及戏剧家演绎再创作的故事家喻户晓。绩溪民间用朱买臣的其人其事创造出如“尔真是个朱买臣”“那个人家真是个朱买臣的人家”“尔真是个朱买臣家老孺”等方言俗语就顺理成章了。

梅良玉

在绩溪的民间，经常会听到“梅良玉”这个名字。如某人霉运连连，人们在与之交谈时，就会同情地说：“尔真是个梅良玉。”如人们在背后谈论倒霉的人时，就会说：“那个人真是个梅良玉。”如某人家倒霉的事接二连三地发生的时候，人们就会说：“那个人家真是个梅良玉的人家。”因为绩溪方言“梅”与“霉”同音，“良”与“娘”同音，而“玉”与“又”同音，“梅良玉”就是“霉娘又”，霉娘来了又来，怎么能不倒霉呢！在绩溪民间，尤其是在妇女们的口中，梅良玉也就成了倒霉的代名词。人们对梅良玉其人其事的认知和了解大部分都源于戏剧和口口相传的故事。历史上是否真有梅良玉其人，目前还没有考证。梅良玉最早是清代的小说《二度梅》中的人物，小说作者署名为惜阴堂主人。要理解以上关于梅良玉的方言俗语，还需先来了解一下有关梅良玉的故事。

《二度梅》是一部长篇小说，写的是梅、陈两家悲欢离合的故事，其中着重描写了梅魁之子梅良玉，陈东初之女陈杏元的爱情故事。唐肃宗年间，山东历城知县梅魁，在任十年，为官清正，只喝民间一杯水，不要百姓半文钱。梅魁对宰相卢杞之流不仅不趋炎附势，而且敢于正面冲突。后梅魁遭卢杞陷害，斩首西郊。卢杞假借圣意，抄杀梅魁全家。梅魁之子梅良玉及其母闻讯后弃家而逃，开始了颠沛流离的生活。几经周折，梅良玉来到梅魁生前同朝为官的好友陈东初家中，并与陈东初之女陈杏元定亲。陈东初与梅魁一样，疾恶如仇，也是卢杞的眼中钉。后卢杞又陷陈东初于死地，还奏请朝廷下旨遣陈东初之女陈杏元出塞和番，把梅良玉、陈杏元这对情侣拆散。当陈杏元和番的队伍走到落雁崖时，陈杏元跳崖殉身，被昭君神所救。梅良玉在经过艰难曲折的磨难后，终于闱战告捷，名列金榜首位，并被钦点为巡按。梅良玉任职后清正廉洁、除暴安良，得到了皇帝的赏识。在皇帝的主持下，梅良玉得以和陈杏元完婚。

小说《二度梅》问世后即被戏剧家看中，争相改编成各种戏剧，《二度梅》是越剧的传统保留剧目，潮剧不仅有单集的《二度梅》，还有分上下集的剧目，上集称《陈杏元和番》，下集为《梅良玉思钗》，也都是潮剧的传统保留剧目。各剧种在改编时都做了大量的演绎和再创作，戏剧中都加入了更多感人的故事情节，尤其是分上下集的潮剧。如：梅家遭难，梅良玉逃出后先投奔已定亲的岳父孙梅家。孙梅时任常州知府，但孙梅见梅家落难就悔婚，还要捉拿梅良玉邀功请赏，梅良玉逃脱后来到陈东初家为仆；陈东初到梅家后园祭拜老友梅伯高（梅魁，字伯高，戏剧均称为梅伯高），园中梅花本已凋谢，花神有感于两人友情让梅花二度开放。在祭拜中陈东初识破了梅良玉的真实身份，遂将女儿陈杏元许配给梅良玉；陈杏元被逼和番，梅良玉与陈杏元重台泣别，陈杏元赠梅良玉金钗；陈杏元投河遇救后被河北节度使邹伯符的夫人收为义女；陈家遭难后，梅良玉流落到大名府，当上了邹伯符府上的账房先生，不意与陈杏元相会；卢杞图谋篡夺帝位，极力笼络新贵，梅良玉高中后，欲招他为婿，命孙梅做媒；卢杞与番邦勾结，指使番邦派人潜入长安刺杀皇帝；梅良玉闻讯，上殿揭露卢杞的叛国罪行，卢杞被诛，梅、陈两家的冤案得以平反，梅良玉与陈杏元得以团聚等。戏剧中的梅良玉历经磨难，但到最后还是有一个圆满完美的结局，这也迎合了观众的心理期望。

民间故事中的梅良玉大体与小说和戏剧相同，但最后的结局是：梅良玉高中后，卢杞意欲笼络新贵，命孙梅做媒招梅良玉为婿，遭到梅良玉的拒绝，孙梅就告知卢杞，梅良玉就是梅魁的儿子。卢杞见收买不成，且梅良玉又是仇敌的儿子，欲尽早除之而后快。恰在此时，梅良玉急着衣锦还乡，光宗耀祖，派人在家乡重建梅府。卢杞就在皇帝面前诬告梅良玉在家乡建造的状元府是酷似龙厅，有谋反之心。皇帝听信谗言，勃然大怒，下令捉拿梅良玉家族，满门抄斩。

不管是小说和戏剧中命运坎坷，最终圆满的梅良玉，还是民间故事中以悲剧结尾的梅良玉，绩溪的民间只要一提到梅良玉这个名字，人们就会把他跟“霉”字连在一起，所以绩溪方言中就衍生成了前面提到的那些有关梅良玉的俗语。

张士贵得功

在绩溪的民间，人们经常会听到“张士贵得功”这个俗语。当某件事情已经做得差不多的时候，因情况变化，换了另一个人负责做，很快事情顺利完成，后来负责做的人得到了表彰和奖励，知情的人们就会在背后议论说：“前面的人辛辛苦苦打下了基础，他是张士贵得功。”还有一些道德败坏的人，要阴谋诡计把一起奋斗的人挤走而独享成果。这时，人们就会在背后谴责他说：“某人真是个张士贵。”张士贵是何人？张士贵得功又是怎么一回事？

张士贵，历史上确有其人，《新唐书》和《旧唐书》皆有传。史载他自幼习武，“弯弓百五十斤，左右射无空发”，和薛仁贵一样英勇善战。隋末张士贵聚众揭竿起义，后归顺李渊，在完成唐朝统一大业和边境扩张的戎马生涯中屡立战功，先后任右光禄大夫、右屯卫大将军、左领军大将军等职，并被封虢国公、勋国公，子孙袭爵。

然而史书的记载与文学作品的描写截然不同。民间认识了解张士贵主要是通过小说和戏剧，如小说《隋唐演义》和各剧种编排演出的《薛仁贵征东》等，小说和戏剧中张士贵都是作为反面人物衬托大英雄薛仁贵出现的。小说和戏剧中说在贞观末年，高句丽的主战派控制了军队，要挟朝廷与大唐为敌。唐太宗李世民欲御驾亲征，一天夜里梦见自己在打猎途中遇到歹人拦截，正危急时，一位穿白袍的小将出手相救。唐太宗问其名，小将以一首诗回他。唐太宗梦醒后将梦中所得“家住遥遥一点红，飘飘四下影无踪。三岁孩童千两价，保主跨海去征东”的诗文交给宰相徐茂功破解，徐茂功解诗得出薛仁贵之名。唐太宗即命部下四处寻找这应梦贤臣。征东先锋官张士贵听说唐太宗要找应梦贤臣，就硬说自己的女婿何宗宪是应梦贤臣。恰好此时薛仁贵来张士贵的帐下投军，张士贵见薛仁贵要坏了女婿冒认应梦贤臣的大事，数次拒收薛仁贵。后来薛仁贵在路上打虎救了程咬金，程咬金听薛仁贵说投军被拒就帮助薛仁贵如了愿。但薛仁贵从军后被张士贵安排当火头军，张士贵还骗薛仁贵称皇上正在找的应梦叛臣也叫薛仁贵，要他改名，并不得外出。一身文韬武略的薛仁贵无用武之地，在军中受尽张士贵、何宗宪等人的欺凌和陷害，历尽磨难。后来在作战中，一唐将被敌军围困无法脱身时，薛仁贵着白袍只身骑马冲入敌阵，救出唐将。观战的唐太宗命尉迟敬德寻找这白袍小将。张士贵忙让薛仁贵与何宗宪互换衣服和武器，何宗宪冒领了战功。唐太宗和尉迟敬德均心存怀疑，就设计摆龙门阵，让白袍小将作“平渤论”。张士贵、何宗宪等人均无法完成，只得诓骗薛仁贵来完成。薛仁贵惧怕皇上抓应梦叛臣，完成了也不敢声张，张士贵再次得功。小说和戏剧中关于张士贵冒领功劳的形象就在读者和观众心中留下了深刻印象，“薛仁贵征东，张士贵得功”就成了定论，有关张士贵得功的俗语就应运而生了。

我国古代的小说和戏剧，以其通俗流畅，善恶分明，故事性强而受到普通百姓的青睐。因此，一些作者为迎合读者和观众的心理，往往不顾历史事实，将部分人作为反面角色来衬托正面角色，颠倒了历史，贬低了一些历史人物，导致与史书中的记载截然不同，张士贵就是一个这样的人物。张士贵是怎样被变成反面人物的，原因很复杂，有待史学家进一步考证研究。

起萧何烂萧何

在绩溪的民间，人们经常会听到“起萧何烂萧何”这个俗语。当某人带头做一件事，因情况有变遇到了困难，带头人便放弃退缩了，致使其余人群龙无首，此事前功尽弃。人们就会说：“这真是起萧何烂萧何。”“萧何”是谁？“起萧何烂萧何”又是一个怎样的故事呢？

萧何（前257年—前193），沛丰人，早年任秦沛县县吏，秦末辅佐刘邦起义。刘邦攻克咸阳后，萧何接收了秦丞相、御史府所藏的律令、图书，掌握了全国的山川险要、郡县户口，对日后制定政策和取得楚汉战争的胜利起了重要的作用。刘邦建立汉朝后，萧何成为汉朝的丞相。

“起萧何”指的是韩信是萧何发现并极力推荐给刘邦的，因此造就了历史上有名的战神，韩信在西汉王朝的建立中起了至关重要的作用。韩信（前231—前196），淮阴人，年轻时家里穷，又没有什么谋生的本事，却喜欢读兵书，腰里还经常挂着一把剑。韩信经常没饭吃，一位为人家漂洗丝絮的老妇人看他可怜，经常给他一点饭吃。淮阴街上有一个年轻的屠夫，一向看不起韩信，常对人说：“你们别瞧这家伙长这么大个儿，又好舞刀弄剑，其实胆子小着呢！”一天，屠夫在街上看到韩信，就上前拦住他，叫道：“韩信！你要有胆不怕死就给我一刀。你要是怕死，就从我的裤裆下钻过去。”韩信闻言，许久没有说话，看着屠夫趾高气扬的样子，终于伏下身子，慢慢从屠夫的裤裆下钻了过去，满大街的人都笑话韩信。这就是历史典故“胯下之辱”的出处，后来人们常用胯下之辱来比喻那些为了干大事而甘愿受一时屈辱的人。后来韩信从军，在项梁、项羽手下一直未被重用，他又投奔了刘邦，刘邦只封了他一个管粮草的小官，韩信十分恼火，便起程回家。萧何知道韩信是一个不可多得的将才，骑着快马连夜将韩信追了回来。萧何追回韩信后就极力向刘邦推荐让韩信做大将军。刘邦要考一考韩信，就让韩信在一张布上画兵，能画出多少兵就让他带多少兵。韩信画了一面帅旗，帅旗后画了一些兵，从大到小，接着用连绵不断的点一直点到布的边缘。刘邦心服，就封韩信做了大将军。

“烂萧何”则说的是韩信居功自傲，萧何设计杀害了韩信。经萧何的极力推荐，韩信做大将军，韩信从此成了叱咤风云的人物，后来被刘邦封为齐王。萧何的举荐之恩韩信没齿难忘，在满朝的文武大臣中，韩信唯一敬重的也只有萧何。韩信居功自傲，不把刘邦放在眼里，还口出狂言，说“刘邦与项羽大战中自己是刘邦的救命恩人”“所有武将中刘邦最离不开的是他”等。韩信的所作所为终于惹怒了刘邦，刘邦本想杀了韩信，但后来还是免了死罪贬为淮阴侯。韩信是当过王的人，岂会再安然地当一个淮阴侯，便起了造反之心。这事很快被吕后察觉，此时刘邦在外征讨反贼陈豨，吕后就找萧何商讨对策，萧何献计并亲自将韩信骗进宫中并以谋反罪杀害了。

成就韩信的是萧何，设计害死韩信的也是萧何。后人总结出了历史典故“成也萧何，败也萧何”，而绩溪的方言归纳得更精练，只用了“起萧何烂萧何”六个字就完整地做出了概括。据说淮阴的韩信墓有一副对联，上联是“成败一知己”，下联是“生死两妇人”。上联说的是韩信的成败都在萧何，下联说的是生有漂母送饭之恩，死有吕后杀身之仇，十字墓联精辟地总结了韩信的成败生死。

寄信割牛草

绩溪民间经常听到“寄信割牛草”这句俗语。“寄信”即传信，一般指传口信。“割牛草”即割喂牛的野青草。整句俗语的意思是：委托正在割牛草的人传个口信。这个俗语背后隐含着一个割牛草的人受托传口信，等割完牛草回家，把传口信的事给忘了，结果造成委托之人家破人亡的悲惨故事。“寄信割牛草”后来就用来告诫人们不要忘记别人委托的事。如你委托某人传话或做事，交代完以后再叮嘱一句：“尔不要寄信割牛草！”“寄信割牛草”还是一句责怪语，如某人忘记了别人委托的事，人家就会责怪他说：“尔真是寄信割牛草！”“寄信割牛草”还用来喻指有些人健忘、不记事，如人们在谈论某人时说：“那是个寄信割牛草的人。”在歙县也有相同意思的一句俗语，即“寄信割驴草”，两地的俗语仅“牛”与“驴”一字之别。绩溪建县前是歙县的一个镇，后来建县了还同属徽州府管辖，地域相连，交往频繁。或许这个俗语就是从歙县传入的，绩溪话“牛”与“驴”的读音相差不大，而且绩溪养牛的多，养驴的却很少，久而久之俗语中的“驴”就变成“牛”了，但故事的内容是相似的，俗语的内涵也是相同的。

明朝万历年间，在歙县徽城河西的小山上，被革职即将回乡的原徽州知府潘某新立了一座坟墓，墓前立了一块石碑，上刻“冤妇墓”三个字。潘某为何要立墓？墓里葬的又是谁？事情的原委是这样的：

家住歙县竦塘的黄秀英，十八岁时遵父母之命嫁入歙县城北的郭家。夫君郭宏是郭家的独子，由于家境一般，郭宏只读了三年私塾，就跟着本家的一个叔叔学做贩卖木材的生意。当时歙县的水运十分发达，上游的绩溪和休宁等地砍伐的木材，都由做木材生意的人从水路经歙县运往江浙贩卖。郭宏聪明能干，几年下来，就与他人合伙做起了木材生意。虽然风餐露宿、辛苦劳累，但收入颇丰。一年前，也就是郭宏刚满二十一岁时，与如花似玉、聪明贤惠的黄秀英完婚。婚后夫妻恩爱，父母欢喜，邻里羡慕。

一日，郭宏运送木材从歙县城东经过，就让放排的人将木排停靠在江边，自己回家与家人团聚。郭宏因长期在外跑生意，养成了早起的习惯，第二天一早起床后怕惊动父母，和妻子打了声招呼就独自踱步到江边。看着自己的木排，突然想起日前与人商定今晚在淳安的排岭洽谈一单生意，若失约，会造成大损失。现在若回家与父母、妻子告别，一来一回要耽搁大半个时辰，这木排是顺水漂流，水流多快木排就只能多快，木排过渔梁坝还要耗费一些时间，如再耽搁，恐怕就要误了行程。犹豫之际，郭宏突然看见邻居张达正在江边割驴草。郭宏走向前去，请张达寄个口信回家，说自己有急事赶往排岭，不能回家辞行，请父母、妻子原谅，张达满口答应。郭宏放心地跳上木排，顺水前往排岭。哪知道，邻居张达割完驴草回家，早把传口信的事忘到九霄云外了。张达回家吃过早饭，从旌德来的老亲戚急着要回家，说是过几天要赶庙会，必须要提前回去。张达实在不放心让上了年纪的亲戚一人回旌德，只好送亲戚回旌德。张达到了旌德，索性住了几天，还逛了庙会。庙会结束，经不住亲戚的一再挽留，又在旌德多玩了几天，一晃十多天就过去了。

再说郭宏一家发现郭宏不见了，郭母便问媳妇黄秀英，黄秀英只知道郭宏一早起床就出门去了，去了哪里她也不知道。左等右等不见郭宏回来，家人就分头四处寻找，可就是杳无音信，一家人如坐针毡。第二天，电闪雷鸣，暴雨倾盆，江水猛涨。次日官府贴出告示，说在渔梁坝下发现一具男尸，请大家去辨认。郭家人赶忙来到现场，但见男尸面目全非，难以辨认。跟随而来的郭宏的表哥问郭母，郭宏身上不是有个特殊的记号吗？郭母方才想起，郭宏的左脚有六只脚趾，赶紧上前察看，男尸的左脚正好是六只脚趾。郭母顿时昏厥在地，黄秀英悲痛欲绝，众人赶紧把郭家人送回了家。郭宏的表哥风流成性，趁郭家没人的时候调戏黄秀英，遭到黄秀英的严词拒绝，表哥对此一直怀恨在心。表哥心想何不趁此机会报复一下黄秀英，再者，郭家绝了后，或许他还可以得到郭家的家产呢！于是，表哥避开黄秀英，在郭宏父母面前说起了黄秀英的坏话："表弟与她同床共枕，怎么就不明不白地死了，而且还暴尸渔梁坝下。表弟常年在外，黄秀英难免红杏出墙，一定是奸情被表弟察觉，就伙同奸夫谋杀亲夫，何不快快报官。"郭宏父母心里早有疑惑，听内侄这么一煽动，更是信以为真，遂赶紧请人写了状纸，直奔府衙击鼓喊冤。

徽州知府姓潘，新调任不久，在别处为官多年，很有政绩，名声也不错，来到这礼仪之邦的徽州府任职，更是踌躇满志。刚上任就在自己的辖区内发生了"伙同奸夫，谋杀亲夫"这种伤风败俗的大案，何况现在人证物证齐全，若不快查快办、速判速决，有何脸面在徽州府为官。原本发生在歙县的案件可以交歙县县衙先行查办，可潘知府得功心切，就越俎代庖了。黄秀英被收监后，两次过堂始终不承认"因奸谋夫"，哪怕受刑昏厥都咬牙否认。第三次过堂时，潘知府亮出了杀手锏，要对黄秀英施用酷刑。黄秀英一听要对她施用酷刑，不禁打了一个寒战，心想，受酷刑必死无疑，反正是死，还不如砍头痛快，一死了之。到了阴间，与夫君相聚再诉说冤屈吧。可是，黄秀英已经怀了郭宏的骨肉，不能让郭家断了香火。于是黄秀英表示认罪，请求让她生下孩子再领刑。郭母在内侄的撺掇下，认为黄秀英怀的肯定是野种，坚持不要这孩子，只求知府速速为儿子报仇。潘知府立功心切，让黄秀英画供后即判了三天后问斩。接下来，知府衙门用快马火速将案件报上级衙门核批。由于上级衙门对潘知府的清正廉洁坚信不疑，案件草草过关，对黄秀英的死刑判决第二天就批了下来。第三天的午时三刻，在徽州府衙设下的刑场上，黄秀英人头落地，肚子里的孩子也一起归天，一尸两命！

正当潘知府因速办了大案而沾沾自喜的时候，郭宏突然回来了。就在此时，上游的绩溪县来人认领了渔梁坝下的男尸，说是前几天发大水，绩溪县临溪一男子被洪水卷走，一直漂到了渔梁坝下。渔梁坝上下有较大的落差，坝上的水直冲而下，使坝下形成一大片深潭，水冲入深潭后形成漩涡，上游的漂浮物被漩涡的惯性甩向岸边，所以上游的漂浮物一般都在渔梁坝下停住。被洪水冲走的男子尸体就这样被留在了渔梁坝下的岸边，恰巧此人的左脚也是六只脚趾。郭宏回来和男尸被认领两件事令众人都傻了眼。郭宏离家才这么几天，家里就遭到这么大的变故，实在难以承受，他急忙找到知府说明情况，知府很快从旌德将张达传唤到案，问明情况。张达感到因自己忘记传口信，害得郭宏家破人亡，真是无地自容。张达因忘记传口信，被知府判定割去一只耳朵，以示惩罚和警诫后人。至此，黄秀英一案彻底水落石出。潘知府立功心切，造成冤案，毁了一世英名，同时也被朝廷革了职，上级衙门的有关官员也受到了处罚。潘知府回乡前，自己出资把黄秀英的墓从荒山野岭迁至徽城河西山上醒目的地方，并在墓前立了一块石碑，上刻“冤妇墓”三字，以示向被自己冤杀的黄秀英忏悔，也用以警示后来的官员，不要像自己那样急功近利。潘知府临行前，把府衙的同僚和地方的乡绅请到一起，除了罪己致歉、辞行，还总结出了“重利忘家者戒，寄信误人者戒，酷刑枉杀者戒”的三戒诤言。

清宣统初年，周赟任徽州府教谕时，把这“三戒”箴言刻成石碑，竖立在“冤妇墓”的旁边，以警示后人。时光荏苒，斗转星移，现在再也见不到原来的“冤妇墓”和“三戒碑”了，可“寄信割驴草”的故事还一直在流传着，“寄信割驴草”的俗语还一直被人们沿用着。近年歙县文旅部门为了传承文化遗产和促进旅游开发，还把“寄信割驴草”的故事改编成名为《三戒碑》的黄梅戏，定时在歙县老县衙演出。

细观生不吃贵果子

细观生，真名许观生，绩溪涧洲人。许观生个子小巧且十分灵活，在绩溪方言中“细”也作“小”用，所以人们都称他“细观生”。细观生，惯偷也。偷盗从不留痕迹，被偷户明知是细观生所为，因没有证据也无可奈何。细观生有房有田，也已娶妻生子，家庭生活也还过得去，他做贼的本因：一来是因偷盗上瘾，二来细观生他看不惯有钱人的趾高气扬，喜欢戏弄他们，细观生从不惊扰穷苦百姓。“贵果子”本意是指价格很贵的果子，这里指人们买到的货物价格比货物实际的价值高许多。“细观生不吃贵果子”的俗语来源于一则“细观生偷猪”的故事，要理解这一俗语的真实含义还得听一听“细观生偷猪”的故事。

一日，涧洲做大年会，游“龙舟”，斋“五帝”，好不热闹。这日晚上，大家聚在许家祠堂内看戏。细观生也在看戏，突然偷瘾上来了，既要过把偷瘾又不耽误看戏，只能就近解决。附近一富户人家的主妇是一个泼妇，邻里都怕她，今天正好治一治她。细观生就在她家的猪栏里偷了一头二十多斤重的小猪，用一只布袋背着，回到许氏祠堂，站在后排继续看戏。小猪在细观生背上的布袋里，竟然没有吼叫，只是哼哼着。细观生轻轻地拍着布袋，嘴里说着：“别作声，让我看会戏再带尔去家。”说来也怪，小猪连哼哼声也没有了。人们还以为细观生背着自己的小孩在看戏呢！第二天早上，富户人家的主妇去喂猪，发现小猪不见了，到处找遍都没找着，断定是被人偷了。于是，主妇就站在大街上开骂了。细观生早就料到会有这样一出戏，一早就来到大街上看热闹，什么恶毒的咒骂他都当听戏文一样，当听到主妇说被偷的猪有七八十斤时他不乐意了，嘴里嘟囔着："这也太黑心了吧！明明才二十多斤重的细猪，怎么能讲成七八十斤重的大猪呢？我才不吃这个'贵果子'呢，那就让她家再供供（即再养养）吧！"于是，当天夜里，细观生又把细猪放回那户人家的猪栏里。那户人家的主妇还以为她的恶骂起了作用，心想贼也怕咒啊！一晃五个月过去了，细观生又把这户人家长到七十多斤重的猪偷了，运到很远的地方卖了钱。那家的主妇发现猪又没了，于是又开骂了，虽然骂词有所不同，但猪的重量还只是七八十斤，看热闹的人中有人跟那位主妇开玩笑说："你家那只猪几个月前就七八十斤了，到现在还只有七八十斤，看来尔只猪有病养不大，偷掉也不会太可惜。"那家主妇无言以对。

不知是那家主妇和亲邻好友诉说了实情，还是细观生跟人吹嘘所致，"细观生偷猪"的故事在绩溪岭南被传得是家喻户晓，"细观生不吃贵果子"也成了人们常用的俗语，一般用来表示某人不会买价格比实际价值高的东西。

花朝老爷

在绩溪的民间，尤其是登源河一带，经常会听到"花朝老爷"这个名词。如每年的番芋（即番薯）收获以后，绩溪的大多数农家都要做一些番芋淀粉。这时，就需要番芋粉碎机，要粉碎番芋的农家就得在粉碎机前排队等候。这时，人们就会说："某人家的番芋粉碎机真是个'花朝老爷'。"再如种水稻时农家要雇拖拉机耕田，因为要赶时间，大家都想早一点耕田，有时还为先后耕田而发生争吵。这时，人们也会感叹地说："尔只拖拉机唉！真是个'花朝老爷'。""花朝老爷"是谁，为什么绩溪人经常把他挂在嘴边呢？

绩溪登源历史上曾出过一位徽州第一伟人——汪华。汪华（586—649）原名汪世华，字英发，后因避唐太宗李世民之讳，去"世"字称汪华。汪华年少倜傥，十四岁拜南山和尚罗玄为师，苦练刀枪弓箭，武艺超群。后应郡府招募加入义军，由于智勇过人，汪华在郡兵中崭露头角，成为郡兵的精神领袖。隋末，隋炀帝荒淫无度，民不聊生，群雄并起，天下大乱。汪华审时度势，起兵反隋，义军很快占领了歙、宣、杭、睦、婺、饶六州，汪华拥兵建立吴国称王。汪华所治之地十余年未见兵灾，政通人和，百姓安居乐业。后唐室兴起，汪华有感于唐朝的德政，知天下将定，于是顺应民意，奏表归唐，受封越国公、歙州刺史，持节总管六州军政，再次使六州百姓免去战乱之苦。后唐太宗征辽东时诏汪华为九宫留守，主管朝廷政事。汪华逝后又受唐太宗及历朝皇帝多次追封，被誉为“生为忠臣，死为神明”，有联赞曰：“乱世据六州，保境安民，煌煌功绩垂千古；治平朝帝阙，忠君爱国，赫赫英名满神州。”六州百姓感恩汪华，各地均立庙祭祀，尊为“汪公菩萨”，香火不断。

绩溪登源祭祀汪华的庙会称“花朝会”。花朝会在汪公大庙里举行。汪公大庙坐落在汪村的西南，登源河的西岸，汪公大庙内供奉着汪华的神像，神像高八尺，用整根圆木雕成，威武庄严。登源各村都想把汪公老爷请到自己的村里来祭拜，以求驱灾避难，祈求风调雨顺、村民安康。但因神像高大，不便抬着出行。于是，汪氏后裔决定再塑一尊神像，供登源各村恭请出庙，抬着巡游。新神像于汪公诞辰正月十八日在汪公大庙举行开光仪式，开光仪式后，四乡八邻的人们争相恭请汪公神像到各村巡游，祭祀活动一直延续到二月十五日。二月十五日恰好是“百花神主”的生日，皇上闻之，追封汪华为兼司六州百花之神主。“花朝老爷”由此而得名，每年祭祀汪华的活动也称之为“花朝会”。

花朝会由汪村、梧川、周村、南川、孔川、茂川、忠周、间坑、新田、七塔、耿家屯、上马石十二个村组成十二社，十二年轮值主办一回。花朝会上向汪公老爷敬献供品称“献花朝”，供品包括轮值村委托专人精心饲养的牛、羊、猪、鸡、鸭等，祭祀前，集中宰杀，然后披红挂彩，点香鸣炮上供，供品还有精致的米面制品和蔬果。花朝会的一个重点是酒席，有六大盘、九碗六、十碗八等规格，这些酒席的菜肴都是由轮值村分派到各家各户制作而成，种类非常之多。装菜肴的容器均是名贵的瓷盘、瓷碗，容器上还要标注菜肴制作户户主的名字，这相当于各家各户在进行着厨艺拼比，后来也就把上供酒席称为“赛琼碗”。主祭场的汪公大庙还设有花木盆景展，展示着盆景爱好者精心栽培制作的花木盆景，庙前还搭台唱戏。这些活动结束后，开始抬“花朝老爷”神像巡游。以上十二村可以留“花朝老爷”神像在村中祭祀三天，尔后，非轮值村可以要求恭请“花朝老爷”神像到自己村巡游。由于要请“花朝老爷”的村很多，先后安排很困难，有时还发生争抢，甚至还会发生斗殴之事。除花朝会期间，如遇严重的旱灾以及重大的灾难，人们首先想到的也是抬“花朝老爷”神像到村里来求雨或驱灾避难。因此，当大灾大难发生时，也会发生抢抬“花朝老爷”的事件。

看完以上关于“花朝老爷”的故事，我们就能理解绩溪人经常用“花朝老爷”来比喻非常抢手的人或物了。

第四章　方言字探源

绩溪方言自创字

在绩溪的方言读音中有许多读音找不到对应的汉字来记录，民间有点文化的人就想方设法自造了一些土字，以方便对事物的记录。绩溪竹里村就有这样一位老先生，他叫周观生（1896—1969），民国期间在家乡从事私塾教育，也经过商。他编著了一本《拣字摘要》的小册子，全书分为：常见物件、饮食类、果子类、杂货类、士、农、工、商等八节，近3600字，这本小册子作为四书五经等必修内容外的乡土教材。周先生的后人将《拣字摘要》点校整理，发现书中收集了许多民间自造字，其中有66个字在汉语字典中是找不到的，这些字都是生冷字，都是绩溪民间文人自己创造的。这些自造字并不是随意造的，每个字都有它的结构原理和规律，有的是象形字，有的是形声字，显示出绩溪民间文人的智慧。

《拣字摘要》收录的自造字中有不少字绩溪民间还一直在使用。

1.塺。方言读pāi，表示的是一面山坡，绩溪方言说一塺山，半山坡绩溪方言说半山塺。笔者查阅了汉语字典，与塺读音相似的只有“培”字，但“培”字的字意为保护植物或墙、堤等在根基部加土培养，与一面山坡扯不上关系，故绩溪的先人就自造了塺字。塺字的使用频率不低，用于地名的就很多。如原逍遥乡有个村叫黄茅塺，原大障乡有个村叫胡南塺，都指建在半山坡上的村庄。在绩溪，用塿来界定山界的做法很普遍，比如某人家的山是“一湾两塿”，就是说一个山湾加两面山坡，左右以山脊为界，上至山顶，下至山脚。俗语用塿字的也不少，如“高山自有横塿路”，本意是指再高的山，山坡中总有横穿的山路，告诉人们再大的困难总有解决的办法，鼓励人们努力去克服困难，争取胜利。还有一句俗语“半山塿里问信”，意指你站在半山坡上问讯，近处又没有人，即使山下有人也听不清你在说什么。喻指不是亲历，得到的消息都不是很准确的。还有“半山塿里出了个程咬金”，本意指程咬金突然从半山坡中杀下来，俗语的意思是一件事情突然遇到变故，打乱了原有的计划。

2.垅。方言读dǒng，和汉语“懂”字同音。种树时在地里挖个坑，绩溪方言说挖个垅。垅在方言中的基本含义是土坑，垅这个字还广泛应用于地名。绩溪是山区，许多的村子都居于四面环山的山湾里，这些村子的村名除了带坑字就是带垅字，坑相对来说有一面要开放些，垅则为处于山中四面皆高的低洼处。全县带垅字的村名很多，如原和阳乡就有垅坑村，原大障乡就有上垅村，原胡家乡就有程家垅村，原旺川乡有胡家垅村，板桥头乡有横山垅村，等。还有颇具特色的带垅字的村名，如金沙镇有一个叫灯盏垅的居民点，是个很小的山中洼地，形似灯盏。家朋乡有个叫水芹菜垅的居民点，因地处洼地，盛产水芹菜而得名。

3.剪。方言读jiàn，和汉语“件”字同音。剪字有揭与削的意思。如普通话说“将香蕉的皮揭掉”，方言则说“把香蕉皮剪掉”；普通话说“将墙上的画揭下来”，方言则说“把墙上的画剪下来”。又如普通话说“用刨刀将苹果皮削掉”，方言则说“用刨刀把苹果皮剪掉”。有的地方剪字还有其他意思，如普通话说“将玉米的包衣剥掉”，方言也可以说“把玉米的包衣剪掉”。

绩溪方言自造字很多，除了周观生先生《拣字摘要》中收录的以外，还有不少自造字。这里试举几例。

1.与竹里村周姓同宗，也是从竹里村迁徙而去的邻村，名叫梅圩村。圩字，方言读gào，与汉语“告”同音，本意是指田畈。梅圩村最早叫梅涧，村傍小溪，四周长满了梅树。后来村子往坡上发展，村四周还是长满了梅树，又改叫梅间。再后来随着人口的增长，粮食的需求量越来越大，山坡都被开垦成了梯田，形成了现在的“最佳摄影点”。油菜开花的季节，观赏油菜花的游客和摄影爱好者蜂拥而至。后来这些山坡梯田形成了田畈，村名也改成了梅圩村。绩溪方言一般用圩字来称呼成片的农田，如“祝山圩”“旺川田圩”等。绩溪带圩字的村名也很多，据不完全统计，带圩字的村名有十四个之多。如与梅圩村同属家朋乡的“梓舍圩”，临溪镇的“巧圩”“亭圩”，绩溪县叫“田圩”的村就有三个，叫“东圩”的村有两个，还有“里圩”“上村圩”。另外还有以圩字命名的水利设施，如伏岭村的“汪姓圩堨”。还有以圩字命名的桥梁，如北村的“西圩桥”。

2.闬，方言读lóu，与“楼”同音，字意是家里的狗。过去绩溪人怕孩子多灾多难，要么取傍神佛的名，如观某、灶某、社某等，要么取贱名，如某猫、某狗等。有的还把神佛和贱名合二为一，这样的名字贱名一般用谐音字，如灶苟、观苟、社苟等，苟就是狗的谐音字。但绩溪方言自造的闬字则可以直接用，如灶闬、观闬、社闬等。还有在闬字前加上宗族排行字辈的，如名闬、熙闬等。

作为“徽剧之乡”和“徽厨之乡”的伏岭还独创了两个方言字，就是“㹯”和“搄”。

1.先来说说“㹯”字，方言读“feāi”（注音不规范，但找不到更规范的注音），汉语没有同音字。要了解“㹯”字的造字缘由，还得从伏岭村的形成和发展说起。伏岭村邵姓的一世祖百二公从浙江淳安的安坑迁至临溪镇的隐川，生五子。由于隐川地域狭小，无法容纳太多的人口，次子文亨带着儿子世傑迁往伏岭，最早就居住在名叫伏岭的小山岭下，村名“伏岭下”因此得名。文亨公以下六代单传，人丁不旺。后来，百二公三子文祐的儿子世师也合家迁来伏岭。先于邵姓迁来伏岭的成、唐、许、丁、周等姓或日益衰败，或再迁他乡，因此伏岭一带更是人烟稀少，四周山中野兽成灾，损毁农作物，寒冬腊月时野兽甚至入村捕食家禽家畜，伤人的事也时有发生。秋冬季节，村中时不时地还会发生火灾。如何破解困境？世傑、世师两兄弟请来了风水大师赖文俊。经过实地勘察，赖大师确认伏岭是块风水宝地，定当人杰地灵。遗憾的是对面的朝山石性太重，朝山的最高峰鸡鸣尖上有石狮火虎作祟，影响了伏岭村人丁繁衍和生活、生产安全。赖大师认为必须克制住石狮火虎，伏岭村才能兴旺发达。古时有一种神兽，勇猛远胜石狮火虎。只要这种神兽一现身，石狮火虎就会望风而逃。赖大师画了一个神兽的图形，并造了一个“狪”字。伏岭人把每年的正月十五定为全村的祭狪日，这一天，全村的男女老少全部出动，抬着狪的画像，敲锣打鼓，燃放鞭炮，游村祭狪神。果然，伏岭人丁繁衍，渐有起色，灾害减少，伏岭人对狪神崇拜至极。

到了明朝中叶，伏岭村已发展成绩溪县的第一大村。邵氏一族已经建了宗祠，族人也衍分成三个门派。这时，伏岭人感到，抬着狪的画像游行不足以壮神威。于是，就用布和线做成狪身，用木头雕刻成狪头，将狪头、狪身涂成五颜六色的。正月十五的晚上，伏岭人举着火把，敲锣打鼓，燃放鞭炮和山门铳（一种装火药朝天放的铳），并由两个年轻人套上狪身、顶着狪头表演跳跃、猛扑等动作，同时村民们呐喊，以此向石狮火虎示威，并绕村一圈，驱除一切邪气。这种活动就被命名为“舞狪”。再后来，伏岭人在外经商、开饭店的居多，由于他们的资助和引进，舞狪又加入了徽剧的演出，继而又增加了京剧的演出，但活动的总称还叫舞狪。邵姓三个门派都有自己的业余戏班，都有自己的舞狪表演者，还建立了三十岁男丁值年、出资的操办制度，使舞狪活动能一直延续至今，并被列入省级非物质文化遗产保护项目。

2. 再来说说“挏”字，方言读“weāi”（注音不规范，但找不到更规范的注音），汉语没有同音字。挏字意为“和”与“揉”。制作面点时先要将面粉加适量的水搅匀，这个过程称为“和面”，而后放在案板上进行揉搓，这一过程又称“揉面”。绩溪岭南人尤其伏岭人把这两个过程用一个“挏”字概括，称“挏面”。过去伏岭村男孩十三四岁就要背着能吃几天的冷饭馃（就是当地叫作拓馃的，用于路上当饭吃），跟着他们的徽厨前辈，沿着徽杭古道步行三四天到余杭，尔后或往江浙，或往沪上，在饭店开始他们的学徒生涯。正是他们的终生拼搏，成就了无数技艺高超的徽厨大师，他们中有些人还成为拥有多家饭店的老板，他们还在许多大城市开办了很多有名的饭店。他们不仅在中国开饭店，还把饭店开到了国外！但是，徽厨大师这么多的辉煌成就，最终都离不开伏岭的传统美食——面点，包括拓馃、水馅包、绩溪点心（包袱水饺）、手擀面、面皮汤等等。伏岭人开的饭店大都靠面点起家，就算饭店再大，面点也是店中必不可少的美食。故伏岭人把自己开的饭店都称为“面馆店”，把在外从事饮食行业的人都称为“吃面饭”。而制作面点的第一道工序就是搁面，由此可以看出搁字在伏岭人以及绩溪人生活中的重要性。搁字在日常生活中也会用到：如某件事实在没法再做下去时，就说：“尔件事实在没得搁了。”如工作出了大问题时，就会惊叹地说：“尔再不好搁了。”如某人不听别人有益的劝告，一意孤行地去做某件事时，人们就会说：“让他去搁去，准备看笑话吧！”

由许晓骏先生主编的《磡头志》中也用了几个绩溪方言的自造字。其中有一个炏，方言读“zeài”（注音不规范，但找不到更规范的注音）。绩溪民间有句俗语“写字无用嫌笔炏”，意思是有人字写得不好，总怪毛笔秃了或钢笔钝了，另一句俗语“快刀多辛苦，炏刀夜夜寒”，意思是快的刀大家都喜欢用，钝的刀没人用总是闲着。这里的炏就意为某物秃了或钝了。还有一句气象谚语“炏尾龙挂钱（挂钱即扫墓）”，谚语来源一个民间传说，说的是一对老夫妻结婚多年未有生育，龙王可怜他们，将一枚龙蛋隐入老妇人腹中，怀胎三年，生出一条小龙。村民认为老妇人生了妖怪，会给村子带来灾难，就请来道士作法后斩杀小龙，由于老夫妻阻拦，道士只斩去小龙一截尾巴，小龙逃遁，而这对老夫妻被村人虐待而死。小龙长大后，每年的清明节前都要来老夫妻坟上祭扫。来时龙身翻滚，短尾巴搅动，顿时黑云翻涌、电闪雷鸣、狂风裹着暴雨，有时还夹着冰雹。这句谚语中的炏是断、短的意思，方言词

“炊手炊脚”，就是说某人的手、脚都有残疾，也用以形容一个人手脚不利落，做事很慢，笨手笨脚的。

石尪村“尪”字初解

在徽州，你可能会遇到许多生僻字，还有不少的自造字，尤其是地名。在绩溪登源河的上游，有个大名鼎鼎的石尪古村，之所以出名，不是因为这个村出过什么大人物，而是有一个古怪的村名，叫石尪，并且尪字是该村人自己创造的字。

笔者家住伏岭下村，外婆家在后巷村，小时候学校放假后基本上住在外婆家。从伏岭下村步行到后巷村，一般都从新桥村、汪姓圩、石尪村中经过，所以笔者对石尪村比较熟悉。笔者对尪字的来历百思不得其解，经过多年的研究，对尪字的含义有了一些想法，认为尪字实际上表达的是一个“九佳形”村落。

石尪村村前有条河，河床上裸露着花岗石，故石尪村原以河为名，叫石川。最先看中这块宝地的是汪姓先人，汪姓先人于北宋元丰六年（1083）从旌德迁社屋坑（石尪村的始源地），张姓先人于南宋端平二年（1235）从歙县满田迁绩邑北门再迁社屋坑口，后陆续有洪、许、方等姓迁入，人口不断增加，有近二十个姓氏。随着人丁增多，村落扩张，村庄形成了长条形布局。

石川村为何要改成石尪村，是什么时候改叫石尪村？洪竹胜先生主编的《石尪村志》中有一种说法，清朝乾隆年间，村人张本公，根据主街穿村而过，并在华佗庙前形成弯道，像“九”字中的“乙”状，石川至杨林道路像“九”中的撇，村街和道路形为“九”字，而村头村尾各有两挡石板坎，形为佳字，两字合为尪，而易名为石尪。这种说法不知是否有据可查，但笔者不以为然。还有一种说法是石川村出过九种佳品而易名为石尪，这更是无稽之谈。

徽州人聚族而居，村庄的布局和发展，首先要解决的是水的问题。因石川村中地下多花岗岩，很难开挖水井，村民都要到河里去挑饮用水。村中一旦失火，取水灭火很困难。村民认为必须有活水流经村中，人们的生存环境才能从根本上得到改善。于是，石尯村的先人们集族而为，筑起了鲍圩堨，开挖了鲍圩圳，从德锦桥下引水入圳，河水流经整个村子，经石岱头往新坊庙坦。在新坊庙坦设水闸，遇洪水时可以打开水闸，将水从新坊庙下水圳泄入河中，农田需要用水时关起水闸，让水从灶根家屋后流经烂塘塝下，流向鲍圩田畈，这在当年是一个十分了不起的水利工程。鲍圩圳既解决了村中饮用水、防火用水的问题，又解决了村西、石岱头、新坊庙下、烂塘塝下、社庙前、鲍圩等田畈灌溉用水的问题。鲍圩圳滋润和养育了世世代代的石尯村人，故石尯村人都把鲍圩圳读成宝圩圳。

石尯村的先人确实有智慧，既创造了一个十分适宜人们居住的人居环境，又把这个人居环境用一个尯字来表达。笔者认为：九字为石川村改造后的水系：九字的撇是从汪姓圩直到北村西圩山脚的河流形状，即流经石尯村河段的形状，九字的横就是鲍圩堨，九字的竖弯钩，就是鲍圩圳流至鲍圩田畈的形状。佳字既体现了石川村良好的人居环境，也形象勾勒出石川村中的石板路格局。笔者小时候走路到石尯村，看到村头有挡石板坎，村尾也有挡石板坎，这不就是圭的形状吗？圭字的四横还象征着发源于村东向西流入鲍圩圳的几条小河坑。尯字拆开为九佳，九又意为多和广，佳意为好，尯字的另一层意思是什么都好。可以毫不夸张地说，一个尯字把石尯村山水田路、村人乐居的环境完全地展现在人们面前，实属罕见和高明。

以上是笔者对尯字的理解，也算一家之言吧，希望起到抛砖引玉的作用。

石尯村"尯"字再解

笔者在《石尯村“尯”字初解》一文中阐明了自己对“尯”字来历的看

法，文章在《绩溪徽学通讯》上登载后，总感觉意犹未尽，尚有一事老是困扰在心头。石旭村的先人们创造了包含山水田路、村人乐居环境的旭字，但这个字的读音是怎么来的，它又向人们展示了石旭村什么独特的内容呢？

在绩溪方言中“旭”和“挎”同音，但在汉语拼音中始终找不到能准确标注这两个同音字的拼音。这两个字的同音绝非偶然，它们之间肯定有着某种必然的联系。绩溪方言中的“挎”字有动词和名词之分：胳膊弯起来拿住东西或钩起东西叫“挎”，如挎起菜篮，读音为平声；铫上的铁单耳和锅上的铁双耳，叫作“挎”，但是这时“挎”当名词用，读去声。

石旭村的铸造业从清朝乾隆年间开始兴起，先后形成了永泰、永裕、德祥、恒裕、宏裕五家较具规模的股份制炉坊。他们相互竞争，不断改进工艺，提高产品质量，铸造的品种也不断增加。但是，所有炉坊的主要产品还是锅和铫，而且产品的规格标准都是一样的。石旭村生产的铫是平底的，分天铫和顶铫两种规格，天铫为大铫，顶铫为小铫。天铫和顶铫都有一个共同点，就是都有一只连在铫体上的单耳，耳的下部与铫体相连，耳的上部则有一个可以插入木柄的洞，洞的中部还有一个钉孔，用钉子把装在洞中的木柄固定，以免木柄松动和脱落。把铫挎起来，只要握住木柄就行，这样不至于烫手。因为可以挎起来，故称“挎铫”。石旭村生产的锅主要有用于做饭的铸有两只半环形铁耳的铁锅，也就是挎锅，它的规格从三耳起一直到十耳（耳为容量单位）；有埋在炉塘中，上面加砌一层接塘砖以增大容量的大锅，分大小两种规格，分别称龙槽和海槽，这种大锅主要用来烧杀猪用的水、熬麦芽糖、做豆腐和蒸包；石旭村还有做茶专用的茶锅，也称桶锅。在石旭村生产的众多锅铫品种中，产销量最大的还是挎铫和挎锅，因为它们用处最多，又可以挎起来，使用很方便，还能一锅多用。

洪竹胜先生主编的《石旭村志》中说，《康熙字典》中查无旭字，《乾隆志》上才有石旭的记载。《乾隆志》应该指的是清乾隆年间编的《绩溪县志》，笔者请人查阅了绩溪县档案馆馆藏的乾隆《绩溪县志》，《绩溪县志》上也只记载了石尫的名字而已。笔者还到石尫村张宗其处查阅了他保管的张氏宗谱，其实是《绩邑北门张氏统宗谱》单本，关于石尫村的仅有一篇《石川派张氏星聚祠序》，也就是石川派张氏建造祠堂的记载。《石尫村志》载："乾隆二十九年（1764）十二月张氏修编族谱。"并未说编成几卷、制作多少部。同样在《石尫村志》中载："道光二十九年（1849）石尫洪氏修宗谱十部为二本。"所以说，石尫村张氏宗谱不知是否修成，现有无存世，藏于谁手，所以到目前为止，我还没有查找到创造尫字的张本公的生辰年月和造字的具体时间记载。

乾隆《绩溪县志》编修的时间是1756年，当时石尫村虽还没有铸造业，但是石尫村人在渔梁镇开办的铸造炉坊已是十分红火，大批量生产的挎锅和挎铫也早已声名远播。约在清乾隆二十五年（1760），石尫本村也开办了规模不小、产品较多的"永泰炉坊"，以后又有四家铸造炉坊陆续兴办，石尫村成了远近闻名的铸造专业村。正如洪竹胜先生主编的《石尫村志》所述："乾隆时期石尫村就有铸造业，它生产的尫锅、尫铫、犁尖、铁壁，为当时农村生产生活的必需产品，产品远销江浙、江西、徽宁等地及县内广大农村。"《石尫村志》中均把"挎锅""挎铫"写成"尫锅""尫铫"，可见挎和尫在石尫人心目中的重要性。但笔者认为把石尫生产的锅和铫都称为"尫锅""尫铫"不妥，挎、尫同音，但含义不同，称为"挎锅""挎铫"则更为合适。

以上说了这么多，无非想阐明笔者的观点：石尫村的"尫"字的读音来源于"挎"字。至于"尫"与"挎"字读音相同，我认为有三种可能：一是造字时，因石尫村先人在外地铸造出了"挎锅""挎铫"而感到骄傲和自豪，遂用"挎"字读音来为新造的"尫"字配音；二是先有字形，尚无读音。待到石尫村铸造业蓬勃发展时，用当家产品"挎锅""挎铫"的"挎"字读音为早已造好的"尫"字配音；三是造字时有字形也有读音，但等到石尫村铸造业兴旺发达时，感到原读音不足以展示石尫村的荣耀，而将原读音改为与"挎"字同音。

以上是笔者对尫字读音来源的一点见解，欢迎指正。

“拓馃”与“挞粿”辨

作为绩溪的传统美食、金牌小吃——拓馃（挞粿）的用字，不管是当今的网络宣传还是小吃店的招牌和菜单介绍都是五花八门。如网上宣传的拓馃名店“出门客”的店招牌就写着“出门客挞馃”；最近网上报道的“行走千年古村，绝摄乡村振兴——扬溪镇石门村民俗文化活动纪实”中，介绍百岁老人现场展示做拓馃技艺，用的是“挞粿”；《徽梦绩溪》上探究绩溪拓馃的三生三世，用的也是“挞粿”。有的人还把它写成“搨果”“塌粿”，而只有徽菜专家邵之惠先生无论在研究论文中或在介绍徽式面点的场合用的都是“拓馃”。还有绩溪籍安徽省美学专家郭因先生也一直用“拓馃”一词。孰是孰非，让我们结合这种美食制作工艺就会得出结论。

先来说“挞”与“拓”。挞，读音tà，字意为用鞭子、棍子等打人；拓，读tà时，字意为把碑刻、铜器等的形状和上面的文字、图形印下来；拓，读tuò时，字意是开辟、扩充，也用于姓氏。再来看看该美食的制作工艺，先要将面粉加适量的水揉成大面团，方言称“掴面”；再摘成每一个馃所需的小面团，方言称“摘馃麸”；将馃麸揉成扁圆，用碌馃槌（这是当地擀馃皮、水馅包皮、饺子皮的专用工具，它相当北方的短擀面棍）将扁圆的馃麸擀得适度大，方言称“碌馃皮”；将馃的馅料放在馃皮的中间，用一只手的拇指和食指钳起馃皮边缘逐渐捏合将馃馅包起来，方言称“掐擀”，然后用碌馃槌将已包好馅的馃擀成适度大小和厚薄的圆馅饼，再放锅中烙熟即可食用。从以上介绍的制作工艺来看，“碌馃皮”是用碌馃槌将馃麸拓展的过程，将包好馅的馃擀成适度大小和厚薄的圆饼也是一次拓展的过程。制作过程中没有用鞭或棍打，用“挞”字显然不确切，只有用“拓”字的第二种字意比较确切，但绩溪方言称这种馅饼为tà gǒu，拓字读tà，但字意是拓字读tuò时的字意。

再来说“馃”“粿”和“果”，这三个字都读guǒ，方言都读gǒu。“馃”

的字意是“馃子，一种油炸的面食”。“粿”字的字意是“用米粉等制成的食品”。“果”字没有与面食相关的字意。因此，要确切地表达这种馅饼非“馃”字莫属了。

综上所述，笔者认为邵之惠和郭因先生的用法是正确的，希望政府有关部门、媒体、从业者及所有绩溪人都要用正确的汉字来称呼绩溪的金牌小吃——拓馃。

是渍菜而非齑菜

最近有幸拜读了江声皖先生所著的《徽州方言探秘》，江先生在介绍徽州馃的时候提到了“齑菜馃”，在说到屯溪烧饼时说饼馅用的是“干齑菜”，笔者认为这种腌菜称“齑菜”不确切。

徽州的腌菜是用青菜、白菜（不是北方的大白菜，是一种专门用来腌菜的白菜）、雪菜等，在木桶或陶缸里放一层菜，撒一些盐，再放一层菜，再撒一些盐，之后在上面压上石头，稍加一些水。待三五天菜瘪下去后，再加水至与菜齐平的位置。等菜腌透后就可以食用了，可以切成段烧肉，可以切碎做馃馅，也可切碎炒菜。腌透后的菜蒸或煮后晒干就成了干腌菜，干腌菜可以切段烧肉，也可以切碎了做馃馅，屯溪烧饼就是用这种干腌菜做馅的。徽州各地方言对这种腌菜的叫法有些不同，绩溪方言称腌在容器里的腌菜为“水渍菜（xǔ zì cái）”，晒干的称“干渍菜（gào zì cái）”。

何以说江声皖先生用“齑”字不确切呢？“齑”字的读音“jī”，字意是“调味用的姜、蒜或韭菜碎末儿；细、碎”。这些字意都与腌菜没什么关联。笔者认为应该用“渍”字，“渍”字的读音是zì，浸渍不就是这种腌菜的制作方法吗？因此笔者觉得用渍字更为合适。

好□[①](jiú)、尚好、不打紧

在绩溪的民间，对事物和人好的评价经常用“好□（jiú）”“尚好”“不打紧”来表示。“好□（jiú）”用普通话来说就是“最好的”“非常好”，如称赞一个优秀的人就说：“某人好□（jiú）。”“尚好”用普通话来说就是“比较好”，如认为一幅画画得比较好，就说：“这幅画画得尚好。”“不打紧”用普通话来说就是“还可以”，如认为某种酒喝起来口味还可以，就说：“这种酒的口味不打紧。”“尚好”和“不打紧”一般不会用其他字代替，但“好□（jiú）”的“□(jiú）”字在民间的书写真是五花八门，有的写成“好就”，有的写成“好照”，还有的写成“好稼”。先来说说“好就”，“就”字的字意有：凑近、靠近；到、从事、开始进入；趁着、借着等。就字没有称赞、赞美的意思，可见用“好就”来表达方言“好□（jiú）”不确切。再来说说“好照”，“照”字的字意有：照射；拍摄；相片；照料；通知；知晓；对着等。照字也没有称赞、赞美的意思。最后来说说“好稼”，“稼”字的字意有：种植；谷物。更没有称赞、赞美的意思。

笔者的看法是用“好佳”比较恰当一些，“佳”字在汉语中字意是美的、好的，如佳人、佳作等。有人可能要说，前面有个好字了，再来个佳字，是不是重复了？用词重复来加强语气也是绩溪方言的一大特征，除了用在动词上，如“洗干净”说成“洗洗干净”，“讲清楚”说成“讲讲清楚”，“坐端正”说成“坐坐端正”，等，还用在形容词上，如“干净”说成“干干净净”，“端正”说成“端端正正”，“清爽”说成“清清爽爽”，“辛苦”说成“辛辛苦苦”等。此类词语重复使用在普通话中也是常见的。何况，“好”与“佳”虽有相同的字意，但也有不同的侧重，能起到互补和加强的作用。

以上看法仅是一家之言，不足之处，请广大读者批评指正。

---

① 指该字在绩溪方言中有读音，但没有固定的用字。

第五章　方言俗语搜集

书名称《绩溪方言俗语》，顾名思义，本书重点在收集整理绩溪民间流行的以方言为语音载体的俗语。俗语是人们日常生活中口头流传的一种通俗语言，俗语充满了真知灼见，揭示了客观事理，是人们劳动生产及社会生活实践的见证和智慧结晶，具有一定的教育意义和很强的语言表现力。民间方言中存在大量的俗语言简意赅、寓意深刻、比喻形象、鲜明生动，绩溪方言中的俗语更是绩溪方言这一语言宝库中一颗璀璨的明珠。本书将收集到的俗语分为俚语、谚语、谜语三个部分。

俚语是民间较原始的、口语化的固定语句，是百姓在日常生活中总结出来的顺口的具有区域色彩的词语或语句。

谚语是人们生活中常用的现成话，格式化的语言。谚语类似成语，但口语性强，通俗易懂，而且一般都表达一个完整的意思，形式上一般都是一两个短句。绩溪方言中的谚语极其丰富，类别繁多，充分反映了绩溪人民生活实践的经验，揭示了事物的本质，并告诫人们应遵循的客观规律。谚语或言情、或言志、或明理、或劝诫、或警示、或传经、或授艺……可以说，绩溪的谚语是一部社会生活的百科全书。谚语用绩溪方言表达朗朗上口、韵味十足，像一首短诗。

谜语主要是指暗射事物或文字等供人猜测的隐语。每条谜语由谜面、谜目、谜底三部分组成，谜语的种类繁多，大致可分为文字谜、物谜、事谜等。

俚　语

其一

1. 十教牛。多次教也教不会耕田的牛。比喻没有悟性，怎么学也学不会做事的人。

2. 三烂相。指嘴馋的人。

3. 飞天蜈蚣。比喻善于钻营，交际手腕非常强的人。

4. 土地公。比喻城府很深，有话不轻易说出来的人。

5. 尸首无头脑。骂人的粗话。指做事不经大脑考虑的人。

6. 大头脑。大脑袋的人。指大人物。

7. 大水柴。大水中随波逐流的木头。指行踪漂泊不定的人。

8. 大蒜子。指吝啬之人。

9. 憨老松树。比喻体质虚弱，老是长不高的年轻人。

10. 憨猪头。指性格内向，任人指责和催促也无动于衷的人。

11. 干角豆。晒干的豇豆。指非常干瘦的人。

12. 小毛鬼。指非常吝啬的人。

13. 小算子。指过于精细、精打细算、斤斤计较的人。

14. 太子老爷只马。指做事多又舍不得吃的人。

15. 无笼头只马。马没安笼头，无法控制。指放荡不羁的人。

16. 无底粪桶。没有底的粪桶怎么也装不满。比喻食量非常大的人。

17. 无头苍蝇。比喻做事没有明确目的和计划的人。

18. 无好羊头。比喻经常带头捣乱、搞恶作剧、干坏事的人。

19. 无魂鬼。比喻魂不守舍，做事丢三落四老是出错的人

20. 憨皮袋。指办事拖沓，没有时间观念和紧迫感的人。

21. 冇炭铁匠。没有炭的铁匠就做不成事了。指没有工作而无所事事的人。

22. 丑块。指容貌丑陋的人。

23. 乌烟鬼。吸食鸦片的人。比喻精神颓废、萎靡不振的人。

24. 乌龟头。比喻老婆有外遇，又不敢声张的男人。

25. 乌嘴兔。比喻嘴巴乌黑的人。

26. 牛相。牛发脾气的样子。指脾气很差，发起脾气来跟牛一样的人。

27. 牛草蜱。“蜱”是像蜘蛛一样的软体虫，平时生活在草丛中，有动物经过时，它可以弹射到动物身上，它的脚和嘴可以扎入动物的皮肉中，长时间地趴在动物身上吸血。“牛草蜱”是蜱虫的一种，常见于牲畜绒毛中。比喻专门摄取别人劳动成果的人。

28. 水浸牛皮。指很难对付的人。

29. 水牛。比喻饮水量很大的人。

30. 露水鬼。传说中露水未干前出来作怪的鬼。指起早干坏事的人。

31. 木头树雕。用木头雕刻成的东西。比喻呆头呆脑的人。

32. 末脚猪。一胎中最后出生的小猪。比喻一母所生中最小的孩子。

33. 末脚货。商店里卖剩的质量不好的商品。比喻无用之人。

34. 打鸟杆。比喻瘦得像用来打鸟的竹竿一样的人。

35. 打架胚。指动不动就跟人家打架的人。

36. 布针钻。纳鞋底用的锥子，比喻有利益就像锥子一样拼命往里钻的人。

37. 蛇蚤丁。“蛇蚤”即跳蚤。比喻个子非常小，但行动很快很灵活的人。

38. 石塔脑。单个的、无法移动的大石头。指一问三不知的人。

39.讨债鬼。指家中惹是生非，额外增加家庭负担的人。

40.生好鬼。指贪吃好吃的人。

41.白铜元宝。“元宝”即旧时用金或银铸成的锭，用白铜铸成的元宝好看但不值钱。比喻肤色雪白且圆胖之人。

42.白字先生。指经常写错别字的人。

43.正棒后生。指年轻力壮的男子。

44.半作。指跟手工匠人师傅学了相当长时间，但还未满师的徒弟。

45.有肉猪头。比喻有钱财的人。

46.吃货先先。“先先”即先生。指对食物很挑剔，对吃很讲究的人。

47.霸食老兽。比喻贪心很重的人，什么东西都要自己先霸占，像贪婪的野兽一样。

48.尖头把戏。指行为不端，爱占小便宜，喜欢斤斤计较的人。

49.充大头。指自吹自擂，装阔、显摆之人。

50.羊屎段。指做事磨磨蹭蹭，行动很不麻利的人。

51.羊头精。领头羊成精了。指带头干事的人。

52.死缠草鞋。不按正确的缠绕方法编成的草鞋，既不紧凑、不结实，还会硌脚。比喻不通常理、无法沟通的人。

53.死困猪。比喻像猪一样喜欢睡觉的人。

54.死命孤拐。“死命”作毫无希望，“孤拐”为独身男人。指无所顾忌而不要命的人。

55.吊神鬼。吊死鬼。指披头散发、衣衫褴褛、脸上脏兮兮的人。

56.伞柄。旧时雨伞柄是用根部弯曲的小废竹做的。比喻不走正道，不成器的人。

57.多事胚。指多嘴多舌、制造矛盾、惹是生非的人。

58.多到嫂。指什么事都要去凑热闹的女人。

59.买来子。指别人家收养、领养的孩子。

60. 老虎婆。指很凶的女人。

61. 老鼠精。指身材瘦小的人，也指十分吝啬的人。

62. 老葛桩。“葛”是山上一种植物，它的根系发达、粗壮，含有淀粉；它的桩上抽出很多藤蔓，每年都向前伸展。比喻资格老，人际关系盘根错节的人。

63. 老货筒。不礼貌地称呼老年人或开玩笑地称呼老年人。

64. 老脚马。指继续任用原班人马，也指重操旧业的人。

65. 老童生。旧时多试不中的读书人。指经常留级的大龄学生。

66. 老油条。比喻做事马虎、吊儿郎当的人，也比喻不求上进的人。

67. 好手。指精于某种技艺的人，也比喻能力很强的人。

68. 好对手。指能作为好助手、好帮手的人。

69. 厌虫。比喻令人讨厌的小孩。

70. 夹毛老鼠。比喻精神猥琐、没有生气的人。

71. 茴香豆腐干。一种豆制品。因“茴”与“回”同音，“香”与“乡”同音，比喻出外谋生创业失败后空手回乡的人。

72. 走花猪。发情时到处乱奔的猪。比喻不知疲倦、到处奔走的人。

73. 过路鳖。比喻经过本地的外地人。

74. 阴干萝卜丝。比喻阴险狡诈的人。

75. 灯笼拐。提擎灯笼的棍子。比喻瘦得像提灯笼的棍子一样的人，也比喻建筑用的材料太细，像提灯笼的棍子一样。

76. 灯笼茄代。像茄子那样的灯笼。比喻不成器、不像样的后辈人。

77. 爆竹筒。比喻性格直且暴躁的人。

78. 仵作婆。古代官府检验命案死尸的女人。指大大咧咧、敢作敢为的女人。

79. 伙殃婆。指两边讨好、挑拨是非的女人。

80. 财主婆。旧时有钱人的老婆（含贬义）。指把钱财管得很紧的女人。

81.花头子。指鬼点子或歪心思很多的人。

82.花头精。指喜欢标新立异、搞各种花样的人。

83.花色精。指过于讲究礼节的人。

84.坐地老虎。比喻称霸一方，坑害百姓，尤其是欺压讹诈外地人的地痞流氓。

85.冻煞鬼。指非常怕冷的人，一般用于骂人。

86.收官匠。“收官”即完成或结束的意思。指再调皮的小孩见了都会服服帖帖的人。

87.坏柢。“柢”即植物的根部。指从头坏到脚的人。

88.坏栗子。比喻品质恶劣，像一颗坏掉的栗子一样的人。

89.坏来兽。比喻本领不小，但又很坏的人。

90.屁虫壳。“屁虫”是一种昆虫。一触碰到屁虫的外壳，它就会放出臭气，进行自我保护。比喻说不得、碰不得、极容易生气的人。

91.闷槌。“闷槌”即洗衣服时捶打用的木头槌子。比喻身材矮小粗壮的人。

92.闷呆佬。指行动迟缓、又笨又呆的人。

93.补铜壶仂。修补铜壶的匠人。指衣冠不整，邋里邋遢的人。

94.报喜筒。比喻喜欢传播消息的人，也比喻喜欢打小报告的人。

95.和事佬。指善于化解矛盾、调解纠纷的人。

96.拨火拐。指挑拨离间、无事生非的人。

97.知了壳。“知了”即蝉。蝉从蛹变成成虫脱下的壳非常薄，一碰就破。比喻身体脆弱得不能碰的人。

98.佯眼溜。指视力不好，斜视眼、斗鸡眼的人。

99.武大郎。《水浒传》中人物。指身材矮小却穿很长很大的衣服的人，也比喻心胸狭窄，不允许别人超过自己的人。

100.孤老相。没有后代的人的相貌。指性情孤僻的人。

101.夜饭鬼。传说中傍晚出来作怪的鬼。指傍晚时分出去干坏事的人。

102.夜不收（休）。指深夜不休息、不回家的人。

103.卖水筒伪。水筒是旧时农村中用来舀水的工具。走街串巷卖水筒的人不需要吆喝，只要边走边敲水筒，人们就知道卖水筒的来了。指说话多且音量大，人没到声音就到了的人。

104.雨打鸡。比喻全身被雨水淋得湿透了的人。

105.哈屎跔。指又小又瘦，但非常灵活的人。

106.洋面袋。旧时装进口面粉的布袋子。比喻行动迟缓，做事磨洋工的人。

107.洋朋。指被人算计吃了亏，还浑然不觉的人。

108.追命鬼。指不争气，老是惹是生非的家庭成员。

109.保正婆。即保正的老婆。指多嘴多舌，好像天下什么事她都知道、都管得了的妇女。

110.烂肚宝。“烂肚”形容一肚子坏水。“宝”即宝贝。指玩世不恭，专出坏点子的人。

111.烂冒后生。指柔弱、体力差的男性年轻人。

112.烂好人。指缺乏原则的和事佬。

113.烂蚂蟥。指无理纠缠、令人生厌的人。

114.烂潦光棍。指痞气十足、不务正业的人。

115.毒古溜。一种见人不逃的毒蛇。比喻不声响，但心肠狠毒的人。

116.促掐鬼（出客鬼）。指刁钻，挖空心思让人上当，损害别人利益的人。

117.秋了瓜。秋后结的瓜长得既丑也不大。比喻大龄妇女所生的小孩。

118.柢柢碗。用毛竹根部竹节短、竹肉厚的竹子做成的供小孩吃饭的竹碗。比喻小孩子，如某人家有几只柢柢碗，就是说有几个小孩。

119.草纸大刀。草纸糊成的大刀，看着吓人，但不中用。比喻空有外表，没有真本事的人。

120.草穰髻堆。“草穰”即稻草。围着一根木杆堆成的像女人发髻形的稻草堆。比喻有的人个子大，但办事不行，像一堆稻草摆在那一样。

121.贱鞭螺。“贱鞭螺”即陀螺。比喻有些像陀螺一样，不督促就不认真工作的人。

122.洗碗布。没有其他用途的布就用来洗碗。比喻没有特殊本事但可任意支使的人。

123.笊篱柄。“笊篱”是用竹篾、藤条或金属丝编成的勺形用具，可漏水，用来捞取食物。根据需要，笊篱可装一个或长或短的柄。比喻擅长打听小道消息的人。

124.真活宝。指十分调皮的可气可笑之人。

125.真命鬼王。指顽皮且又脏又乱的小孩，也比喻不受约束的滑头之人。

126.铁算盘。比喻算账算得滴水不漏的人。

127.铁公鸡。比喻十分吝啬、一毛不拔的人。

128.绣花枕头。枕头上绣了花，但里面装的却是麦壳或草。比喻有些人表面上看似很漂亮且聪明能干，但其实没有真才实学，工作能力很差。

129.臭乌龟。比喻大家都不喜欢的讨嫌之人，也比喻妻子有外遇的男人。

130.烧炭伪。指指蓬头垢面、满身漆黑的人。

131.宽嘴嗒。“宽嘴嗒”是一种嘴巴宽的河鱼。比喻嘴巴比较宽的人。

132.破榨蒲。“榨蒲”用于滤出汁液的蒲箩。比喻饭量很大的人。

133.破箬帚。比喻可有可无、不被重视的人。

134.饿煞鬼。饿死鬼。指饥饿的人，也用于骂老是吃不饱的人。

135.通村外婆。指喜欢串门，家家都要走遍的女人。

136.烟囱猫。冬天有些猫在不烧炉灶时躲在烟囱里取暖，烧炉时赶忙跑出，这种猫叫“烟囱猫”。比喻经常跑进跑出、跑东跑西的人。

137.害喉猫。比喻呼吸系统有毛病，呼吸像猫打呼噜一样的人。

138.轻骨头。比喻不知自重、无自知之明的人。

139.倒落（灶）胚。指成事不足、败事有余的人。

140.倒毛鸡。比喻在交往中极易跟人反目的人，也比喻不易被人摆布的人。

141.咪咪馃。绩溪方言中称豆粒为咪咪。咪咪馃是一种用粮食粉做的小圆团，可蒸煮后食用。比喻个子小的人。

142.斋官猪。旧时，绩溪比较大一点的村每逢闰年要举办“大年会”，三年前就要选出主事人，称“斋官”。“斋官”要负责筹集资金，还要养一头大肥猪，用来祭神，这头猪就叫“斋官猪”。“斋官猪”要养得又大又肥，甚至比人吃得伙食还好。指养尊处优、肥头大耳，像只斋官猪一样的人。

143.倭子头。倭寇的头子。指难缠不讲道理的小孩。

144.偻佝虾虾。由于寒冷或受到惊吓而蜷缩佝偻起来像虾一样的人。

145.萝卜头。比喻长得白白胖胖的小孩。

146.香油瓶。比喻体质娇弱或性格软弱的小孩。

147.核桃。比喻固执或十分吝啬之人。

148.粗坯。即毛坯、半成品。指像半成品一样，不细腻的人。

149.粗相。指粗鲁、没礼貌的人。

150.铳头先。“铳”是一种土枪。比喻带头唱反调的人，也比喻为人不和善、说话很冲的人，还可指遇到不公平的事，好出头指责的人。

151.猪傻鬼。精神病人。指做事有悖常理的人。

152.猪泔桶。泔水桶。比喻食量大、什么都吃得下去的人。

153.猪头三牲。重要的祭祀供品。用以讥讽不通人情、蛮不讲理之人。

154.肇栏猪。经常撞坏猪栏的猪。比喻不安静，经常惹是生非的人。

155.接脚伢。“接脚”即垫脚。指前妻死后继娶的后妻或前夫死后招进的后夫。

156.被夹里。被子的里层。比喻自己不出面，在幕后指使他人做坏事的人。

157.绵羊屎。比喻行动缓慢、老是落后的人。

158.麻秸秆。剥去麻皮后的秸秆，又细又脆。比喻手、腿等跟麻秸秆一样瘦弱的人。

159.野头。指野孩子们的头儿。

160.铲头鬼。指遇事喜欢专门找碴的人

161.强盗胚。做强盗的胚子。指行为举止野蛮的人。

162.痛心毛。指稍微碰到一下就喊痛的人，也指一点都不能忍受疼痛的人。

163.邋遢相。迷信指脏而善笑的鬼。指衣衫褴褛的人，也比喻大声痴笑的人。

164.瘌痢匠。瘌痢患者性子急，容易发火。指动不动就发脾气的人。

165.瘪南瓜。因染病开始萎缩的南瓜。比喻病恹恹的年轻人。

166.黑太尉。指皮肤很黑的人。

167.粪桶粪勺。比喻两个形影不离、臭味相投的人，也比喻优势互补的朋友。

168.嚓屎匠。指蛮不讲理之人。

169.装死蜘蛛。蜘蛛一遇到危险就装死不动，以迷惑攻击者躲过劫难。比喻像蜘蛛一样，有风险时不声不响地躲避责任，保全自己的人。

170.朝天夜壶。“夜壶”即尿壶。比喻喜欢吹牛、很会吹牛的人。

171.搅屎棍。比喻破坏社会环境安宁的人。

172.搅煞鬼。指好动调皮的小孩。

173.蛮张飞。指像《三国演义》里张飞一样粗野的人，也指超负荷干活的人。

174.棺材板。做棺材用的木板。比喻像棺材板一样竖立在那儿，不灵活的人。

175.揩台布。抹桌布。比喻本领不大，哪里需要就可以到哪顶班的人。

176.惹事胚。指经常惹是生非的人。

177.猴猻精。孙悟空。比喻身材瘦弱、尖嘴猴腮的人。

178.跟屁虫。比喻整天跟在别人屁股后的人，也比喻人云亦云的人。

179.矮八冬瓜。“矮”即短，矮冬瓜的籽多。形容身材矮小、性情古怪、歪点子很多的人。

180.滚壮猪。“滚壮”即肥胖。比喻身体肥胖的人。

181.塌地南瓜藤。趴在地上的南瓜藤。比喻不求上进、随意性很强的人。

182.塌皮秀才。指穷困潦倒，颇有知识又有歪才的人。

183.瘟鸡。得了瘟病的鸡。比喻精神萎靡不振的人。

184.精明鬼王。指非常吝啬的人。

185.瘦鬼精。指瘦得像鬼精一样的人。

186.辣茄蒂。辣椒的蒂儿。比喻性格泼辣的妇女，也比喻不好招惹的人。

187.漂沙牛婆。不会生育的母牛。比喻男性化的女子。

188.缩头乌龟。比喻没有担当、遇事退缩的人。

189.孵鸡壳。正在孵小鸡的母鸡。比喻身体虚弱的人。

190.瘪茄。茄子干瘪而收缩。比喻体态不丰满的女子。

191.瘪三。指为人不正派、不务正业的人。

192.瘪皮蛇。眼镜蛇。比喻不言语但非常狠毒的人。

193.踏皮鞋仂。指不务正业、游手好闲之人。

194.懒胚。指非常懒惰的人。

195.糖菩萨。指非常喜好甜食的人。

196.獭猫。水獭，专门偷吃塘库里的家鱼。比喻惯于制造社会不安宁的人。

其二

1.一顺摩。顺着动物的毛抚摸。指专说好听的、表扬的和恭维的话。

2.一蹴起来。物体从高处跌落或互相碰撞，溅起碎片物质，还有由于压力使液体突然喷出或溅起的现象就叫一蹴起来。

3.一铺摊。做生意的人把货物摊开，让人选购。这里指东西摆放得很分散很零乱。

4.上戥秤。“戥秤”是民用的一种小秤。斤斤计较的意思。

5.开洋心。开玩笑的意思，也有戏弄人的意思。

6.反手撩。习惯用左手操作，也指左撇子。

7.天雷打。指遭雷劈。

8.打天雷。打雷。比喻有些人说话像打雷一样。

9.打圆场。调解纠纷、缓和矛盾。

10.打拼伙。合伙聚餐。

11.打哦呵。许多人在一起凑热闹。

12.打会。民间集资互助解困的一种组织。

13.打佮。合伙，合并在一起。

14.打关堆。把分散的东西集中起来，堆放在一起，再考虑分配。

15.打秋分。借婚丧嫁娶之机，广招宾客收礼，而宴席却很差。即借机敛财的意思。

16.打中谱。双方交易时原已协商议定，但后来又提出额外的要求。

17.打折头。打折。

18.打杂。做杂事。

19.打下手。做助手。

20.打顺气。打喷嚏。

21. 打半昼。患疟疾，有的地方称“打摆子”。

22. 打通关。筵席上一个人跟在座的人依次划拳喝酒。

23. 打岔盘。把菜盘上桌的次序搞乱了。这里指打乱了别人说话、议事、工作的顺序。

24. 打结窠。制造矛盾和误会。

25. 打夹账。经办人在账目上做手脚，私吞公共财物。

26. 打赖皮。赖账、耍赖。

27. 打闷棍。横插一杠、凭空闹事以获取利益。

28. 打野。即撒野。指牲畜不驯服，也喻人不安静，到处乱跑。

29. 打风车。两腿张开与肩齐，两手向上斜伸，做侧身空翻的动作。

30. 打鞋披。用鞋底打人。

31. 打反手拓馃。用左手打人耳光。

32. 打个鼻塌嘴歪。打到他鼻子塌、嘴巴歪。指要狠狠地打人一顿。

33. 打地面。用木板将新浇注的石灰砂地面拍实。指有人将疏松的地踩得很结实。

34. 打索。用纤维织绳子，也指耕牛买卖中以牛换牛找补钱的交易行为。

35. 打暴。夏季的雷阵雨。

36. 打边鼓。在一旁撮合的意思。

37. 打冷嘴。对别人想做的事提出反对意见。

38. 打油楔。给油榨筒打进木楔加压以挤出油。指给人施加压力，逼着去做某件事，也有横插一杠、离间关系的意思。

39. 打落。奚落。

40. 打拓鲜（岭南方言）；拓煎面（岭北方言）。面粉、米粉或其他淀粉加入盐或糖，也可再加鸡蛋液或蔬菜，用水混搅成糊，倒入热油锅，摊成饼煎熟食用。

41. 打（扯）螺蛳块。扯蝴蝶面。

42.打面汤。手擀面条。

43.打鳖。一种游戏。将一枚钱币作目标物放在醒目的地方，小孩们站在一定的距离外，依次用钱币投目标物，中者为胜，也有用石子代替钱币的。

44.蹴莲花。液体溅起或喷起，四处洒落，像莲花盛开一样。

45.甩溜鳅。“溜鳅”即泥鳅。指背着或提着的物体被上下或来回地甩动。

46.发瘌痢火。瘌痢患者性子急，容易发火。喻指有人动不动就发火。

47.发广东财。指发财快，也指因意外之财而暴富。

48.叫花。动物发情时的叫声。指有人不停地喊叫别人。

49.翻恶。恶心而干呕或呕吐。指看到有人做不知廉耻的事的感觉。

50.讨话。找对方讨要回话。

51.讨信。找别人了解信息。

52.翻猪肚。指宰猪时把猪的胃破开，翻过来倒掉里面的东西。指找东西时乱翻。

53.对苦气。在别人贪婪目光的注视下吃东西，心里很不舒服，有时甚至要反胃。

54.过索。“索”即绳子。买卖耕牛时，卖方解掉自己的牵牛绳，买方系上自己的牵牛绳，表示交易不得再反悔。

55.许天雷。“许”即许诺。许下的诺言跟天雷一样大，是不可能实现的。

56.伤天理。指做事残忍，灭绝人性，也用作对恶事的感叹。

57.伤阴鹭。指干伤天害理之事，也作感叹词用，意为十分可怜、十分危险、十分残忍、十分惊讶等。

58.吊台盘脚。指囊中已空仍赖在赌桌上的嗜赌之徒的行为。

59.寻闹热。凑热闹。

60.寻枝横线。千方百计地寻找。

61.寻事寻非。故意找事挑衅。

62.寻花头。故意找碴。

63. 寻魂丧。指花了很多时间和精力才找到要找的人或东西。

64. 吼起吼倒。暴跳如雷，边来回走动边吼叫着。

65. 走东画西。不说真话，天南海北地乱说一通。

66. 冲锅打灶。烧火做饭。

67. 乒乓跳。指身体强壮的人走路生气十足。

68. 夹（胳）肭挟。把物体夹在腋下或夹着提起来。

69. 戳背脊骨。背后指点议论他人或被他人指点议论，即戳脊梁骨。

70. 吃下昼。中饭和晚饭之间再加一顿饭叫“下昼”，吃这顿饭叫“吃下昼”。

71. 颠手颠脚。指很生气，发脾气时甩手又跺脚。

72. 吃杀伙。宰杀牲口后，请邻居、亲戚朋友到自己家里来吃饭。

73. 吃索面。“索面”即挂面。调侃淋了大雨的人。

74. 犟嘴。顶嘴。

75. 吃胙肉。“胙肉”是祭祀时供神的带肋骨的长方块猪肉。指受到责骂或严厉批评。

76. 吃鳖。“鳖”指老实本分的人。指损害老实本分人的利益。

77. 吃豆腐。办事很轻松，也指占妇女便宜的行为。

78. 诈死诈命。以死要挟，非要达到目的不可，也指以卑鄙手段强逼他人满足自己的要求。

79. 爆新鲜。用爆炒的方法烹饪新鲜的食材。指只是短暂地赏新，也指做事没有常性。

80. 劈脸一丫杈。“丫杈”是留有枝杈用来架竹竿晒东西的竹木。指用丫杈戳不知羞耻之人的脸，后引申为鄙视羞耻行为的意思。

81. 抖本本（抖本抖本）。昆虫挥舞着翅膀飞过来飞过去。指能挑一百斤却只挑几十斤，显得非常轻松的样子，也指人颠来颠去地跑动。

82. 瞎咂瞎嚼。毫无根据地瞎说、乱说。

83.冷灰里爆豆。事情平息后又冒出新的问题，活动结束了还有新的节目。

84.串魂。指人心神不定，到处转悠。

85.还愿。求神保佑的人实现对神许下的诺言，也指为了了事而敷衍。

86.估堆。买卖时不过数、不称重，估价成交。指对事情的揣测和估算。

87.把作。帮助别人处理事务。

88.收老火。加工绿茶的最后一道烘干工序。指一件工作的最后关键程序。

89.收梢。“梢”即末尾。认真做好一件事的扫尾工作。

90.收吓。有人受到惊吓而生病，请巫婆来捉鬼的迷信活动。

91.戒口。忌口。

92.吹大青。“大青”即大号的唢呐。大青吹响不难，吹出好的曲调不易，尤其吹奏中换气更难。指有些事看似容易实则很难，也指吹牛皮。

93.鸡啄虫。鸡看到虫子就啄。指一起生活或经常见面的两个人一碰面就斗嘴、吵架，像鸡遇见虫一样，一看见就追上去啄。

94.报信。报告信息。指动物或植物传达出的某种信息，如竹园里已经发现有个别的笋子出土，称笋子报信了；一批家蚕中有几条不吃叶子开始吐丝，称老蚕报信了。

95.扯马脚。扯住马腿，阻止马前进。指抓住别人的缺点和弱点不放。

96.拗起拗倒。不顺从众意，喜欢与人对着干。

97.爬起赖倒。坐卧不定、辗转反侧。

98.爬台揽阶。“台”即高台。“阶”即阶梯。指小孩和老人不知危险地乱爬高。

99.雨泻雨淋（泻肚）。连绵不断地下着大雨。临溪一带的人称天泻肚了。

100.卖狗皮膏药。有人靠耍嘴皮子游说行骗。

101.卖口包。假意的许诺或假意的挽留。

102. 闹反无天。吵得昏天黑地。

103. 闹国闹反。喧哗声不断，令人很不安宁。

104. 瞎猜枚。“猜枚”是一种猜数字的游戏。这里指胡乱猜测。

105. 拖尾巴。指有些人老是跟在别人的屁股后面转，也指老是人云亦云。

106. 抬杠。用杠抬东西。指两个人互不服气、互不相让地争执。

107. 盲暗摸。在黑暗中，像盲人一样摸索着行动。

108. 拔底渗。“渗”即水闸，“底渗”即最低水位的闸，绩溪当地都用粗木棒塞住涵洞当闸，放水时拔掉粗木棒就行。指将库存的钱或物都彻底用完。

109. 拔乌牙。拔去牲畜坏死变黑的牙齿，也叫“打乌牙”，也用来戏称人拔掉坏死的牙齿。

110. 拦路祭。出殡时，亲友在送葬经过的路旁或三岔路口拦下灵柩祭奠。

111. 呼猖。旧时抬着“五猖老爷”游行的祭神活动，也指小孩成群结队地打闹或大人满大街地找小孩。

112. 空手打哇哇。“打哇哇”即用手轻拍嘴巴，发出“哇哇”的声音。指无本获利、空手套白狼。

113. 放水。指故意不把紧关口，让财物流失或事情任意发展。

114. 放动（断）。把东西放下，暂时不移动。

115. 放斑猫。“斑猫”是一种昆虫，背上有黑白相间的斑纹，遇危险时会放出有难闻气味的毒雾。有人说出不中听的话为放斑猫，或称放斑猫屁。

116. 放紧火。土灰窑烧石灰用火分焙冷灶、放紧火、收火三个阶段。“放紧火”为关键阶段，需要很高的温度，这时要添柴快，烧得急，灶顶上要看到火苗乱窜、浓烟滚滚。指一件工作到了关键时刻，要加快速度、加大力度。

117. 放痧。治疗中暑的一种土法，在病人颈部、背部、两肩及腿弯的青筋处，拿针刺破挤压放血，见紫血除、鲜血出为止。

118. 刮痧。治疗中暑的一种土法，用碗口或瓷汤匙沾水刮病人背部、两肩等处，直至皮肤呈红色或紫色为止。

119.钳痧。治疗中暑的一种土法，也称捏痧、扭痧，在病人鼻梁、颈部、背部、两肩、手弯及腿弯处用食指、中指沾水弯起夹肉，一提一放，不断夹捏，直至皮肤呈红色或紫红色为止。

120.挎夜饭。旧时为消灾，傍晚时分在岔路口烧纸钱送鬼神。指为求人办事去送礼。

121.挎夜盆。“夜盆”指旧式的木马桶，用两只手拿着冒出的上沿将马桶提走。小孩子投篮球时，双手下垂，握住篮球，往上投向球框的动作也被戏称为“挎夜盆”。

122.挎挎一抛（甩）。把人或其他物体提起来扔出去。

123.挑火堆拨。火堆快要灭时，挑空后火又旺起来了。比喻挑拨关系、激化矛盾。

124.挑饭箩担。指结婚时男方送给女方家人和主要亲戚的礼品担，每担三斤猪肉二十四只发包。也指小孩做了坏事被别人告状。

125.爆炒豆。用铁锅炒豆子，快熟时噼里啪啦地响。指人讲话语速很快。

126.拾黄荆（金）。把临时坟墓中的遗骨移葬到正式坟墓中，因遗骨是黄色的，且一根根如荆条，故称“拾黄荆（金）”。

127.拾死鳖。指听到一件可笑的事，也指捡到意外之财。

128.拾麻（岭北称拾豆）。一种游戏。两个以上小孩，依次用五颗（也有用七颗的）小圆石子放在地上，捡起一颗抛起时随即捡起地上的石子，还要接住掉下的石子。第一轮一次捡一颗，叫拾把一；第二轮一次捡两颗，叫拾把二；第三轮分别一次捡一颗和捡三颗，叫拾把三；第四轮四颗一次捡，叫拾把四；第五轮跟第四轮相似，但在接掉下的那颗石子时必须落入拇指和食指形成的圆圈内，叫拾全科。一局下来，拾完全科的为赢，如拾完全科的多于一人，他们之间还要再比。这种游戏难度较大，一般女孩子玩得多。绩溪方言也用来形容吃饭和做事快速、利索。

129.促客。有意捉弄人。

130. 相争。争吵。

131. 括骚（岭北方言）。生气地走了。

132. 牵牛鼻桊。“牛鼻桊”即穿在牛鼻子上的小铁环或小木棍。牵住了牛鼻桊，牛就会跟你走。指一个人被你抓住了要害，就乖乖地听你摆布。

133. 鬼画符。字写得十分潦草，难以辨认，也指做事马马虎虎。

134. 鬼谈天。说话不着边际，毫无可信度。

135. 鬼混经。做事十分马虎，敷衍了事。

136. 看屋宇。指有人来说媒时，女方的母亲到男方家看住房条件。

137. 看好嬉。看笑话，看热闹的意思。

138. 挖烂痛脚。揭人家短处。

139. 点菜点饭。在饭店吃饭时点菜。指家里人不随和，想吃这想吃那的，使做饭的人很为难。

140. 骨碌吞。囫囵吞下去。

141. 俵糖。结婚时把喜糖分发给大家。

142. 换杯杯。喝酒时交换酒杯。这里指交换物品。

143. 换水缸。将水缸中的水换成新鲜的水。这里指一个单位的人事变动很快，像水缸里的水一样，经常换。

144. 换嘴劲（练嘴劲）。耍贫嘴或斗嘴。

145. 请三朝。去世的人下葬后的第三天，亲人们上坟祭拜，寄托哀思称“请三朝”。

146. 请七。去世的人下葬后每过七天，亲人们都要上坟祭拜叫“请七”，一直要请到四十九天称“七七满”。

147. 请周年。去世的人死后满一周年，亲人们上坟祭拜叫“请周年”。

148. 请阴寿。亡故的人年岁逢十时，亲人们上坟祭拜叫“请阴寿”，阴寿请到一百岁可停。

149. 捉猪尾巴。宰猪时，把猪赶到杀猪凳前，杀猪匠在前面两手捉住猪耳朵，同时还要有一个人在后面一手捉住猪的尾巴，把猪的后腿提空，另一只手抓住猪的左后腿处，两人同时用力把猪翻上杀猪凳，尔后杀猪匠尖刀见红。后面那人的动作就叫“捉猪尾巴”，绩溪有的地方也叫“捉猪脚”。

150.戳鳖脚。暗中挑拨、设计破坏人家好事的言行。

151.哦！指很多人嘴里喊或用口哨吹出“哦!”的声音为某事起哄。

152.翻花。指有人捏造事实，说一些无中生有的话。

153.哦络嗦！指做事鬼混，也是岭北方言赶狗的喊声。

154.哦闪闪！呼唤狗的喊声。

155.哦去！岭南赶狗、鸡的喊声。

156.赶猪郎。赶着种公猪上门给别人家的母猪配种。

157.赶生活。“生活”即要做的事、要干的工作。指赶忙做事，抓紧工作。

158.赶搏。指行进中相互追赶。过去农村中农民赛跑也叫“赶搏”。

159.害猪癫。“猪癫”即癫痫病。指有人像得了癫痫病一样控制不了自己的行为。

160.跔起跔倒。指人情绪激动时，一蹦一跳的。

161.套口风。故意与对手套近乎，诱导对手透露出真实的信息。

162.套箍。落实责任，把责任与人紧密地联系在一起，也有转嫁责任的意思。

163.倒毛。逆着毛生长的方向。这里指反目成仇。

164.倒草。反刍动物把粗嚼后咽下的食物再反回到嘴里细细咀嚼后再咽下。也指有些人吃饭非常慢。

165.倒布袋底。指把与同伙做坏事的秘密彻底地讲出来，也指揭别人的老底。

166.倒打一钉耙。“钉耙”即有钉齿的耙形农具。这里指贼喊捉贼，恶人先告状。

167. 做冤家。互相闹矛盾。与人结仇。

168. 做生。过生日、做寿。指父母体罚孩子或强势的人殴打弱势的人。

169. 做麻糖（岭南方言）；压糖（岭北方言）。爆炒过的米花、芝麻等用麦芽糖搅匀后压实，切成小片即成麻糖。

170. 做索。宰牛时用绳子套住牛的四个脚，然后拉紧绳子，将牛摔倒在地，以便宰杀。这里指设圈套害人。

171. 做市面。主持局面。

172. 做手做脚。讲话时用肢体语言助势。

173. 做夜作。指手工业者晚上干活，也指妇女晚上做针线活等。

174. 做无赖。耍无赖的意思。

175. 做花做朵。做事太过细，像绣花一样。

176. 做大夜。出殡前一天晚上祭奠死者的活动仪式。

177. 做鬼。捣鬼。

178. 做斋官。旧时较大村子都要举办花朝庙会以祭祀汪华，担任主事称做斋官。

179. 做猴狲戏。耍猴子。指把人当猴子戏弄。

180. 舞龙灯。民间的一项文化娱乐活动。这里指有人到处招摇，东游西荡。

181. 做作。故意做出某种表情和腔调，想要的东西故意推辞一下。

182. 撑牛蚣幡。“牛蚣”即蜈蚣。帝王将相出行都会有很多幡，有的幡上绣的龙酷像蜈蚣，就叫成“牛蚣幡”，撑牛蚣幡是一般的随从。这里就指不是主要的工作。

183. 搭嘴。插嘴、搭腔，帮别人说事或说情。

184. 搭山头。凑上去跟别人讲话。

185. 搭家家。过家家，也指建筑质量差和有些人做事不靠谱。

186. 偏行行。故意与客观的要求或实际的情况相反。

187.脱干实。逃脱责任。

188.舂煞跌煞。走路又快又急、跌跌撞撞、脚步不稳。

189.推碓。过去农村供小孩用的木制学步车。指做事不主动、不认真，必须要别人督促着的人。

190.接财神。民间请财神的迎祭活动，也指绑票勒索。

191.接娘娘。旧时，村子里出现天花、麻疹等急性传染病时，全村要进行大扫除、吃素、演戏、烧柏树、放爆竹等活动，请娘娘菩萨降临除魔保佑。

192.接回门。结婚次日，女方派小辈青年接新娘、新郎回娘家。

193.接三朝。绩溪有些地方结婚时第一天女方先摆酒席，第二天才是男方正日，第三天回门，所以这些地方接回门则称“接三朝”。

194.接会亲。新婚后男方置办酒席，把女方的亲属请到家里，双方亲属会面。

195.接灶。农历除夕迎接灶王爷从天上归来，家家户户摆上供品，焚香礼迎。

196.接天地。大年三十晚子时，摆上供品，点燃香烛，打开大门，燃放爆竹祭神，谓之接天地，表示新的一年开始了。绩溪有的地方接天地仪式在吃年夜饭前举行。

197.接茶。出殡的途中经过亲友家门前时被拦下来，等棺材停稳后，亲友家在小桌子上摆几个果子盘，泡一碗清茶，亲友家每人上三炷香，烧一些金银纸（锡箔折成的元宝）。这也是一种简单的“拦路祭”。

198.揩屁股。旧时大年三十晚上长辈用黄表纸给小孩擦嘴，告诫他们不要说不吉利的话，称为“揩屁股”，也指给别人收拾残局。

199.淌口涎。从嘴里流下口水，指口腔有病或嘴馋。

200.猫捺肉。指有人洗脸、洗澡速度很快。

201.焐被窝。指寒冬用热水壶或热水袋将被窝焐热。几人合睡一被窝，其中有人先睡也被笑称“焐被窝”。

202.焐獭猫。“獭猫”即水獭。本指用浓烟把水獭从泥洞里熏赶出来逮杀。这里指火不旺，烟雾弥漫，十分呛人。

203.骗鬼。指摆形式，说谎话骗人。

204.铳人。“铳”是一种土枪。指用不礼貌、火药味很浓的话顶撞人。

205.硬挺。竭尽全力支撑着。

206.赌公道。打赌。

207.游四门。指某人东游西荡，什么地方都要游逛到。

208.游饭碗（佗饭碗）。捧着饭碗到人多的地方边吃边聊天或到邻居家串门。

209.惹疤拉头。一心帮人做事、行善助困，结果惹来麻烦。

210.跳博。旧时农村举行的接力赛跑。

211.跳海鬼。指漫无头绪，到处奔忙。

212.数嘴。指背后埋怨人或数落人。

213.数嘴咕碌。背后嘀咕。

214.搞来嬉。开玩笑、闹着玩，也指不负责任地做事。

215.摆蟹蟹。搬动河中石头，抓躲在下面的河蟹。指翻动许多东西，找想要的东西。

216.搡布罩。“布罩”即蚊帐。有人去世时要把蚊帐拆掉，故有时人去世了不说死了，而说“搡布罩”了。

217.触翻。指闹僵了关系。

218.触恶。引起人反胃呕吐。这里指某人某事让你反感和厌恶。

219.触火。生气、恼怒。

220.触媒头。因“媒”与“霉”同音，指碰到倒霉的事。

221.煞老榨。“老榨”即对榨过油的油渣进行复榨，不用更大的压力是难以榨出油的。这里指一项工作到了最后阶段，要快速圆满完成必须加大压力。

222.端杀伙。“端”作拿或送。宰杀家畜后，将家禽的下水和血豆腐分送给邻居吃。

223.撮药。照药方抓药。指有好东西舍不得一次给人，跟抓药一样一次只拿出一小点。

224.撇碗（打碗漂漂）。一种游戏。用薄石片或瓦片，在手上呈水平放置后，用力飞出，石片擦水面飞行，石片碰到水面后因惯力原理遇水面再弹起再飞，直至沉水。

225.搉夹枣（脑）栗。“搉”即敲。手指曲起，用突出的关节敲击他人头部的动作。

226.褙袷八。用糨糊将布片一层一层地糊起来，晒干后用来做鞋面的衬里和布鞋底。这里指有人把黏稠的东西洒在衣物上，跟褙袷八一样。

227.靠家威。指狗在自己家里就发威，在外面夹着尾巴。这里讥讽有人在家乡横行霸道，但在外就不行了。

228.踢死腿。指最后的挣扎。

229.踢脚拜。走路时前脚被绊，人向前跪地或一个趔趄。

230.踩窑泥。指有人把场地踩得一塌糊涂。

231.燔产（岭北方言）；拖面（岭南方言）。一种食物。用水把面粉搅成稍稠的面糊，将腌过的肉片或小鱼等粘上面糊，放入油锅炸熟即成。

232.燔面脆。一种食物。发酵后的面团加盐或糖等，擀成稍厚的面皮，切成短条状入油锅炸脆即成。

233.撬大头。用棍子把物体大的一头撬起来。这里指有人挑起事端。

234.撑担。用担杆撑住担子，让肩膀休息。

235.撑傀儡。“傀儡”即木偶，操纵木偶表演。这里指操纵他人的行为。

236.撑灯笼。用手举着灯笼。

其三

1.一直外后朝。大后天之后的那一天。

2.一口无缝牙。闭口不谈或一口回绝的意思。

3.一个咯噔。遇到突如其来的事或莫名其妙的事，心里咯噔一下。

4.一塌无意。没有了好的心情。

5.一帖药。服一帖药病就痊愈。指一个人很容易被另一个人制服。

6.一铳硝。“铳”是一种土枪。“硝”即火药。指一些人做事像只能开一枪的铳一样，没有后劲。

7.一捞摭。全都捞起来带走。指有本领、技能全面，也有能吃之意。

8.一拓饼（一片饼）。“拓饼”即南方的煎饼，也称“拓鲜”。这里指写字潦草难辨且不成行伍，也指棉麻丝之类的线缠在一起，很难解开。

9.一连一物。指刚收获下来的农作物还没有经过整理的状态。

10.一塌刮底。总共、全部、一点不剩的意思。

11.一塌平洋。地势平坦、地形开阔，像海面一样。

12.一孤（括）伦敦（京东）。包含全部和尽其所有的意思。

13.一本经。很明白，很清楚。

14.一动手。刚刚开始的时候。

15.一打头先（一头打先）。一开始，最初，很早的时候。

16.一向来。一直以来。

17.一色一样。一模一样。

18.一身一命。一身的穿着打扮。

19.一身命脉。全身心的希望。

20.一躁点（喝躁点）。抓紧点，赶快点。

21.一抚噜粗。不问缘由就责怪和发脾气。

22.一个仰天跤。走路时脚下一滑，仰天跌倒。

23.露口风。有意透露消息，有意透露自己真实的想法。

24.一个扑榻捶。“扑榻捶”即走路时意外往前扑倒在地的动作，往前跌倒一次叫一个扑榻捶。

25.一个坐屎柢（筒）。走路时脚下一滑，一屁股坐在地上。

26.一个颠倒插。头朝下摔倒。

27.二婚头。指第二次嫁人的女子。

28.二八月子。农历二月和八月。泛指凉爽，不冷不热的天气。

29.七老八十。指老年人。

30.七隐兵收（衰）。一点动静都没有，也用来形容厨房里还没有开火做饭或已熄火很久。

31.八个字。生辰的八个字。

32.十八拉。什么事都要插一手，什么事都会做。

33.三不时遭。时不时地，也有经常的意思。

34.三不两日。三天两头。

35.三餐四点。指一天丰富的饮食。

36.三人对六面。当面，面对面的意思。

37.三一三余一。珠算除法的口诀。这里指三人平分。

38.三不贪。什么都不想要，什么都看不上眼。

39.三角三棱。指物体或土地形状不规则。

40.山坞角落。偏僻狭小的山里面，也称山坞旮旯。

41.上钱粮。旧时的农业税用现钱或粮食折价交纳，故农民交农业税也叫“上钱粮”。这里指家中的高档用具经常要支付不少的维护修理费，跟交农业税一样。

42.上紧板。给自由散漫之人以严格的管理。

43.上白盐。指墙壁受潮渗出白色粉状物，也指衣裤因汗水干后而凝成的白粉状汗渍。

44. 上阁桥。上楼梯。

45. 上盖下垫。睡觉时上有盖的被子，下有垫的褥子。

46. 下水。指一个人经济或政治前途遇到大的挫折，难以翻身。也指动物宰杀后的内脏和血等东西。

47. 干丁。身体过瘦，也指鲜嫩的植物或蔬菜失去了非常多的水分。

48. 干折。把应送的礼品实物按市价折成现金，用红纸包着送给收礼人。

49. 干搁。置办的东西长时间不用。

50. 干干净。一点都不剩。

51. 大面。多半，大概。

52. 大般般。对一般的财物根本不放在眼里，花钱大手大脚。

53. 小弄弄。办事规模小，支出少。

54. 么仂物事。什么东西。“么仂”后面加词语可以组成很多疑问句，如么仂颜色，即什么颜色；么仂时候，即什么时候。

55. 门头户口。指礼尚往来的社会应酬开支。

56. 马面毛。马脸上的毛是非常细的，指植物的茎非常细。

57. 亏煞。指亏得很，也有幸亏的意思，还用来责备人、谴责人。

58. 五样红。旧时嫁妆中用木头做成的子孙桶（马桶）、脸盆、脚盆、浴盆、梳头盆（镜箱）都用油漆漆成红色，故称为五样红。

59. 五帝架。民俗活动“抬五帝”的五帝像是用竹篾编成，外面用纸裱画的，重量很轻，抬五帝像的木头架子不需要很结实。故用来比喻木竹之类物件很不结实。

60. 书字。指文化，称很有文化为“好书字”。

61. 日朝。天天。

62. 日脚。日子。

63. 日头窠里。太阳照射到的地方。

64. 日头浑浑。太阳被云或雾遮挡，阳光显得暗淡。

65. 天空坦下。天底下，光天化日之下。

66. 木独独。指人好像失去知觉，比较迟钝。

67. 木头不知脑。茫然不知。

68. 木实实。扎实，不声张，不张扬。

69. 木老老。非常多。

70. 木头踏。用木板制作的拖鞋。

71. 醒熟。指人睡觉时，有一点响动就会惊醒。

72. 牛轭。牛耕田时架在牛脖子上的弧形木头。

73. 翻花翻邪。无中生有的意思。

74. 牛嘴兜。为避免牛走路或耕作时偷吃庄稼，套在牛嘴上用竹篾或藤编成的类似口罩的器物。

75. 五花八镂。指一个物体有很多的裂隙。

76. 五花八裂。指一个物体完全破裂。

77. 毛孔合合竖。“合”是量词，十合为一升。指全身都起了鸡皮疙瘩。

78. 气嘿喊嘿。上气不接下气，大声地喘气。

79. 不好过。指生病了或身体不舒服，也指生活或处境很困难。

80. 不如适。身体不舒服。

81. 不来去。互相之间不往来、不走动，关系不好。

82. 不嚎答。不理睬。

83. 不打紧。不太要紧、不碍事，也有比较好的意思。

84. 不犯着。犯不着，没有必要，不值得。

85. 不当不得。不适用，不是时候，不上不下。

86. 不当丁（岭北方言）。指到了应该懂事年龄的青年人还不懂事。

87. 不谐。不妙，不行了。

88. 不操刀。不留心，不小心。

89.不盼来去。巴不得。

90.不做声声。不言语，也有因惧怕而不敢出声。

91.不曾看着。没有见到，不曾见面，不放在眼里。

92.不曾想着。没料到，没想到。

93.不生不熟。对地形或人不熟悉，不认识。

94.不够闲市。实际拥有与需求相差很多。

95.不知深浅。不了解问题的复杂性，遇事不知危险和困难。

96.不时不候。不合时宜，不是时候。

97.不知天光日夜。指做事或玩耍全神贯注，天黑了都不知道。

98.不睬翘。比较正常，没有什么不妥。

99.不担心。恐怕，很可能。

100.不要面嘴。不要脸面。

101.不曾一下。时间很短。

102.不曾讲着。为时尚早。

103.不知轻重。遇事分不清轻重缓急。

104.不超淘。与众不同，恶作剧。

105.不识相。不见谅，不知好歹。

106.不搭粘。不理睬，没有任何联系。

107.不甩答。不理睬人，不想跟人说话。

108.不粘边。不沾边，不参与的意思。

109.不搭界。没有相邻的边界。这里指没有关系，没有联系。

110.火性头上。火冒三丈。

111.火煞火死。非常恼火，到了要发怒的程度。

112.火性暴躁。指人容易发火，遇事不冷静，脾气暴躁。

113.风气膏药。“风气”指风湿病。治疗风湿病的膏药贴上后热乎乎的。这里指夏天抱着小孩热乎乎的，人们就开玩笑说像贴了个风气膏药。

114.见让。见机的意思。

115.见相。指收获的东西数量多，也指生产中成品率高。

116.反招。承认错误，做出保证。

117.内教。指懂行的人。

118.有张有李。没有这样，也没有那样。

119.有塌法。没有办法。

120.有心相。没有好心情，也有没有耐心的意思。

121.有奈何。没有什么对付的办法。

122.有天谈。无话可说，没有共同语言。

123.有么叻。没有什么东西，没有关系、不要紧的意思。

124.有得搞。事情不好处理，人与人不好相处。

125.有得动。动不了、不能活动，没办法阻止某人和处理某事。

126.有得讲。不能说，没有机会说。没有共同语言，说不通。

127.有天光日夜。夜以继日，不分昼夜。

128.无关栏（有关栏）。指危险的地方没有设置护栏，也指嘴快、无遮拦，说话不注意时间和场合。

129.无皮肖汉（尚田方言）。指有些人胡搅蛮缠。

130.无痞塌癞（岭北方言）。不讲卫生、不讲整洁。

131.无天扯野。毫无根据地乱编乱说。

132.无事无捞。没有理由，没有根据。

133.无筋无络。没有条理，也指没有原则。

134.无头无趟（无头无脑）。无所事事，也指做事不知从哪做起，没有头绪。

135.无冬季夏。一年四季一个样。

136.开礼单。男女婚前女方向男方开出的礼品单，也指开始接受人家送的东西。

137.开光。指不经常梳洗打扮的人也全身沐浴更衣了。

138.扎顿。一般指年轻小伙子身体结实。

139.扎夜边。傍晚。

140.从来惯事。一直、总是的意思。

141.从今起势。从今天开始。

142.中中间间。正中间。

143.鸟花飞。指家庭管理得非常好或事情做得很好。

144.半那实日（半实那日）。指都有半天时间了。

145.躁手躁脚。有的人手脚闲不住，乱翻乱动，老是弄坏、弄乱别人的东西。

146.半扯半搡。指对客人不是真心挽留或对要做的事不是很愿意。

147.半开半掩。指门开一半关上一半，也指婚丧喜庆想要排场但又不敢太声张。

148.东游西荡。没有目标地到处游荡。

149.东抛西发。东西不归置，到处乱放乱扔。

150.平肩平辈。地位相等，辈分相当。

151.尔块形。指这个地方，这附近。

152.尔号事。这些事。

153.尔个墟在。“尔个”即这个。“墟在”即地方。指这个地方。

154.尔搭那搭。这里、那里。

155.尔只户头。“尔只”即这个。“户头”即人。指这个人或这个家伙。

156.尔号户头。“尔号”即这些。“户头”即人。指这些人或这些家伙。

157.尔一歇（尔个时候）。这会儿，这个时候。

158.尔的那的。这样那样，也有推三阻四的意思。

159.生活经。做事的经过或做事的结果，也有做什么事的意思。

160.生葫芦。过去由于缺碘，不少人甲状腺肿大，脖子上像挂了个小葫芦，就称生葫芦。

161.生热疖。指天气炎热的季节，人身上长出有毒脓肿。

162.生疔疮。人身上长出的一种小疮，疼痛剧烈，边缘红肿，中间有一结节像钉子一样。

163.生狂狂。指动物等不驯服，也指食物没煮熟。

164.生往往。新到一个地方，人和事都不熟悉，有些无所适从的样子。

165.生智变窖。千方百计想办法的意思，也指人鬼点子多。

166.生铁浇煞。指生铁浇铸的东西不会变形，这里也指不知变通的人或不可改变的事。

167.糟嫩。指动植物或食品之类的东西很嫩。

168.打噤噤。打寒战。

169.打急醮。经济困窘。

170.打冒充。欺骗冒认。

171.打烂污。指在泥泞或泥水混浊的场地中干活。

172.去货了。指东西坏了，也指人死了（一种不尊重的说法）。

173.犯花邪。指拈花惹草之事，也指不珍惜已有的好生活，走邪路，自讨苦吃。

174.出鬼。指离奇古怪的事，也指有人在背后离间关系、制造事端。

175.本村本党。指都属于一个村子的人。

176.本起。本来，原来。

177.白睩睩。无助地看着。

178.白落落。前功尽弃，白辛苦一场。

179.白虎粿。指小孩出生满三天，祭拜名为“白虎”的西方七宿神用的米粉粿，也有称吃“三朝酒”为吃“白虎粿”。

180.白蛇圈。指患于腰部的带状疱疹。

181.发台昏（发台疯）。上台表演或发言时，因紧张忘了台词或动作。

182.发利市。指给第一次上门亲戚的礼品。一般为三斤猪肉三斤面条，一条糕和柏枝天竺叶，有的再加六个或八个鸡蛋。如今大多把应送礼品折成现金，包成红包相送。

183.发狠。努力、尽力。

184.失口齿。“口齿”意为讲话。这里是违约失信、说话不算数的意思。

185.汁蜡。指布料、服装等沾上的油渍或其他液体污渍。

186.米咪糊（岭南方言）；米粒汤（岭北方言）。一种面食。面粉加少量的水搅拌后搓成半干半湿的米粒大小的颗粒，放入滚水锅中搅动，煮熟后再加小叶菜和佐料即成。

187.叮嗒。即啰唆。

188.饥腊死。有些人嘴很馋，见到能吃的东西就想吃，且吃很多，像饿死鬼再世。

189.边山打外。离山很近，离村庄较远的地方。

190.刹那快。做事很快，但不一定很好。

191.杀撇。行动迅速，干净利落。

192.杀鳖。买东西时狠心地砍价。

193.杂口食。不合口味的食物不吃，即挑食。

194.百把百。将近一百，也有形容较多的意思。

195.那的些。那么多，指数量很大。

196.那的点。那么点儿，指数量很少。

197.那近。很近。

198.早点晏点（早晏点）。早晚、迟早的意思。

199.考教。即考究。

200.考骨。要求严，标准高，不易做到。

201.吃管现。吃现成的，也有坐享其成的意思。

202.吃百家饭。“百家”即许多家。指做手工业的匠人，也指要饭的人。

203.吃得落。受得了，支持得住。

204.吃两边茶。指有些人同时为两方做事。

205.吃分岁饭。即吃年夜饭。

206.吃匹十。牌九中十点最小，叫作“匹十”。这里指遇到倒霉的事了。

207.吃洋波。被人欺骗了。

208.好嬉。好玩、有趣，也有奇怪的意思。

209.好在。表示具有某种有利的条件，也有幸亏的意思。

210.好逸。很累，很疲倦。

211.好点（岭南方言）；好连（岭北方言）。很多，许多。

212.好点好（岭南方言）；好连好（岭北方言）。非常好。

213.好小倌。指品行端正、聪明伶俐的英俊男性青少年。

214.好好叫。指好好地、轻轻地、慢慢地、老老实实地。

215.好声好气。语调柔和，态度温和。

216.好高。当“好”字读hǎo时，意为非常高；当“好”字读hào时，指喜欢别人吹捧，追求很高但不切实际。

217.好难熬。砌头、和阳一带指表情难看、不好讲话或脾气古怪之人的行为。

218.好古董。指心气重，有主意，有心思不轻易表露的人。

219.好绵功（岭南方言）；好点耐连（岭北方言）。指不怕吃苦，不怕困难，坚持做完正在做的事。

220.好奢华。指装饰得高档、富丽堂皇，也指人生活得轻松悠闲。

221.有要无紧。可有可无，可要可不要。

222.有一歇无一歇。把零碎的时间利用起来。

223.自情自愿。自己情愿。

224.自有自便。自己有的东西用起来方便，一般指工具、用具之类。

225.老头式式（老头势势）。不热情、不听话，傲慢无礼的意思。

226. 老调头。指唱的还是原来的音调和腔调，也指做事还是用原来的方法。

227. 老牌子。指老的品牌，也指做某件事很容易，一点问题也没有。

228. 老打老实。非常老实，也用来警告别人要老实一点。

229. 老把稳。稳重，也有靠得住的意思。

230. 老衍子。傲慢地自称，可能是普通话“老爷子”音译变化而来的。

231. 老三老四。态度很不谦虚。

232. 老北憨厚。指植物和动物非常的老，也指人很老气。

233. 死说烂聊。瞎吹，甚至说一些低级趣味、伤风败俗的话。

234. 死搭活。无论如何的意思。

235. 死症。指人得了绝症，这里指坏了、糟了，也指某事无法挽回了。

236. 死佯倒眼。指人愣愣地、眼直直地在那里发呆。

237. 死不溜秋。指人精神萎靡、无精打采的样子或动物没有活力，呆头呆脑的。

238. 死痴没样。指小孩到了痴得不能再痴的地步。

239. 死吃猛胀。吃得很多很快的意思，也有只会吃饭不会做事的意思。

240. 死吃闷做。饭吃得多，但只会做一些苦力事，指头脑简单、不会巧干的人。

241. 耳朵不曾生。没有长耳朵的意思，用来骂把别人说的话当耳边风的人。

242. 冰冷寂静。冷冷清清，没有声响。

243. 吓势势。有些害怕。

244. 吓掉魂。灵魂出窍，极度害怕。

245. 夹活现世。出丑、丢人现眼，一般用来骂做了丢脸行为的人。

246. 夹捂七八。指东西不分品种，不分规格地堆积在一起。

247. 夹七夹八。全部、总共的意思。

248.夹头夹脑。劈头盖脸的意思。

249.夹蛮吔吔。能力不够但已经尽力的意思，也指心里不情愿，勉强凑合，也有还可以的意思。

250.撩不上筷。“撩”即捞。指人的品行或技能太差，上不了档次。

251.夹捂垃圾。指收获的农作物还没有经过筛选和整理。

252.夹暗摸。在没有光线的环境中摸索着做事或行走。

253.夹（轧）闹忙。正忙碌时又出现别的事。

254.噪饭。指没到饭点或饭还没有烧熟，有人就吵着要吃饭。

255.关会。口头通知，口头告诫。

256.关门闭户。指没有人在家，也指天黑了把门关上。

257.划一。非常守信用，说到做到。

258.讹错。相差，差错，也有弄错的意思。

259.讹诈。以某种理由向人强行索取财物或其他权利。

260.讹七讹八。有意把商品的品种、数量、价格弄乱，从中骗取好处。

261.衣裳身命。指身上的穿戴，包括衣服、鞋、袜、帽等。

262.全副行头。戏班子的全部服装道具，也指手工业匠人的全套工具。

263.全副龙（銮）驾。指皇帝出行的全套行具和仪仗。后来民间非常有钱人家嫁女儿的嫁妆，也称为“全副銮驾”。

264.交乖个伦敦。“交乖”是很、非常的意思。这里用来惊叹很大、很多，也有的地方说“乖乖个伦敦”。

265.众家屋底下。指一屋之内住了几户人家。

266.自家内里。指直系血缘亲属。

267.动屋漏。下雨时房顶瓦沟中开始有雨水流下。

268.吊辫线。用慢慢得到的好处或长远才能实现的利益牵制住别人为自己服务。

269.嘴放屁。说出来的话很难听或毫无根据，也有把他人讲的话不当一回事的意思。

270.安山。逝者安葬完毕后的当天下午三四点钟，家人到墓地鸣放鞭炮祭拜山神土地，同时鸣锣并在墓地四周插各色小纸旗，要插到听不见锣声的地方为止，为逝者的亡灵划定势力范围。

271.安苗。水稻秧苗栽插完成后，全村举行祭神祈望丰收的民俗活动。安苗活动前几天，村里就要出告示，未插完秧的农户就会加快进度，安苗也是一种催种的措施。

272.阴奸。阴险狡诈。

273.阴司司。话少语轻，含挖苦讥讽之语气。

274.寻来宿。即捉迷藏。

275.冲水没头（岭南方言）；钻没头龙（岭北方言）。游泳时的潜水动作。

276.光刮光。指锅或容器中的食物被吃得一点不剩。

277.光林脱挡。形容树木都被砍光了，没有遮挡。

278.先不先。首先的意思。

279.早晏点。早点迟点的意思。

280.后末在。后来、最后的意思。

281.成日成夜。整天整夜。

282.讲嬷话。“嬷”指小孩。指说话幼稚无知。

283.讲梦话。指有人说话像说梦话一样，不切实际，不经思考。

284.讲不尽言。有话说不完，一言难尽。

285.讲不来。不会说，也指合不来。

286.讲不煞。讲不准，不能肯定，可能有变化。

287.讲句好。希望最好。

288.讲句不中听。讲句你不是很愿意听的话。

289.讲来嬉。说着玩儿。

290.讲过丢过。说过就忘了，多指不兑现承诺。

291.讲着点影子（讲着正大光明）。指为时过早。

292.来四。轮回说中穿着不相称小衣的押解亡魂之小鬼，指大人穿小衣的样子。

293.鸡子鳖。煎鸡蛋。

294.鸡子滚水。荷包蛋。

295.鸡子烧酒。鸡蛋液搅匀入油锅煎熟，加水、加红糖、加米酒煮透。

296.间架。情形、状态、情况、形势。

297.痣认。可以记住和识别的记号或标志。

298.呆板。不会变通，不活络，还有规定不能变的意思。

299.走作。走样。

300.走江湖的。居无定所、四海为家的人。指不务正业、言而无信的人。

301.泛溜。敏捷，反应和行动快。

302.快气。非常快的意思。

303.条直。笔挺、笔直，也指事情做得很顺当。

304.条条直直。井井有条、顺顺当当。

305.钉竖。垂直地竖立着。

306.钉头碰。顶头碰。指人与人碰面，也指恰好当面遇见。

307.邪教。指一些稀奇古怪、与众不同的做法。

308.识货。指能识别货物的真假好坏。

309.识相。知趣，指能观察别人的神色，依照情势行事。

310.识好歹。懂得好歹。

311.卖假嘴。假心假意，表里不一。

312.折落落。一般指植物被糟蹋得七零八落。

313.抖嗦嗦。指人因恐惧或寒冷而颤抖。

314.乱说西游。这里指讲话没有根据，胡编乱造。

315.乱抚乱牵。指做事没有计划、没有条理。

316.乱芜柴狗。指不收拾、不整理，杂乱得一塌糊涂。

317.乱摊西。指用过的东西、穿过的衣物随处乱丢，不收拾整理，需要时找不到。

318.吵邻闹舍。家庭争吵或故意造成很大很长时间的声响，使邻居不安宁。

319.兵声哑失。指人与人争吵打斗的时候，遇到突发情况，突然停止争吵打斗，一点声音也没有了。

320.汪公看稻。旧时余村汪姓的传统民俗。每年农历六月初三，村里主事人带领村民们在锣鼓鞭炮声中，抬着汪华塑像巡游田间，检查各户水稻的生长情况，水稻长势最好的田插上红色的小纸旗，一般的插绿旗，长势最差的插黄旗。

321.何消。不用，不需要。

322.作兴。时兴、流行，也指约定俗成的做法。

323.作天晴落雨。身上旧伤因天气变化而酸痛。

324.作雨信（岭南方言）；跌雨信（岭北方言）。零星的小雨滴。

325.作骚。有意显摆，故意摆架子。

326.返潮滴沥。指空气湿度大时，瓷砖、玻璃、水泥地面等附着水珠。

327.没心没窿。指有些人不动脑子，接受不了新知识、新事物。

328.投为、特为（岭南方言）；地为（岭北方言）。有意，故意，特意。

329.弄来嬉。开玩笑，逗弄人。

330.弄送。设计害人、坑人，侮弄人。

331.听渠荡。听之任之，随他去的意思。

332.听踩翘。不管怎么样，无论如何。

333.听尔踩翘。随你怎么样。尔可换成俺或他，意思就变成随我怎么样或随他怎么样了。

334.听进。人家说的话正合自己的心意，愉快地接受并且照办。

335. 时不时。时常的意思。

336. 时朝八节。各种民间俗成的节日。

337. 饭缘吃满。今生的饭已经吃完，也有活腻了的意思。

338. 里是里，外是外。里外有别的意思。

339. 里外里（理还理）。破罐子破摔的意思。

340. 连忙拾忙。急忙，赶快，也有慌忙的意思。

341. 连朝伙夜。一刻也不停，夜以继日的意思。

342. 冷水泡散。早就知道要来客人，但客人来了还一点准备都没有。

343. 辛苦的嗒。非常辛苦的意思。

344. 冻嗞嗞。感到有些寒冷。

345. 呼呼去。做事很顺利，也指行走速度很快，像刮风一样。

346. 进门俏。出远门归来时带给家人的礼物，也指走亲戚时带的礼品。

347. 进益。获得的收入或得到的好处。

348. 每来年。指以往年份。

349. 坏猥。指人品德差，喜欢做坏事、害人。

350. 坏泥坏骨。指某人坏透了。

351. 膨（蓬）当松。绳子系的太松或物体松脆、松软。

352. 还尔叻气力钱！指出了力，但事没做好，甚至造成损失。

353. 乖乖叫。极好，好好地。

354. 岔近路。抄近道。

355. 尚好点。挺多的。

356. 胀锅。指蒸煮的食物容易膨胀。

357. 到把。到了最坏的程度。

358. 货络。指钱财，也指学问。

359. 拗口。说话不顺口，不熟练。

360. 抵桩。打算。准备。

361. 昏头脑闷。昏头昏脑的意思。

362. 油煎油燔。用煎或炸将生食加工成熟食的烹饪方法。

363. 夜里功夫。晚上的时间。

364. 定煞数。有一个确定的数量和标准。

365. 明知知。显然如此或确实的。

366. 明打明。明明白白的，也有明目张胆的意思。

367. 胀鼓鼓。装满东西的袋子鼓起来了，也指东西吃得太多，肚子胀得难受。

368. 放倒来（放倒做）。决心大的意思。

369. 放蒙山（放门闩）。宗祠在逢五逢十年时，举行大型祭奠未入祠堂的孤魂野鬼的活动，意在超度这些亡灵。活动持续几天几夜，要请和尚做法事、请戏班唱戏，路人和本村本姓人都可以到祠堂免费吃饭。也指办某件事时，到场的人和吃饭的人特别多。

370. 狗屁倒灶。指处事不讲理，讲话不守信，也用来责怪某人不负责任，交给他办的事办砸了。

371. 衫裾。衣襟。

372. 衫脱。一同穿上或脱下的棉袄和外罩。

373. 现世报。指人做了恶事就遭到报应。

374. 的该（岭南方言）；至该（岭北方言）。指当初应该这么做就好了。

375. 怕惧。害怕。

376. 耐污。耐脏，不容易染上脏物或不易看到脏。

377. 届头。一届的开头。这里指做一种农活开头、开始的地方。

378. 顶真。较真。

379. 靠堆灰。指望不上的意思。

380. 顶顶高（岭南方言）；顶顶上（岭北方言）。最上面，最上头。

381. 饱呃呃。吃得非常饱。

382.知艰识苦。指能懂得生活的艰难和困苦，对人有同情心。

383.前世无修。指前世无修行，所以今世时运不济。

384.前世一劫。指矛盾双方之所以难解情结，是因前世留下的劫难。

385.前世少欠。指有些亲友总是给你找麻烦，要你替他花费钱财。

386.韭菜包包。受表扬或被赞美。如你受到表扬，有人会说你吃了只韭菜包包。

387.亲眷人家。有亲戚关系的人家。

388.要张要李。指问人要东西时，要了这个，还要那个。

389.兜着捺着。指凡事不顺，阻碍多、矛盾多。

390.音信无息。音信全无的意思。

391.看煞。看准了的意思。

392.昼饭。即中饭。

393.嚓干粮。“嚓”即吃。指有人只吃干的食物，不吃稀的食物。

394.烂痛蹄。指鞋子或袜子太大了，经常掉下来。

395.烂污滴沥。物件或场地又脏又乱还有水，如雨后的泥泞道路。

396.烂泥烂野。指食物蒸煮过度，太烂了。

397.说海盖。吹牛。

398.狠尼狠盗。大声地呵斥和恐吓。

399.挂索索。不应垂挂的东西垂挂下来，也指物体长短不齐地垂挂下来的样子。

400.挂灯结彩。张灯结彩，也指到处都悬挂着东西。

401.硌连连。指吃了生硬或不易消化的食物，觉得胃里有东西硌着难受。

402.急辣辣（急煞煞）。非常着急地要得到某样东西或要办成某件事。

403.急佬。口吃的人

404.疳（癞）子斑。雀斑。

405.挞扁。指一个物体很扁。

406.泅清。指羹状的东西比较稀、薄。

407.临时临。平时无准备，事情发生后，临时慌忙地应付。

408.将将一下（将将一头）。就是刚才，没有多久。

409.差煞有限。相差不大的意思。

410.差化。差一点，也有好险的意思。

411.糕来糕去。旧时用篮子装礼物送人时都要放一包糕，收礼人拿出礼物，把糕放回篮中，让送礼人带回。“糕”与“高”同音，意为“高来高去”。

412.退作。退步，有落后、向后退的意思。

413.鬼抽筋。指主意太多，变化太快，也指做事、走路时紧时慢。

414.鬼戳戳。背后嘀咕，搞小动作。

415.鬼咚咚。说话做事不光明正大。

416.鬼头三教。鬼鬼祟祟，行为不合常理。

417.鬼打八。做事没有计划、没有规矩。

418.鬼打箩。指一些人说话办事东扯西拉。

419.鬼头嚓脑。鬼头鬼脑的意思。

420.鬼鳖鬼演。指鬼鬼祟祟地做见不得人的事。

421.鬼箭打中。指有人腿部受寒或轻度扭伤，无法行走时，称被鬼箭打中了。一般请会拔鬼箭的老妇人，用一把竹筷轻轻拍打患处，口中念念有词。一般经三至五次拍打可恢复如初，说是已拔出了鬼箭，其实拍打是在通筋活血。

422.面青鸟黄。脸色是青色和黄色的，指一副病态的人。

423.疤瘌疤嵌。指物体表面凹凸不平且有很多的疤痕。

424.烂潦（聊）。指不修边幅的行为，也指讲下流的话和做下流的事。

425.浮壳壳。果实的干壳浮在水面上，指一些人办事不实在。

426.浮头。指鱼浮出水面，也指人的出现和露面。

427.挖泥挖骨。说话尖酸刻薄。

428.哑溜子。哑巴。

429.骂山门。指大骂。

430.嚓生米。“嚓”即吃。指性情暴躁、不讲道理之人的偏激行为。

431.胡大海。“胡”与“糊”同音，指办事不实的人。

432.活络。灵活的意思。

433.顺风驮旗。遇事随和，不讲原则。

434.娇子寻烦案。撒娇。

435.哪的卖（岭北方言）；采翘卖（岭南方言）。指东西怎么卖，询问什么价钱。

436.帮衬。帮忙。

437.起俏（岭北方言）。容貌漂亮，身材出众。

438.起水。指一个人的命运或一件工作已渡过困难期，日渐好转。

439.起兵发马。动员大家做事，也有兴师动众的意思。

440.诸事不做。为了专注某一件事，其他什么事都不做。

441.埋心摁底。指暗地里侵占别人财物。

442.倒灶。指倒霉，也有糟糕、完蛋的意思，也用于骂人。

443.倒塌破。田塝、地塝或山体滑坡。

444.害鸡眠。指有人一到天黑就跟鸡一样的迷糊。

445.害哽噎。食道至胃之间生有肿瘤之类的疾病，也用于大人骂小孩吃饭太慢。

446.害痨病。“痨病”是结核病的俗称，指得了结核病。

447.害忘记性痨。“痨”即病，指得了健忘症，也用于骂自己或他人忘了不该忘的事或东西。

448.样范。样子，模样。

449.样的。一样的，相同的。

450.笑话鳖。可以用来取笑的事，也指很可笑的事。

451.笑话柄。不合常理，被人取笑、受人讥笑的人和事，即笑柄。

452.哭呲呲。一副哭相，哭丧着脸。

453.原卤货。指原汁原味，没有掺杂的货物。

454.赶马。牵马，牵马人穿的裤子都比较短。这里指穿着的裤子太短。

455.羹浑。指液体非常浑浊。

456.映牛坦。旧时，许多小孩把自家的耕牛一起赶到草地上，边看着牛吃草，边嬉戏打闹，被人认为是言行粗俗、没有教养。后来人们把无教养、不讲礼数的人聚集嬉闹的场所喻为“映牛坦”。

457.破片筋。只剩筋络的破布片、破布条。

458.凉飕飕。感觉到有点凉。

459.倾浍雨淋。倾盆大雨。

460.晃叮晃荡。搬运装有液体的容器时，液体在容器中晃动。

461.海五海六。指有些人乱吃乱喝，瞎摆阔。

462.海嗨溜花啰。指没有责任感、不受约束、任意玩笑嬉闹的行为。

463.被面被夹里。缝被条时，缝在正面的叫被面，缝在反面的叫被夹里。指两人（伙）联手做一件事，一人（伙）出面，另一人（伙）在背后出谋划策。

464.被褡盖蓑衣。被条盖在蓑衣上，指人的衣着不得体又不保暖。

465.畜牲扁毛。“畜牲”即牲畜。“扁毛”即禽类。用来骂那些丧尽天良、干尽坏事的人像牲畜和禽类一样。

466.皱皮打擗。指物体的表皮起了褶皱。

467.骨头作胀。指有人犯贱，惹是生非，讨别人打。

468.羹乌浓。指液体非常稠，像羹一样。

469.润窑水。土窑烧砖停火后，窑顶盖上稻草，从窑顶的多个点均匀地、慢慢地向窑里灌水，几天后水从窑底流出方停止灌水，这就叫“润窑水”。

470.难钳。指有些人喜欢刁难人，难以共事和合作。

471.难讲。说不准、不好说，不容易说。

472.难般。不经常，很少，也有难得的意思。

473.犟嘴犟傲。固执、倔强，动不动就顶嘴。

474.狼犺。指物体重量不大可体积很大，不易移动。

475.通泰。宽敞，舒适。

476.盖完。全部盖住的意思，也指非常好，比其他所有的都要好。

477.推班。不好、不对、不够的意思，可用于物的数量或质量，也可用于人的品德或能力。

478.配煞数。刚刚好，恰好符合要求。

479.爽勒荡。爽快，指办事干脆，也指行动迅速。

480.爽胚胚。食物水分比较少，也指粉状或颗粒状物质搅和成的东西用水少，比较干。

481.焖窖。本应是稀的食物因水分少而太干了。

482.真系真真。千真万确，确实如此。

483.真搭煞。志趣相同、性格相近的人混在一起。

484.调匀。指把几种混合在一起的东西搅匀，也指人的饮食搭配合理。

485.调皮打吊架。顽皮，取巧，用巧妙的手段损人利己。

486.鳌鱼翻脊。翻脊即翻身。旧时以为地震是地下的鳌鱼翻身所致。

487.掀锅掀铫。指动不动就把锅盖和铫盖掀开，看有什么好吃的。

488.搋裙搋裤。“搋”即提。裙子和裤子太大不合身，老是往下滑，时不时地要提一下。指衣着不整，穿戴不合体的人。

489.脚调手折。指手脚均有残疾。

490.深山僻坞。距离很远，一般人不常到的深山谷。

491.教不转。调教没有效果，跟以前比没有起色和变化。

492.野马无缰。野马没有缰绳，无法驾驭。指小孩不受管束。

493.野教式式。指不守规矩，走歪门邪道的人之行为。

494.情狮鬼叫。发情的狮子的叫声。指有的人遇事乱喊乱叫。

495.偷赢。在对手没有做好准备的情况下，先发制人，赢了对方。

496.萧条。不景气，这里指男人。

497.崭眼。形容人潇洒、耀眼。

498.脱土。脱离了原来的土里土气。指人讲话深入浅出，也指说话语音纯正。

499.乾坤。指天与地，这里形容排场和规模。

500.惛东。指人到了非常糊涂的地步。

501.虚空。凭空的意思。

502.猪窠。猪窝。指乱七八糟的住所或床铺。

503.撑场面。想尽办法、用尽全力、倾其所有维持场面。

504.麻雀神。一哄而起，一哄而散。

505.做人家。勤俭节约的意思。

506.做斋打命。想尽一切办法，哪怕是折寿，也要满足自己疼爱之人的要求。

507.黄腥屁。“黄腥”即黄鼠狼。指恶毒、不堪入耳的话。

508.淡不敷敷。不热情、不感兴趣、不愿搭理、毫无诚意的意思。

509.热辣豪天。指非常热的天气。

510.续续拢拢。陆陆续续。

511.商叮商量。有事情商量着办。

512.粘脂搭胶。胶质的东西沾上就黏住。用来比喻被有些人缠上就甩不掉。

513.粘事惹非。没事找事，惹是生非。

514.绵筋筋。指某种物体很有韧劲，不容易拉断或折断，也指糯性食物的口感。

515.铺沿外。指东西乱摆乱放，满地铺遍。

516.脬皮式式。指有些人好大喜功，喜欢自我吹嘘。

517.清水六月。农历六月是农作物收获的淡季，连能采摘的蔬菜也很少。

518.假意慈悲。假心假意，假装慈悲。

519.假嘴。说得好听，没有实际行动。

520.游花噱逗（岭北方言）。指做事不专心，东游西荡。

521.停山。农闲时将耕牛日夜都放养在山上，牛能一直待在山上。指一个人能在一个地方一直待着。

522.着力。用力，出力，或吃力、疲劳。

523.将渠着。无可奈何，随他去。

524.眼睛撑开来（眼睛开开来）。睁大眼睛。用来告诫别人睁大眼睛认真寻找或精心选择。

525.揽揽叫。基本上、绝大多数的意思。

526.趋秤搭。对需称重的东西没有规定的重量标准，秤上称出多少就是多少。

527.傍神佛。指过去有些信神佛的父母，把孩子寄名于观音、关公、灶神等的行为。

528.邋遢快。做事只图快，但做得并不好。

529.铜钱眼里打躬斗。“打躬斗”即翻跟斗。指吝啬至极。

530.翘扁。翘辫。动物或人死了的贬称。

531.翘多多。物体前端微微翘起的状态。

532.慌煞。忌妒，也有恐慌的意思。

533.慌忙惊慌。慌里慌张。

534.散坦。指某家的田地山场或住房不集中，很分散。

535.登样（敦样）。相称，像样。

536.喝躁。催促他人行动快一点。

537.尴尬头上。指关键时刻。

538.窝身起倒。不脱衣裤睡觉，起床也不增加衣裤。

539.窝总拢共。合在一起，全部都算上。

540.絮饭。吃饭吃得很慢。

541.蛮缠。胡搅难缠的意思。

542.蛮笨。笨重、不轻巧。

543.筒筒转。原地转圈。

544.跌眼泪。因伤心或悔恨而落泪。

545.跌苦；跌股（岭北方言）。丢脸。

546.跌下寸。退让，让步。

547.跌面嘴。失面子，丢脸。

548.跌人嫌。讨人嫌，惹人讨厌。

549.越轨越样（岭北方言）。指小孩非常调皮。

550.落柢怂。“柢”即植物的根部。指胆小、无能之人。

551.撑布袋。把布袋的口撑开。指为别人撑门面，也指自己付出的劳动是在为别人获取利益创造条件。

552.朝阳傍日。向阳温暖的地方。

553.搭头气。事物的某部分与主体相比很微小，也指两物或两人相比悬殊太大。

554.搭僵。坏了，多指把事情办砸了，把东西弄坏了。

555.黑门。不清楚内幕的事。

556.硬王。顽强、坚强，生命力强，也有过硬的意思。

557.硬绽。指老年人身体健康。

558.硬敲敲。彻底硬化，也指动物死后僵硬。

559.硬唱唱。态度生硬，说话语气不婉转。

560.硬搅搅。指在一定的范围内某种东西很多。

561.簇刮溜新。崭新。

562.蹊跷古怪。稀奇古怪，古里古怪。

563.稀朗朗。指植物栽种得不是很稠密，也指东西稀少。

564.煮粥撩饭。即烧饭时将刚煮开的米大部分捞起来做成干饭，剩下的熬成粥。劳动力吃干饭，其余人喝粥，在粮食不足时用这种方法节省粮食。

565.焦干榧燥。“榧”香榧树的果实，果肉香脆，一咬就碎。这里指物体干燥得像香榧的果肉，好像碰一下就会碎掉。

566.蜓蜓点水。“蜓蜓”即蜻蜓。指蜻蜓用尾巴轻触水面，也指一些人工作不深入。

567.懒沥沥。非常懒惰。

568.装痴（死）搭呆。遇上难事或需要承担责任的时候装痴装呆。

569.搞进。得到好处、利益。

570.搞煞。劳累、筋疲力尽。

571.搞着。弄到、得到，使人受益或受害。

572.勤谨。勤快、勤劳。

573.零碎事。琐碎的工作或家务事。

574.零碎物事。手边经常要用的零零碎碎的工具、用具。

575.碎支碎点。某种东西非常细碎。

576.碗片锋锋。破碎的碗片。

577.路数。路子、规矩。

578.解劝。劝解、安慰。

579.煞敢。干脆、索性。

580.腿怠的。工作很轻松，悠闲自得，也指遇到的问题很好解决。

581.跳魂丧。指东奔西跑地把时间消耗掉了，正经事还没办好。

582.溜翘跤。向后滑倒。

583.满堂红。新娘上轿和棺材出门时，主人家的楼上、楼下、厅堂、灶屋都点上红蜡烛，称点“满堂红”。红白喜事借用别人家的房子，也要给所用的房子点满堂红。

584.暗溜溜。昏暗。

585.塌乌冒。饭菜等煮得特别烂软，也指道路泥泞。

586.塌乌扁。很扁。

587.塌乌瘪。物体被挤压后不饱满。

588.蒙雾托天。烟雾升起把天都遮住了的意思。

589.催死催命（催死倒命）。催促得很紧急。

590.想奶想奶。很想尝试一下的意思。

591.碍邻碍寨。物件摆放位置不当，妨碍工作开展。

592.痴不呆呆（岭南方言）；痴不兮兮（岭北方言）。痴呆。

593.缠根。指小孩吃过了东西还缠着再要，也指已得到的东西还缠着再要。

594.踩屎。指遇上了倒霉的事、麻烦的事。

595.歇骚（歇力）。工作间歇时休息。

596.歇工。收工，也指事情办不下去了，只好停下来。

597.歇作。指收工、停止工作，也指拉倒、作罢。

598.碰煞数。随机的意思。

599.碰着。遇上，已经见着了。

600.赖屁股柢。碰到熟人坐下聊天忘了时间和自己急着要做的事，不想站起来。

601.管现。尽管，只管，肯定，也指现成的意思。

602.管多少。很多。

603.懊糟。烦恼、郁闷。

604.遵依。遵照、依从。

605.熬油费火。晚上不睡觉点着灯或睡觉时还点着灯，浪费灯油。

606.熬饥。耐饥，不易饿。

607.摇稳。物体摇摇晃晃的，很不平稳、很不稳固。

608.滴水滴冻。指三九严寒时滴水成冰。

609.榨油。指用木榨挤压出油料中的油，也指几个小孩靠墙站成一排或坐成一排互相挤的游戏。几个人挤在一张床上睡觉也戏称“榨油”。

610.瘪怂。由于惧怕或受到严重的挫折，而畏首畏尾，精神不振。

611.瘪扭扭。指动植物失去水分，变得非常软。

612.瘪徐徐。注入液体或充气的物体放水排气后慢慢地瘪下来，指人垂头丧气的状态。

613.算不着。估计不到，指望不上。

614.摘奶。断奶。

615.摘（扎）末柢。最后，最底下。

616.精为。指做事的作风一丝不苟，力求精益求精，但速度比较慢。

617.赞礼。指庆典时致赞词，也指有些人懒得做事，只在一旁说一些恭维的话。

618.嬉皮笑脸。做错了事或想得到利益时低三下四，不顾自己的脸面。

619.横眼横睩。遇到很不高兴或很不满意的事，摆着脸，即横眉竖眼的样子。

620.影子都冇。指某事无根无据，连影子都没有，也指警告别人不要企望某件事。

621.舞来嬉。逗着玩，指小孩摔跤等。

622.舞手舞脚。指说话时手舞足蹈。

623.瞎起劲。不明就里地跟别人乱起哄，不该用劲做的事却十分卖力。

624.瞎威持。自鸣得意，乱耍威风。

625.瞎助威。不讲道理，哪怕自己支持的人没理，也在一旁助威。

626.瞎触威。乱逞威风的意思。

627.瞎讹瞎罗（岭北方言）。用混淆概念的方法和花言巧语讹骗他人钱财。

628.瞎瘪捏。指不丰满的人或不饱满的种子。

其四

1.一斩齐。形容物体像用快刀斩断一样整齐，也形容动作的整齐。

2.一排栏。形容人或物体像栅栏一样一字排开。

3.一沰乌水。形容浑身上下水淋淋的。

4.一抚散板（一抚散扒拉）。指木桶散成一堆板子，这里形容事情到了无法收拾的地步。

5.一无抓经。形容一个人没有立场、没有主见，也形容衣物破烂不堪。

6.一时三刻。形容非常快，也有立即、马上的意思。

7.一时三遭。形容变化得太快了。

8.一个馃印。“馃印”印馃的模子。形容两个人或两件东西像一个模子印出来的一样。

9.一塌乌纠裹。形容环境一塌糊涂，无法收拾，也形容双方吵闹得不可开交。

10.一窠蜂。形容人或动物争先恐后地乱起来，像蜂窝炸了一样。

11.一宝打煞。“宝”是一种赌具。“打煞”即赌定的意思。形容对计划的事有绝对的把握或事情的结果与预料的一样。

12.一番青，一番黄。指作物一季接着一季。形容人也同作物一样，一代接着一代。

13.一孔不通。形容有人对某事或某方面的知识不理解，而固执己见，一意孤行。

14.一把捏着两头不出。形容被控制得无法动弹，也形容被管得服服帖帖。

15.一只上天，一只下地。指裤子的裤腿一只很长，一只很短，或一只挽得很高，一只放得很低。

16.一粪桶尿，半粪桶屁。形容某些人虚话、空话、假话太多。

17.一点（丝）干点冇。形容物体整个湿透了。

18.一人放十人寻。形容寻找东西的人很难揣测存放东西的人的习惯和心理，找东西很难。

19.一个铜钱二十四个命。形容吝啬之人把钱看得比命还重要。

20.七搭八搭。形容男女有不正当关系，也形容讲话不着边际。

21.七嘴八椏杈。“椏杈”即用来支撑横杆的小树杈或竹杈。形容人多嘴杂，众说不一。

22.七凼八脓。形容地表或物体表面凹凸不平。

23.七汤瓶八瓦罐。形容存放着东西的容器很多。

24.七个深潭，八个碌凼。形容地表坑坑洼洼的。

25.七死八活。形容灾难深重，人员死伤很多，也形容一个人濒临死亡。

26.八腿二十四。形容做事有条不紊或生活的悠闲自得。

27.十铳九铳空。“铳”一种土枪。打十枪有九枪打不中，形容做事成功率太低，效果太差。

28.十人九不齐。形容人多一起行动，很难按时集中和步调一致。

29.十二月借饭甑。过去农历十二月，绩溪人开始准备做麻糖，主要有散饭、腊米和谷花三个品种，其中散饭麻糖的主材料是用糯米蒸成很干的饭，晒干后放大锅里爆炒膨化成米花，再用来压糖。此时家家都要用饭甑蒸糯米饭，而有饭甑的人家很少，所以借饭甑很难。形容某样东西大家都急着要用的时候，想借来用就很难了。

30.二十四分。评判好坏以分计，用二十四分来形容最好的。

31.下手下脚。形容有些人吃东西不用筷子和勺子，而用手指夹或用手抓。

32. 三嘴两囫。吃饭时很快就咽下去了，形容吃东西吃得非常快。

33. 三铳打不动身。“铳”是一种朝天放的火药枪，大型庆典活动用来发令和壮威。铳都放了三次了，行动还没开始。形容某些人性子憨，要去做某件事，但老是动不了身。

34. 三百担羊屎。绩溪方言用“羊”或“羊屎”来形容人动作慢，这里形容动作太慢。

35. 三个妇女家一堂碓（岭北方言）；三个老妪家一堂碓（岭南方言）。形容三个妇女在一起讲话的声音就如同一座水碓在舂米磨面时发出的声响一样。

36. 三个老太婆，一面破铜锣。几个老年妇女在一起说话，听起来像敲破铜锣一样。

37. 三不时遭。形容时常、常常的。

38. 三分钟热度。形容一个人做事没有耐心，没有常性。

39. 三花女丑。戏剧中男女丑角，这里形容打扮花哨却显得丑陋，逗大家发笑之人。

40. 三日三夜一连莣。形容没完没了地吵闹和纠缠。

41. 三缺黄泥掩掉两缺半。“缺”指一种用竹篾编成的簸箕。形容人已暮年，离死不远了。一般用来劝老年人不要多管闲事。

42. 上皮登天，下皮蹲地。上嘴皮已在天上，下嘴皮还在地上。形容吹牛吹得太大了。

43. 上不上，下不下。上又上不去，下又下不来。形容某件事做又做不了，不做又不行，也有不上不下的意思。

44. 下屋头看到上屋头块大猪肉。上、下屋头即桌子的上座、下座。形容不满足自己的利益，老是看着别人的利益。

45. 土地窟窿。形容人居住或使用的空间很小。

46. 土地开台空手脚。过去春节期间许多村都要演戏，在主要剧目上演前都要演一两节开台戏，如伏岭就有《万花开台》《引凤开台》《蚌舞开台》《土地开台》等，《土地开台》仅一人扮成土地在台上做一些没有实际内涵的动作。这里形容有些人看似忙忙碌碌，做的事却没有实际意义和效果。

47.山里猴狲山里弄。山里的猴子相互戏弄或伤害。形容同类之间相互戏弄或伤害，也指本地的事情要由本地人自己处理。

48.口涎流嘀嘀。形容嘴馋至极。

49.小娘货。形容脆弱、易损坏的工具等。

50.寸手不动。形容什么事也不做。

51.飞钉（铛）快。形容一个人做事或走动非常快，也形容刀具非常锋利。

52.马打滚。马是不躺下睡觉的，最多在地上打个滚。形容有人睡觉的时间很短，跟马一样打个滚就起来。

53.日长夜大。形容生物白天黑夜都在生长，也指资产不断升值。

54.公长母短。形容长短很不一致。

55.五短三粗。形容身材粗壮矮小的人。

56.五方杂处。形容某地的居民来源复杂，从各个地方来的人都有。

57.五爪金龙。形容有人手上沾满了有颜色或很黏糊的东西，像有五个爪的金龙一样。

58.六月不开冻。形容身体不好的人，大热天还穿着厚衣服。

59.不离蒂。形容做事拖泥带水，不利落。

60.不值二百钱。形容有的人品质很差。

61.不识数（无数）。形容不讲道理、不识时务之人的行为。

62.无天扯野。形容说话漫无边际，毫无根据地胡编乱造。

63.无知无识。形容有的人没有文化、不识时务、不讲道理。

64.无底无盖。形容没有计划，疏于管理，也有不知天高地厚的意思。

65.无事寻烦恼。形容自己给自己找麻烦事，也有乐极生悲的意思。

66.无事寻花头。形容故意找碴。

67. 无法下叉。“下叉”即用叉子叉东西。形容某事或某件工作不便下手，没法下手。

68. 反手调脚。形容做事不得要领，不顺手，操作程序不正确。

69. 火烧火辣。形容吃了辛辣的食物或皮肤接触刺激性很强的东西，热得或辣得难受。

70. 火烧乌龟心里疼。形容吃了哑巴亏，有苦说不出。

71. 天地不知。形容一个人混沌无知。

72. 天一半地一半。形容严重浪费。

73. 开杂货店。指开卖日用杂货的商店，用来形容家中器物多且摆放杂乱。

74. 开牛栏门。打开牛栏门时门轴会发出吱吱呀呀的响声。用来形容初学胡琴时拉得不好听，也形容唱歌或奏乐跑了调，非常难听。

75. 毛手贼脚。形容经常偷人家的东西。

76. 乌天黑地。形容大雨到来之前昏天黑地。

77. 乌巴焦公（岭南方言）；乌焦巴公（岭北方言）。形容物体被烧成了焦炭。

78. 爆竹放进柴桶里。“柴桶”即一种木桶。爆竹在木桶中燃放，不但声响效果差，还可能炸坏木桶。形容好的东西被埋没，显示不出应有的效果。

79. 乌头假脸。形容人的头和脸乌黑，像戴了黑色的面具。

80. 蹊跷另样。形容有些孩子别出心裁地捣蛋和做出危险的动作。

81. 立叫立应。一喊就答应。形容采用的方法或措施很好，马上就产生效果。

82. 爆心爆急。形容有些人性子急，说话做事都非常的急躁。

83. 仰腰折骨（懒腰折骨）。形容人站没站相，坐没坐相，精神不振，一副病态。

84. 四散莲花。形容一个物体像莲花凋落后一样四处散落，完全解体。

85.打煞人不皱眉。把人打死了眉头都不皱一下。形容有些人心狠手辣。

86.打栗一样。栗子成熟时，用竹竿敲栗树的枝丫，栗子唰唰地掉下来，若砸到人会很疼。形容下暴雨时的雨滴非常大，似被打落掉下的栗子。

87.半日一闷槌。“闷槌”是洗衣服用的木槌。形容有人半天没说话，突然冒出一句重话来。

88.末根末杪。“末根”即根的末端。“末杪”即树梢的末端。形容到了一个地域的最边缘或一件事到了没有退路的地步。

89.头大尾巴尖。形容做事开头声势大，后来就不了了之了，也形容物体一头很大，一头很小。

90.头都可以移来去。“移来去”即交换。形容两个人的关系非常的好。

91.布针杪上削铁。“布针杪”指针尖。形容抠门到了极限，节约到了极点。

92.布针杪上打躬斗。“布针杪”指针尖。“打躬斗”即翻跟斗。形容对钱财非常精明。

93.加化袋里擀米。“加化”即叫花子。“擀”即用手抓。形容用残忍的手段也得不到太多的利益。

94.田不相界，地不相粘（邻）。形容相距很远，毫无关系。

95.东一抚西一捺。形容到处欠债，也形容做事不彻底，到处留尾巴。

96.东扯葫芦西扯鳖。形容有人讲话没有条理和主题，乱说一气。

97.冬至不在年外。形容某件事情很快就会发生。

98.叫尔圆就圆，叫尔扁就扁。形容某人对你有绝对的控制能力。

99.龙头捉龙尾。形容找人时，你到东他又到了西，你到西他又到了东。

100.皮焦里不熟。烹饪食物时火力太大，水分又太少，表皮焦了但里面还没熟。形容做事太急躁，方法不当，把事情办砸了。

101.甩链枷地去。“链枷”是一种工具，用来在打场上拍打收获的作物，帮助作物脱粒。链枷在使用时，要一下接一下不停地甩。形容运动速度快且接连不断。

102.让人吃进屙出，还以为嬉了趟杭州上海。形容有些人愚蠢、无能且毫无防人之心，被人利用或骗了还自鸣得意。

103.吓尼吓盗。形容有人大声呵斥，想把别人吓倒。

104.蹴蹴嚓。形容有些人凭自己的性子处事，说话口无遮拦，做事不计后果。

105.吓来个织织。“织织”即蟋蟀。蟋蟀听到声响就停止鸣叫。形容人胆小，被吓得不敢吱声。

106.有进无。即有进无出。形容有些人很吝啬，只索取不付出。

107.有个七打八。形容一件事很有把握办好。

108.有身无魂。形容有人心不在焉，办事老是出错。

109.有年无月。形容做事情拖拖拉拉，老是完不成。

110.有一成冇一股。形容对数量掌握得不好。

111.有毛变无毛。形容不珍惜自己原本有的东西，后来东西没了还要向别人借。

112.夹活变鬼。指突然变化。形容与原来的态度或行为截然不同。

113.夹活见鬼。形容遇到了很倒霉的事。

114.老鼠搞着个污窿。“污窿”指藏食物的洞。形容小孩找到了大人藏零食的地方，经常去偷吃。

115.老鼠驮门槌。“驮”即搬运。“门槌”即洗衣服时用的木槌。老鼠把门槌驮去藏起来。形容有人把自己不能用或根本用不着的东西带回家藏起来。

116.老鼠掉下棺材。形容容器很大，装入的物体体积却很小，犹如老鼠掉进棺材里。常用来形容穿的鞋子实在太大。

117.瞭风听响。形容对某事十分关注，不放过任何微小的响动，也形容人睡觉时不安稳，一点微小的响动就醒。

118.老虎都捉得着。形容某人身体强壮，力大无比。

119. 老虎嗒蠓虫。“蠓虫”即蚊子。“嗒”即用牙咬。形容对手太渺小，根本不在话下。

120. 灯盏盆里洗面。“灯盏盆”即旧时的油灯盆。“洗面”即洗脸。形容太小气。

121. 竹筒里放蛇。形容小孩脱离了家长和老师的管束，自由自在地尽情玩耍，犹如关在竹筒里的蛇被放出来了一样。

122. 地下擤鸡屎。形容一个人年纪小，不懂事。

123. 衣裳角撞倒人。形容小人得志，盛气凌人。

124. 驮戏台板。过去农村临时搭台唱戏，最后一晚演出结束后要把戏台拆掉，把戏台板扛到存放的地方。形容看戏的人坚持到最后，也形容做事坚持到最后。

125. 伤饭碗。形容某人一会对这个工作感兴趣，一会对那个工作感兴趣，但都做不长。

126. 冰捂那冷。形容很凉，也有彻底失望的意思。

127. 阴山冷土。长年见不到太阳的山湾。形容终年晒不到太阳的地方。

128. 杀反无边。形容小孩发脾气，谁也劝不住。

129. 吊（跌）打俱全。形容有些人对待别人手段多，也用来形容有些人武艺高强。

130. 扣恰扣（岭南方言）；及恰及（岭北方言）。形容物体连接严丝合缝，也形容现有的物品数量跟需要的数量相等。

131. 吃饭化屎。形容只会吃饭又不能劳动的人。

132. 吃饭夹菜。形容做某件事很容易，像吃饭时夹菜那样简单。

133. 吃了三扁担，不吃也是三扁担。吃与不吃都得挨打。形容参与或不参与都要承担责任，都要付出代价。

134. 吃五谷思六谷。形容人的欲望无穷。

135. 吃不得饱饭。形容人好高骛远，不能吃苦。

136.瘌痢重痞。“瘌痢痞”即瘌痢患处结的痂。“重痞”即痂上叠痂，痂会越来越厚。形容老债未还又欠新债，负担会越来越重。

137.吃了蕨粥。“蕨粥”即蕨粉煮的糊糊。形容人营养和能量不足，没有力气。

138.讲话冇牙齿。形容讲话没分寸或所说的话没有根据。

139.讲不起来个精头经。形容有些人没办法评论，有些事没办法评说。

140.死说张辽。三国时魏将张辽曾说动关羽降魏。形容花言巧语、能说会道的人。

141.死说敦（东）贵。敦（东）贵是绩溪历史上一个能说会道的人。形容花言巧语的人。

142.死了不曾葬。形容有的人非常无用，像没有安葬的死人一样。

143.死瞎威。形容有人不知天高地厚，瞎逞威风，也用来骂小孩子瞎逞能。

144.死如秉直。如死人一样僵直，形容事情到了无法挽回的地步。

145.死（屎）肚爆突。形容恨得、气得或懊恼得肚子都要爆裂。

146.死蛇活纽。蛇快死时用尽最后的力气紧紧地缠绕着物体。形容有人强作好汉。

147.当盐不咸。形容现有的东西与需求差距太大。

148.当土胡椒不辣。因土壤气候的原因，当地产的胡椒没原产地的辣。形容看不起本地的人和物。

149.灰裹垃圾。形容家中长久没有打扫，到处是灰尘和垃圾。

150.耳朵过风。形容听到的话像风吹过一样就忘了，也指不把别人的话当回事。

151.耳朵大似猪头。形容事物的次要部分超过了主要部分。

152.扬子扬威（扬武扬威）。形容小孩很顽皮，戏弄大人。

153.讹进不讹出。形容有些人凡事都要讹点利益，从来都不会损失自己的利益。

154. 阿弥陀佛。形容一些人或一些事看不上眼，有时也用来谢绝别人的帮助。

155. 阿弥消灾。形容一个人能力很差或很窝囊。

156. 来得。形容一个人很有能力、很能干，也有可以来、能来的意思。

157. 没那个聪明样。形容一个人非常聪明。

158. 没数没目。形容对数量的估计非常不准确。

159. 没爷娘教料。“爷”即爹。“教料”即教养。形容道德品质很差的人。

160. 苍蝇跌折脚。形容有些人打扮时头油搽得太多。

161. 嚎丧。即哭丧。形容有人像亲人去世了一样，哭个不停。

162. 苍蝇顶栗壳。形容头小却戴了顶大帽子。

163. 豆腐跌下火灰。“火灰”即草木烧成的灰。嫩豆腐掉进草木灰里是没办法捡起来洗净的。形容事情已无法收拾、无法挽回，也指一件东西已无法恢复原貌。

164. 屁烧灰。形容某件事是不可能的。

165. 屁股生疔疮。“疔疮”是一种脓肿，没有化脓时疮中有硬疔。形容某人坐不住。

166. 鸡脚爬。像鸡爪走过一样，形容字写得非常差，也用来形容非常瘦之人的手。

167. 鸡（狮）嘴啸天。形容物体失去水分，表面裂开了很多口子，口子边缘微翘像对天咆哮。口子小的称为鸡嘴啸天，口子大的称为狮嘴啸天。

168. 鸡皮狗骨。鸡的皮、狗的骨受伤后自愈很快，用来形容有些人受到外伤后痊愈得很快。

169. 苋菜籽胆（粟米胆）。“苋菜”一种蔬菜，“粟米”即小米，它们的种子均很小。形容人胆子非常小。

170. 麦秆筒吹火。形容小气鬼。

171.麦秆喉咙布袋肚。形容肚大喉咙小，吃饭很慢又吃得多。

172.花头子十足。“花头子”即鬼点子。形容有人鬼点子很多。

173.花花野草。形容说话办事不正经，也有拈花惹草的意思。

174.灾煞灾死。形容小孩体弱多病，也形容刀具很不锋利。

175.灾不落壳（岭北方言）。形容行动迟缓，不利落。

176.进关出锁。进家关门，出外锁门。形容把家门看管地紧，也指对别人不放心。

177.近亡命。形容做事、吃饭、走路速度非常快，像逃命一样。

178.赤骨那细。形容棍棒状的物体像赤裸的小骨那样细。

179.连接连（牵棉线一样）。形容连续不断。

180.瘌痢头上刮血。形容毫无人道地盘剥。

181.男人身，妇女相。形容有些男人说话婆婆妈妈，办事扭扭捏捏，没有男子汉的气概。

182.瘌痢头，花色（样）多。瘌痢患者头上疤痕颜色多。形容鬼点子很多的人。

183.扯着条裙，丢掉条裤。形容做事没有全面安排，顾此失彼。

184.河中无鱼市上买。形容只要有钱，什么事都能办得到。

185.河中无鱼，市上有卖。形容某种东西这里没有，总有地方会有。

186.和尚不出寺，出寺就有事。形容有些人不动则已，一动就要生出些是非来。

187.昏头奋脑。形容有些人晕头转向，办事老是出错。

188.易毛易臭。指某种食物易发霉腐臭。形容有人心眼小，容易被惹毛和极易反目成仇。

189.招魂惹鬼。把亡故亲人的魂招回家，结果把野鬼也惹进了家。形容交友不慎，引来坏人，也有一心想做好事反被坏人祸害的意思。

190.狗眼看人低。形容有些人跟狗一样，势利待人。

191.狗七儿三。形容纠缠不清，也有理不清关系的意思。

192.狗吃屎，自情愿。形容自己选定要走的路或要干的事，再苦再难也只有坚持下去。

193.狗头上只裹粽。“裹粽”即粽子。形容张嘴可得的东西，也有好吃的东西留不住的意思。

194.狗争屎。形容有些人为了一点小利争吵不休。

195.衫袖里点灯。形容完成本职工作后做一点私活，也指暗地里做小动作。

196.青菜遇滚水。“滚水”即开水。青菜放入开水中，马上变软。形容有人见了某人便服服帖帖的。

197.虎死不倒威。形容有些人失势后还强装威风。

198.嘴嗒蠓虫。“蠓虫”即蚊子。形容食物太少，根本吃不过瘾。

199.变死。据说人将死言行举止有大变化。形容人失去了常态，与原来大相径庭。

200.直头直脑。形容做事专心致志，也形容非常顺利。

201.奇（气）数到顶。形容不谙世事到了极点，也形容做了愚蠢至极的事。

202.净家没产。形容家产被剥夺的一点不剩。

203.空手浪荡。形容没带礼物，空着手到别人家去做客。

204.苦毛怂怂。形容一个人萎靡不振。

205.雨泻雨淋。形容雨下得很大。

206.放排地去。“放排”即在江河里放木排和竹排。形容事情接连不断地发生。

207.油麻心痴。形容看见或听见令人毛骨悚然和于心不忍的事时的感受。

208.油麻拢粿。“油麻”即芝麻。指米粉粿在芝麻中过一下，表面全粘上了芝麻。形容某种东西越聚越多。

209.夜壶里春困。“夜壶”即尿壶。“春困”即坐着打瞌睡。形容有人对眼前发生的事茫然不知或遇事犯糊涂。

210.斧头夹在柴胯里。劈柴时斧头被柴卡住了。形容某件事做不了又甩不掉。

211.现成锣鼓现成槌。有鼓也有槌，随时可敲。形容条件已经具备，随时都可以进行某项工作。

212.昌化的狗要于潜人来牵（荆州方言）。形容一物降一物，也形容恶人自有更厉害的人来收拾他。

213.使性狂天。形容做事时用力过猛或不当，把工具损坏或把事办砸了。

214.孤坟打众。形容勾结在一起捣鬼做坏事的人。

215.定盘星。形容一个人遇事有主见，拿得准。

216.虾虾兜（岭北方言）；虾子撩（岭南方言）。“兜”“撩”均为网兜。形容布料薄的像捞小虾的网兜。

217.枕头寄信。形容有人哈欠连连、昏昏欲睡之状。

218.沿山摘梦。“梦”即山上野生的草莓和树莓。形容人走路不认真，到处耽搁时间。

219.哄鬼过桥。传说小鬼押解亡灵去地狱时要过奈何桥，若亡灵能把小鬼先哄骗过了奈何桥，小鬼则不能再次返回，亡灵则可逃回人间，人就可以复活。形容有些人花言巧语地骗人上当。

220.前世葬在困山上。前世死后葬在困山上。形容有人容易犯困，动不动就睡着了。

221.前世冤家今世仇。上辈子是冤家，今世又结下了仇。形容双方的仇恨非常深。

222.前脚赶后脚。形容两件事相继发生，两拨人前后到达。

223.斫柴卖，买柴烧。形容把自己的东西卖掉，又买同样的东西，也用来形容夫妻都不正经。

224.砂糖嘴，黄连心。形容嘴甜心坏。

225.眉梁合聋聋。形容心情不好，眉头紧锁。

226.眉毛上点灰。形容某种东西数量很少，微不足道。

227.面皮三尺厚（面皮三挖锄挖不进肉）。形容不知廉耻。

228.面嘴不洗。“面嘴”即脸面。形容不要脸。

229.面糊糊了手。“面糊”指糨糊。糨糊粘在手上，甩都甩不掉。形容一件事上了手放不下，也用来形容抱小孩时，其他什么事也做不成。

230.枵簧。形容一种器物薄，不坚固，易损坏。

231.胀煞只眼乌珠。形容某种东西数量很少或个头很小。

232.屎堆里都困得倒。形容有的人非常邋遢，不讲究卫生。

233.嘴一双手一双。形容一个人既能说又能干。

234.嘴笑眼睛笑。形容一个人笑得很开心，笑容很灿烂。

235.鬼捉鬼打（岭北方言）。形容有些人讲话像吵闹打架一样。

236.鬼敲更。形容做事没有章法，乱搞一气。

237.鬼都烧须（鬼都搞着）。形容遇到意想不到、非常荒唐的事。

238.鬼都叫到后门头。形容一个人时下非常晦气。

239.结冰打冻。形容气温很低，到处是冰。

240.浍出浍滥。形容搬动装有液体的容器时，洒了很多液体在外面。

241.竽樱花白，蜜蜡金黄。“竽樱”学名“金樱子”，果实形状像古代的乐器竽，它的花白的耀眼，当地用竽樱花来形容很白的东西。蜂蜜和蜂蜡的颜色金黄，当地用蜜和蜡来形容金黄的东西。

242.咬脊鞭鞭。形容一个人讲话态度非常不好。

243.背石塌上山。“石塌”即石头。形容带了不该带的东西，增加了自己的负担。

244.荤不荤，素不素。形容办事没有规矩，不伦不类的。

245.挂灯一样。形容瓜类作物的藤蔓上结了许多的瓜，跟悬挂了许多的灯一样。

246.挂叮挂当。古建筑中屋檐翘角上挂的铃铎叮当作响。形容到处悬挂东西，也形容旧时因经济贫困，人们穿着褴褛的衣衫。

247.点掉灯油暗处隑。“隑”即站。耗费了灯油自己还只能站在暗处。形容花费了钱财而得来的成果却不能为自己所用。

248.胡须掉下戏台。正在演戏的老生演员的胡子掉到戏台下。形容有些人做事没有充分的准备，没有真本领，逞能时当众出丑。

249.屋里天王。形容有些人只会在内部逞威风，上不了大场面。

250.挤死赖命。形容竭尽全力做某件事，不达目的不罢休。

251.活蛇活烂（岭北方言）。形容非常肮脏。

252.重笃笃。形容要搬动的物体很沉重。

253.鳌鱼象角。古建筑的屋脊、屋角上用以装饰的鳌鱼和象的雕塑。这里形容物体形状很不规则或已变形得不成样子。

254.真棒后生。形容血气方刚、身强力壮的男性年轻人。

255.笔尖那钻。形容有些人见有利可图就像笔尖那样钻进去。

256.笔头开丫杈。“丫杈”即树枝分叉的地方。形容字写得太差，也用于自谦不会写字。

257.胳肭下听鳖。“胳肭”即胳肢窝。形容听别人说事或从别人那儿听来的消息。

258.俵包俵寿。把自己的东西一点一点地分给大家，像分发寿包一样。

259.嘴上挂油瓶。形容很生气。

260.螺蛳壳里起道场。“道场”即佛家做法事的场所。形容在很小的空间里做大场面的事。

261.倒林开寨。形容一片狼藉的景象。

262.倒豆萁。“豆萁”即豆秆。将脱粒过的豆秆再复打称倒豆萁。形容将做过的事再做一遍，也用于将老戏反复重演。

263. 紧格紧。形容供给勉强满足需求，也指尺寸非常紧。

264. 捉蜓蜓。“蜓蜓”即蜻蜓。形容走路或站立不稳，像抓蜻蜓那样晃来晃去。

265. 映水鸭。看着水鸭，结果连水鸭什么时候飞走的都不知道。形容要你负责着某件事，结果事情出了差错自己都还不知道。

266. 赢得起，输不起。形容不能正确地对待赢和输。

267. 铁棍都打不煞。“煞”意为死。形容身体非常强壮的人。

268. 脚背上泥锅。把锅灶砌在脚背上。形容有些人居无定所，说走就走。

269. 骨头作胀。形容自找苦吃或惹是生非。

270. 做鬼不大。形容想做大事，但做的过程中魄力过小。

271. 做贼怨难人。形容有人偷了人家的东西，连累周围人也被怀疑。

272. 教老鼠爬梯。形容教唆不懂事的人做坏事。

273. 猡猡寻猪；猪寻猡猡（岭北方言）。“猡猡”是猪的别称。形容两个人或两班人互相找来找去，有不耐烦之意。

274. 蚯蚓竖蜻蜓。“竖蜻蜓”即人倒立的姿势，蚯蚓是倒立不起来的。形容勉为其难。

275. 虚空躬斗（岭北方言）。指武术动作“空心翻”。形容去办事没有办成，白跑一趟。

276. 虚胖冬瓜（岭北方言）。形容人不正常地发胖。

277. 蛆往肉里耕。形容人总往好的、利益多的地方挤。

278. 推来荡去。形容婚丧事非常铺张，宴席准备得非常富足，剩余不少。

279. 推三顾四。推掉人家给的东西，但又想得到人家更多更好的东西。形容假意推托。

280. 堆上鼻孔尖。原指饭盛得太满，再夹上菜，吃饭时鼻尖都碰上饭菜了。形容容器中的东西堆得太满。

281. 黄茅火相。干茅草色黄，极易燃，一点就着。形容有些人性格急躁，易发脾气。

282.猫软难挎（岭北方言）。“猫软”像猫一样的软。形容人精神不振、无精打采。

283.猫软耳朵。形容没有主见的人，别人一劝说很快就改变观点、立场。

284.猫捉老鼠。形容有时为了找人像猫捉老鼠那样到处寻找和追踪，也指捉迷藏的儿童游戏。

285.猫板倒饭甑好了狗。猫把饭甑弄倒后，狗来赶走了猫，独自吃里面的饭。形容一个人辛苦得来的成果被别人占有。

286.黄连树上挂苦胆。形容原本生活已经很苦了，又遇到灾难，苦上加苦。

287.黄病坟。“黄病”即肝脏传染病。死于黄病之人的坟墓大家都不敢靠近。形容有些易破损的物件和遇小事就翻脸无情的人跟黄病坟一样，使人不敢靠近。

288.陪太子老爷读书。形容做样子，没有实际效果。

289.唱西皮。“西皮”是京剧的曲调名，易唱。形容有些人嘴上说做什么事都非常轻松，跟唱西皮一样，其实有些事做起来是很难的。

290.唱洋戏。“洋戏”即西洋戏，易唱。形容有人说起做啥事都非常轻松，跟唱洋戏一样。

291.眼泪杯。形容杯子很小，几滴眼泪就可以装满。

292.眼泪水。形容水量很少。

293.眼皮浅。形容目光短浅，心眼小。

294.眼面视天佯。“眼面”即眼睛。形容走路时眼睛不看路而看着天或别的东西。

295.眼睛讲得话。形容某人的眼神能表现出丰富的情感。

296.眼乌珠子出血。形容对某人、某事实在看不下去了。

297.麻雀占窠。候鸟飞走后，他们的窠常被麻雀占有。形容有人占去别人的位置。

298.麻雀叼老鸦。“老鸦”即乌鸦。形容以小欺大，不自量力。

299.麻布袋藏不住个屁。形容有话忍不住，就想说出来。

300.麻布袋上绣花。形容有些人基础太差，再怎么培养也成不了良材。

301.麻雀肚下没四两肉。形容家境贫寒，经济能力很差。

302.麻雀娘掉下镵窝。“镵窝”即带刺的灌木丛。刚孵出小麻雀的母麻雀掉进灌木丛飞不出来，十分着急，叽叽喳喳地叫着。形容很多妇女在一起说话，叽叽喳喳像麻雀娘掉进了镵窝。

303.麻雀虽小，五脏俱全。形容一个单位或行政区虽然很小，但需要配备的人员或机构是齐全的。

304.麻枯坐在屁股下。麻枯即榨过芝麻油后的芝麻油饼。形容资源和利益已经被人掌握在手中，别人要分享是非常困难的。

305.麻乌碎洋。形容一个物体被摔得粉碎或被分割得很小。

306.清水涮跍蟆。“跍蟆”是一种小蛙。形容煮菜时没有配料和佐料。

307.清水咣当。形容某种液体浓度非常低。

308.脚板底下搨油。“搨”即抹。形容溜得快。

309.脚搁起来甩甩。形容衣食无忧、悠闲自得之人的生活。

310.阎王好见，小鬼难当。形容权高位重的人反而好说话，办事的小职员反而不好伺候。

311.掺茅司水。“茅司”即茅厕。汤或饮品里掺入了太多的水，称为掺茅司水。

312.嚓起嚓倒。形容有人性子很急，遇到不顺心的事就上蹿下跳。

313.梳头姐姐吃盐梅。梳头时手上有油，指“游手”。吃盐梅是好咸，与“好闲”同音。形容游手好闲之人。

314.跌倒了，屎都要擤一把。形容有的人对自己的利益看得重，有利就钻，一点都不肯吃亏。

315.跌苦三餐吃。形容有的人为了一点吃的，不惜丢掉尊严。

316.困在屎堆里不知香臭。形容有人做尽坏事，名声已经很坏了，许多人心里都恨他，他自己还不以为然。

317.鹅里鸭，鸭里鹅。鹅里有鸭，鸭里有鹅，分不清到底有多少鹅和多少鸭。形容说不清事情来龙去脉，也形容相似的物体混在一起，很难把它们区分开。

318.朝无朝，夜无夜。吃了上顿没下顿，有今天的没有明天的。形容生活没有保障。

319.等着咸鱼火上焙。“焙”即用微火烘烤。形容迫不及待地想要得到某件东西。

320.跕蟆躲端午。“跕蟆”是一种小蛙。为了驱虫避邪，端午节时各户在屋前屋后都要洒雄黄水。跕蟆、蛇蝎等最怕雄黄水，故要躲避。形容有些坏人像跕蟆一样躲避惩处。

321.跕蟆纵不上牛粪堆。“跕蟆”是一种小蛙。“纵”即蹦。跕蟆体型小，弹跳力差，牛粪堆又很高，它是蹦不上去的。形容有些人能力差，有些事是做不到的，也形容低俗的人达不到高境界。

322.葫芦挂到笆篱上（别把葫芦挂到头颈上）。“笆篱”即篱笆。形容麻烦和累赘的事不要总揽到自己身上来。

323.棺材里伸出只手。形容有人伸手索要不属于他的利益，拿了不能要或不该要的东西。

324.新打茅司三日香。“打”即挖。“茅司”即茅厕。形容好景不长或做事没有常性。

325.逼着老子做贼。儿子强逼父亲给钱给物，父亲实在拿不出，只好去偷。形容强逼别人做难以做到的事。

326.逼着牯牛生细牛。“牯牛”这里指阉割后的公牛。“细牛”即小牛。形容强人所难。

327.落雨算盘。形容账老是算不清或经常算错账。

328.搭僵。形容失算了，也形容事情出了问题，达不到原有的期望。

329.帽鹰屁。“帽鹰”是当地一种飞禽，飞得很高，很凶猛，这种飞禽放屁是听不到的。形容有些人说的话纯属无中生有，无根无据。

330.惹狗上面。形容招惹了不通情达理的人。

331.装羊实象。形容有人假装很老实、很可怜，其实野心不小，凡事都是不肯吃亏的。

332.装香一样。形容栽插作物秧苗过密。

333.絮铺拢系。形容人穿的衣裤太多，显得臃肿。

334.链芜扯芜。指藤蔓或线缠绕，理不清。形容做事没有条理，不干净利落。

335.猪拖狗啖。形容物件收拾整理得参差不齐，像猪和狗用嘴把物件拖咬来堆在一起一样。

336.摸悉摸索。形容动作慢条斯理。

337.摸鳖。本指在小河的石头洞里，用手慢慢地摸索，摸到了鳖，拿稳后再把鳖抓出来。形容有人做事速度非常慢，像摸鳖一样。

338.塌疲。形容有些人办事松懈拖沓。

339.嫌痰避臭。指嫌弃和避开脏臭的东西。形容要求高，这也看不中，那也不喜欢。

340.魂丧都吓掉。吓得魂都没了。形容被吓坏了。

341.满满乌洋。形容数量很多，数不过来。

342.满山遍坞。形容某种东西很多，漫山遍野都是。

343.跟着老虎吃鹿肉。形容跟着能干的人就有好日子过。

344.跳旗一样。“跳旗”即过去农村的接力赛跑活动，若干个运动队各自举着自己的队旗（中途可以替换旗手）按规定的路线跑完全程，争夺名次。形容某种物体运动得很快。

345.滑溜活卤。形容某样东西很滑、很腻。

346.滑捂乱溜。形容物体或场地很滑溜。

347.碎支碎点。形容物体被分解的支离破碎。

348.喷丁香。“喷”即闻。形容某种东西闻起来非常香。

349.煨毛。形容人猥琐的样子。

350.嚓起嚓起。形容走起路来有劲，步伐快。

351.碌滚圆（岭南方言）；骨碌圆（岭北方言）。形容一个物体非常圆。

352.管头管脚。形容对别人放心不下，事无巨细都要过问。

353.漆之那乌（岭南方言）；漆乌滴黑（岭北方言）。“乌”即黑。形容物体跟漆一样，非常的黑。

354.瘦头瘦脑（兽头兽脑）。形容有些人不和善，说话总是跟人唱反调，办事总想占人便宜。

355.瘦来一抚柴。形容人瘦得像细柴一样。

356.瘦牛生牛虱。“牛虱”长在牛皮毛中的寄生虫。形容本就十分困难的人，又遭到劫难。

357.碧乌那绿。指碧绿得接近乌黑。形容一件物体非常的绿。

358.算筋算骨。形容账算得太细，也形容人际往来中斤斤计较。

359.算盘打转弯。形容账算得太精。

360.鼻孔出烟。形容十分恼火，不能容忍。

361.鼻孔窿太细。“细”即小。形容人很吝啬，也形容气量太小。

362.鼻涕捺胡。鼻涕流下来，沾满了胡子。形容某个人很脏。

363.嚓屎爱干净。“嚓”即吃。形容有些人自己很脏，还嫌别人家不干净。

364.端着个猪头，寻不着个庙。拿着猪头去上供，却找不到庙。形容拿钱去办事，但找不到办事的部门。

365.端人家拳头塞人家嘴。“端”即拿。形容收人家的礼金来请人家吃喝，自己不需贴钱，也形容以别人的过失、过错堵他的嘴，使他不能批评和制约你。

366.端着根鸡毛当令箭。“端”即拿。形容有些人喜欢狐假虎威、虚张声势。

367.磕头碰脑。形容人很多，很拥挤。

368.踢脚不来去。形容空间很小或某个空间内堆满了东西，连脚都没法移动。

369.瘪笃。形容人精神萎靡，脸色憔悴。

370.撩不上筷。“撩”即在液体中捞。形容有些人在社会上没有地位或行为举止不上路。

371.踏耙挡老鼠。“踏耙”一种农具，但挡不住老鼠，形容采取的防范措施根本没有用。

372.痴人有痴福，瞎眼鸡吃灿谷。“灿谷”即饱满的稻谷。形容没有什么本事的人，往往有很好的机遇。

373.瞎猫碰着只死老鼠。形容本领很差的人，偶尔也能有很好的运气。

374.瞎子死儿子。形容很悲惨的事。

375.瞎子打铳。“铳”是一种土枪。形容根本没有对准目标。

376.瞎子过桥。形容做非常危险的事。

377.瞎子望天光。“望”即看。“天光”即日光。形容某件事是不可能的。

378.瞎字不识，画墙画壁。形容不识字或不会绘画的人乱涂乱画。

379.瞎鬼都认不着。形容某个环境中一个人都不认识。

380.暴寒暴冷。形容季节转换时天气冷热无常。

381.墨乌似黑（岭南方言）；墨乌地门（岭北方言）。形容没有光亮，黑得伸手不见五指。

382.横行直对。形容物体摆放或作物栽种的横竖整齐。

383.横眼横睩。形容有些人看人看事不顺眼，横眉竖眼的。

384.撑雨伞一样。形容某家造房子速度非常快，像把雨伞撑开一样。

385.整桶倒。形容雨下得非常大，像天上一桶一桶的往下倒水一样。

386.擎旗打锣。形容很不整齐。

谚　语

其一

1. 一家有女百家求。家有好姑娘，求婚的人就会很多。

2. 一家不知一家事。各家都有各家的困难和问题，即家家都有一本难念的经。

3. 一代传一代，做人还交代。每代人有各自的责任，都要切实担负起自己的责任。

4. 一池水管一池鱼。各代人要管好自己的事，上辈人不要越位，不要包办。

5. 一筦竿打出头。“筦竿”即晾晒衣服的长竹竿。什么事最好都要一次做成功，这里指夫妻最好都能白头偕老。

6. 一把屎一把尿。指母亲抚养子女不易，告诫子女们不要忘恩。

7. 一窑烧不出两样货，一被不盖两样人。同个窑烧出的产品是一样的，夫妻双方的品行、性格类似。

8. 一个供一个，供得真罪过。一个人供养一个人，生活过得很不好。

9. 一个好汉，难供三只掰拜。“掰拜”作小孩吃饭用的小竹碗或小木碗。指一个男人要养活三个小孩也是很不容易的。

10. 一担挑三头，屁股在外头。光有大力气，不会当家理财，生活也过得很差。

11. 一担是尔挑，一头是尔背。指只有一个子女的家庭，当子女成年后，家庭的责任都由他（她）承担。

12.一男一女一枝花，无儿无女苦人家，多男多女多冤家。生两个孩子的家庭美好，没有子女的家庭会很苦，孩子生多了的家庭会很困难，麻烦事很多。

13.一条牛一路草，条条牛吃得饱。家庭成员都有各自的工作，而且都很勤劳，生活自然会过得很好。

14.一日三餐饱，一夜一觉困。不负责任的人，只图自己安逸、舒适。

15.一碗锅焦三碗饭。“锅焦”即锅巴。一碗锅巴用水煮开能有三碗饭。这里是说在粮食困难的年代不能随意吃锅巴，只能用水煮开了吃。

16.一饱无收，不饱就偷。以前婆婆不让媳妇吃饱，媳妇没吃饱就偷吃剩饭。

17.一代做屋，三代装修。经济落后的年代，建房子往往要经过三代人的努力，才能完成全部工作。

18.一个供三个，供得鸟花飞。三个供一个，供得真罪过。“供”即养。一个父亲可将三个子女养得非常好，三个子女养一个父亲却养得很差。

19.人勤家不穷，人懒空饭碗。人只要勤劳，家庭不会很贫穷。人不勤劳，家庭就会很穷。

20.人靠衣装，马靠鞍装，菩萨靠金装。漂亮得体的服饰可以使人更光彩亮丽，好马配上好鞍更显得神采飞扬，镀金的菩萨则佛光四射。

21.人家没得搞，赤骨肉着絮袄。“赤骨肉”即赤膊。“絮”即棉。穷得穿不起内衣，只得打赤膊穿棉袄。

22.人家没得谈，赤脚着絮鞋。“赤脚”即光脚。“絮”即棉。穷得穿不起袜子，冬天光着脚穿棉鞋。

23.八月鸡不吃谷，八月媳妇不吃粥。八月秋收后粮食多了起来，鸡不吃谷子，媳妇不喝粥了。

24.十个寡妇九个富，十个寡男九个冇衣裤。寡妇大多都能节俭地过日子，生活不会很苦。而鳏夫大多不会料理生活，过得都比较苦。

25. 人有千般算，天有一归除。万事都不能如人所愿，要符合自然规律。

26. 人在苏杭，不忘爷娘。“爷”即父亲。在外地谋生甚至事业有成都不能忘了父母。

27. 儿孙有福，朝南做屋。朝南的房子光照、通风都非常好。上辈人盖了朝南的房子，儿孙们有福气，可以享受较好的居住条件。

28. 儿多娘苦，盐多菜苦。多子多女，母亲受苦；炒菜时盐放多了，菜也就变苦了。

29. 儿子大前门，老子旱烟筒。“旱烟”即当地产的烟叶刨成的烟丝。儿子抽着“大前门牌”的香烟，父亲还捧着旱烟筒抽旱烟。指下辈人大手大脚，老辈人十分节俭。

30. 儿子吃苹果，老子喝乐果。“乐果”是一种杀虫的农药。儿子过着优裕的生活，但不孝敬、不赡养父亲，父亲生活无着，只得喝农药了结一生。

31. 儿子是自家的好，老妪是人家的好。“老妪”即自己的老婆。对儿子只看到优点，对老婆只看到缺点。

32. 儿像娘，有商量；女像爷，好奢华。儿子的长相和性格像母亲，肯定同母亲讲得来；女儿的长相和性格像父亲，就会生活得潇洒自如。

33. 三代不念书，等于一窝猪。一个家庭三代人都没有读过书，这家人的素质就不高。

34. 三朝新妇，月内毛伢。“新妇”即新媳妇。“毛伢”即婴儿。过门三天内的新媳妇不能对她太严格，未满月的婴儿要更加精心呵护。

35. 山高遮不住太阳，儿女管不着爹娘。儿女要尊重父母，不要老是想管着他们。

36. 千日黄毛柴，一锅腊八粥。砍了多日的柴，煮一锅腊八粥就烧完了。这里比喻多年的积累一时花光，也喻多年创下的业绩一时化为乌有。

37. 千人千份，懒人没份。勤劳的人都有收获，但懒惰的人是不会有收获的。

38.千个新妇千样讨，千个女儿千样嫁。娶媳嫁女都要根据当时的经济条件再定婚庆规格，不可能一成不变。

39.大人家的头，细人家的肚。“细人家”即小孩。小孩处在长身体的时期，在做饭的时候也要把小孩的饭算在内。

40.大家吃大家香，一人吃胀屎缸。有好吃的东西要大家分享，一人独食容易伤胃。

41.大鸡飞台，小鸡飞凳。大鸡飞到桌子上，小鸡就会飞到凳子上。这里比喻当家人不以身作则，其他人也会学着干。

42.大吵三六九，小吵日朝有。“日朝”即天天。家庭关系不和谐，矛盾很多，经常吵架。

43.大漏漏不长，小漏漏干塘。蓄水的塘库大漏易被发现且很快会修复，小漏易被忽视但后果严重。比喻小的错误也可能酿成严重的后果，不能忽视。

44.大树不倒，小树不成林。家庭中什么事都由上辈人负责，小辈人得不到锻炼，成长得慢。

45.大麦不割割小麦。大麦比小麦先成熟，理应先收割。用来指有些人家小儿子比大儿子先娶亲或小女儿比大女儿先出嫁的现象。

46.小洞不补，大洞吃苦。有小错就要纠正，不然铸成大错就要吃苦了。

47.上塘有水下塘流。上塘是下塘的源头，源头有水才能保证下塘不干。

48.懒货把家，越把越差。懒惰的人当家，家境会越来越差。

49.上梁不正下梁歪，下梁不正通堂斜。“通堂”即整个房子。家长不严于律己，子女也会跟着学坏。

50.不曾讨亲真孝子，讨了亲真该死。“讨亲”即娶妻。男子没有娶妻时很孝顺，娶妻后就不孝顺了。

51.不是那家人，不进那家门。形容新进门的媳妇与家庭成员的性格、品行相近。

52.不看新娘出轿，只看老来修成。不看新娘结婚时的风光，要看她对家庭的贡献和年老时的状况。

53.不生一急，一生十急。没有小孩时急着要生小孩，这只有一件着急的事。生了小孩，着急的事更多。

54.不怕家里穷，就怕出懒虫。贫穷是一时的，只要勤劳就会慢慢改变的，但是懒惰的话就没有希望了。

55.不怕迟讨亲，只怕反生儿。“反生儿”即先生女孩，后生男孩。旧时，家庭需要男人干重活或外出赚钱养家糊口，还指望着男子传宗接代，男子成家后都希望先生男孩。

56.日图三餐，夜图一宿。只要三餐能吃饱，夜里能舒适地睡觉就满足了。

57.今朝有酒今朝醉，明天没米再商量。指当家人对家庭生活没有长远的计划安排。

58.有公婆讲孝顺，有子女讲清静。没有公婆再讲要孝敬是假话，没有子女讲清静是言不由衷。

59.天怕秋老虎，人怕老来苦。秋老虎时天气酷热难耐，年老时生活艰苦是很悲惨的。

60.天上落雨地下流，日里吃的一锅饭，夜下困在一枕头。“夜下”即晚上。指夫妻相濡以沫，生死与共。

61.天作有雨，人作有祸。天气闷热肯定要下雨，人与人之间矛盾长久累积必有祸事发生。

62.长长水，细细流。过日子要节俭，要做长远打算。

63.长病无孝子。父母久病，再孝顺的子女也会心生埋怨。

64.长哥为爷，长嫂为娘。长兄和长嫂像父亲和母亲一样照顾弟妹。

65.长子不离灶，末子不离窖。绩溪民间兄弟分家时俗成的分配方式。灶即厨房，窖即厕所粪窖。长子分得厨房，末子分得粪窖。

66.见不得天日。形容家中不打扫或衣服不洗涮，脏的不能让人看见。

67.太娘（婆）不管三代事。告诫老人不要管太多的事，否则既伤神又使下辈生厌。

68.正月别荡过，二月不轻过，春耕秋种认真做，包啊馃啊听你做。正月开始就要安排好农活，辛勤劳作后会有好的收获。

69.半升米没个主张人。形容一个家庭或一个单位没有人能负得起领导责任。

70.出门一把锁，进门一个火。“火”即灯。指一个人的家庭外出锁门，天黑回家就点一盏灯。

71.母勤女不懒，父懒子好闲。子女受父母的影响很深，父母要做好的榜样。

72.讨不着一代亲，坏掉三代人。娶了个坏媳妇，丈夫没出息，父母受气受累，子女也得不到好的抚养和教育。

73.讨新妇讨老虎。形容新娶的媳妇不贤惠，不善待公婆，像老虎一样霸道。

74.头毛乱滚髻。形容不修边幅，不注意自己的仪容，任其邋遢。

75.懒汉明朝多。“明朝”即明日。懒人做事一天一天地往后拖。

76.赚一千，用一万。形容赚得多，用得更多，不懂得积蓄。

77.打死不打活。往死里打的意思。

78.打死不离东家庙。指妇女强忍家暴就是不离开婆家，也指徽州人对家乡十分眷恋，再苦也不会舍弃生养自己的地方。

79.打憨皮，骂憨贱。指不能靠打骂来教育小孩。

80.外有赚钱手，家有守财奴。男人在外努力赚钱，女人勤俭持家，这样的家庭会越来越好。

81.外有赚钱手，家有抽抽筒。“抽抽筒”指两头通的筒状物。男人在外努力赚钱，女人花钱如流水，像两头通的筒子，这头进来，那头出去了，这样的家庭是搞不好的。

82.节约好比燕衔泥，浪费就像水淌沙。“燕衔泥”即燕子用嘴衔泥做窝。指节约财物很难，浪费很容易。

83.宁可挑个千斤担，不可佗个四两儿。“佗”即抱。抱小孩看似轻巧，其实责任很重。

84.宁可嫁出山一丈，不可嫁进山一尺。山外的生活条件比山里好，姑娘都不愿意嫁进山里。

85.宁可做只飞行鸟，不可作个女儿身。旧社会男尊女卑风气浓厚，女子家庭事务繁重，所以说宁可做飞鸟也不做女子。

86.宁可男大七，不可女大一。女人比男人衰老得快一些，所以男女婚配时宁可男的年纪大一点。

87.末脚子，惯来一沰屎。“末脚子”即最小的孩子。最小的孩子容易被惯坏。

88.只有花恋籽，没个籽恋花。形容只有上辈时刻想着下辈，下辈没有时刻想着上辈。

89.只见藤绕树，不见树绕藤。形容只有下辈依赖上辈生活，没有看到上辈依靠下辈生活的。

90.赚钱好比针挑土，败家犹如浪打沙。赚钱聚财难，败家则很容易。

91.只要男女相爱，就可成双成对。恋爱自由，婚姻自主。

92.满堂男女不敌半路夫妻。“不敌”即不如。“半路夫妻”即后来重新结合的夫妻。儿女再多也不如半路夫妻相互照顾的好。

93.生种像种，生个冬瓜像吊桶。形容子女像父母，一般作贬义。

94.丢掉讨饭拐，不忘乞食时。“乞食”即要饭。虽然生活好转了，但不能忘记过去穷苦的日子。

95.兄弟兄弟，各人量米。分家后，兄弟要各自独立。

96.兄弟不和金成铁，兄弟同心铁变金。家中兄弟和睦同心很重要。

97.会做不如会省，会省不如会检点。会劳作不如会节省，会节省不如会管理。

98.会挑担不如会打算。“打算”即计划安排。家庭中有合理的计划安排比会体力劳动更重要。

99.吃不完源头水，报不尽父母恩。有源头的水是吃不完的，父母的恩情也是报不尽的。

100.吃不穷、用不穷，不会算计一世穷。吃、用都要有合理的计划，这样才不会贫穷。

101.吃碗皱眉粮。老人在儿女家生活，儿女对老人的态度很冷淡。

102.吃旧的，留新的，新的变旧的。吃东西时先吃旧的东西，把新的留下，结果新的东西也变成旧的了。

103.当家三年，猪狗都嫌。当家人对家庭成员严格要求，不免得罪人。

104.老老公，疼肝心。嫩老公，打断背脊筋。“老老公”即老公年纪比老婆大，“嫩老公”即老公年纪比老婆小。一般年纪比老婆大一点的老公会心疼人，年纪比老婆小的老公一般都不太懂事，经常吵架。

105.老公老婆，这边床头打，那边床头和。形容夫妻吵架很快就能和解。

106.老倌出门，赤脚腾腾；老倌来家，搽粉戴花。丈夫外出务工或经商时妻子不打扮，丈夫要回来时妻子就着意打扮一番。

107.老鼠三年粮。老鼠都会存粮，告诫人们要有积蓄，以备不时之需。

108.老子头上做窝。形容被惯坏了的小孩不尊重大人、戏弄大人。

109.共爷共娘生九种，九九不相同。形容同父同母的兄弟姐妹性格品行也是有差别的。

110.有一千用一万。形容不注意节支，入不敷出，也形容不量入为出。

111.有钱人家过年，冇钱人家过难。有钱的人家好过年，没钱的人家过年是很难应付的。

112.有钱冇钱，回家过年。无论怎样都得回家过年。

113.有钱办闲货，冇钱逐时过。经济宽松时可以办一些不急用的东西，经济紧张时只能买急用的。

114.有猪不供灶门前，有女不嫁屋角头。“供”即养。“屋角头”即邻居。猪不养在灶门前，否则不卫生。女儿不嫁给邻居家，否则容易产生矛盾，影响与邻居的关系。

115.有买娘就有买爷。“买娘”“买爷”即后妈、后爸。后妈待前娘的孩子不好，也会影响亲爹对孩子的态度，这时的亲爹就跟后爸一样。

116.有豆腐不吃青菜，有猪肉不吃豆腐。挑好的吃，也指选择随着条件的变化而变化。

117.在家无新旧，出外冇衣穿。衣服要分在家穿的与出门穿的，否则出门时就没有较好的衣服穿了。

118.在家千日好，出外一朝难。在家里什么都方便，出门在外处处不方便。

119.在家如家，出外如外。在家就按照自己的习惯生活，出门在外就要入乡随俗，适应所在地的生活习惯。

120.在家饿来哭，出外不吃粥。指家中很贫困，但出门在外就不节约了。

121.在家靠父母，出外靠朋友。在家有父母的照顾，出门在外就靠朋友的帮助了。

122.早种油麻早开花，早生儿子早当家。“油麻”即芝麻。早点种芝麻，芝麻能早开花。早点生儿子，儿子能早当家。

123.买只鸭，变只鹅，讨个新妇变个婆。“新妇”即儿媳妇。儿媳妇不尊重婆婆，摆不正自己的位置。

124.西晒的日头，买娘的拳头。“日头”即太阳。“买娘”即后妈。偏西的太阳和后妈的拳头都是很厉害的。

125.多吃一斤油，少吃一斗米。在物资匮乏的年代，多吃了一斤油就得少吃不少米。

126.好儿不要多，差儿猪一窝。健康、能干、孝敬长辈的子女不一定要很多，不健康、不能干、不孝顺的子女生得再多也没有用，反而成为累赘。

127.好吃懒做，不是好货。好吃懒做的人是没有出息的。

128.好吃新妇盼时节，懒汉儿子望雨雪。“时节”即俗成节日。“新妇”即儿媳妇。好吃的儿媳妇盼过节，懒惰的儿子盼下雨下雪可以休息。

129.好吃细鬼盼年到，好吃媳妇盼谢灶。“细鬼”即小鬼，也是对小孩的昵称。春节时，小孩就有好东西吃，有新衣服穿，所以小孩盼过年。“谢灶”即农历腊月二十三或二十四，农家都要做许多糯米粉馃作供品，送灶神爷上天。供品用过后可以随便吃，儿媳妇就盼着谢灶可以饱尝一顿。

130.好花插在牛粪上。指不般配，好姑娘嫁了很差的男子。

131.豆腐乳配盘。请客时菜太少，在腌豆腐乳的钵里夹几块豆腐乳装在盘中也算一道菜，也有滥竽充数的意思。

132.陈年夹旧年。指吃的、穿的东西存放的时间太长，失去了食用和穿的价值。

133.穷人一条牛，性命在高头。牛对于农民十分重要，尤其在穷苦的农民家庭，人的生存依靠牛。

134.穷家用，富盘缠。在家要尽量地节约，外出时则一定要带足盘缠。

135.穷灶头，富水缸。灶门前要少放柴火，打扫干净，以免失火。水缸要装满水，以备急需。

136.坐吃山空。只吃不做，就是有座金山也会被吃空的。

137.冷屋里关狗。儿孙们建了新房搬出去住了，把老人留在破旧的老房子里住，也很少有人来关照。老人自喻是关在冷屋里的狗。

138.鸡屎打地面。过去鸡都是放养的，可以自由地走动，跑到家里来就会随地拉屎，若不及时扫除鸡屎，就会把地面弄得一塌糊涂。后来用以形容一个人家里很脏。

139.鸡屁股银行。过去不少农户没有什么经济来源，靠养鸡生蛋卖钱来贴补家用。故农户自嘲地说，自己家靠的是鸡屁股银行。

140.孝子不惯，惯子不孝。孝子都是父母言传身教、严格要求培养出来的。如从小对孩子溺爱，娇生惯养，孩子就会养成唯己独尊、自私自利的品格，怎么会成孝子。

141.伯叔母比大腿。“伯叔母”即妯娌。妯娌之间各自显摆自己的本领，并互相攀比。

142.花配花，柳配柳，破粪箕配破筲帚。指同类型的人婚配结合在一起。

143.这只手来，那只手去。指金钱、物质等刚到手，马上又支配出去了，留不住东西的意思。

144.男懒女也懒，捧只讨饭碗。一家人都懒，没有吃的，只有到处要饭了。

145.新三年，旧三年，缝缝补补又三年。经济困难时期，节俭穿衣的做法。

146.男做女工，笑坏祖宗。旧俗男主外、女主内，男子做家务会遭人讥笑。

147.孤老孤老，三餐吃得饱。孤老也可以吃饱饭，也可以生活得很好。

148.衫裾当米瓮，手板当盐盅。“衫裾”即过去妇女大襟衣裳的前摆，提起前摆的两只衣角就可以放东西。形容家庭穷得靠借米借盐过日子。

149.秀才不离书，种田不离猪。读书人与书相伴，种田人靠养猪积农家肥。

150.青菜滚豆腐，日子长远路。过去农村生活很苦，有青菜烧豆腐就很满足了。

151.油多不坏菜，菜多害油盐。菜炒得多，油盐就用得多。喻好的东西不嫌多。

152.苦就苦，买块豆腐过端午。过端午节时，哪怕买不起肉，也要买块豆腐改善伙食。

153.细人家不吵是个宝，老人家不叮嗒实在好。小孩不吵闹，老人不多事、不啰唆，家庭就安宁。

154.细人家过年，大人家过难。“细人家”即小孩。过年时小孩有新衣服、红包，还有好吃的，但大人就要支付很大的开销，还要付出辛劳。

155.细水长流，吃穿不愁。节俭地、有计划地过日子，生活才有保障。

156.要好看，素打扮。素雅的穿着很好看、很耐看。

157.现柴易烧，现米易吃。“现”即现有。现有的薪柴若不补充很快会被烧完，米也一样。

158.服侍大来服侍小，闲言怨语听不少。过去儿媳妇的生活写照。

159.朋友面前别说假，夫妻面前要说真。朋友和夫妻面前都不能说假话。

160.夜下点了灯盏火，缝缝补补才能坐。“灯盏”即旧时的油灯。晚上点了油灯，妇女要缝缝补补，不能闲坐。

161.种田要好秧，领儿要好娘。“领”即生养。秧好一半稻，母亲的身体好、品行好，也就能养育出好的子女。

162.种不着粮食一季，讨不着老妪一世。“着”即好。种不好粮食只耽误一季，没有讨到好老婆要耽误一辈子。

163.娇子不娇书，娇书变养猪。娇惯儿子也不能迁就他不读书，否则，等于养了头猪。

164.钱串不打结，左手进右手跌。“跌”即掉。从前铜钱是用绳子串起来的，如不打个结是会掉的。家庭的经济跟钱串一样，若没有节制的措施是管理不好的。

165.前头卖生姜，后头卖鸭子。“鸭子”指鸭蛋。指袜子或鞋子前后都破了，脚趾露在外面像生姜，脚后跟露在外面像鸭蛋。形容家庭经济不好或家庭管理得不是很好。

166.笑破不笑补。衣服破了补好穿着，别人不会笑你。衣服破了不补还穿着，就会被人笑话。

167.俺不嫌糠粗，尔也别嫌米糙。夫妻之间要互相包容，不能只看对方的缺点。

168.麻雀肚下没肉。若麻雀太廋，肚下就没什么肉。形容家庭经济条件不太好。

169.逆子顽妻，无药可医。家中如果有一个不走正道的儿子，再加上一个是非不分、纵容儿子干坏事的妻子，男主人再有本事，这个家庭也无力回天了。

170.哥打弟没道理，弟打哥笑呵呵。哥哥不应该打弟弟，而弟弟不懂事打了哥哥，哥哥只能一笑了之。

171.养子不教，终生无靠。生了儿子不好好教育，以后是没有依靠的。

172.养子不教如养猪，养女不教如养驴。养儿子、养女儿都得要很好地教育，不能让他们像猪和驴那样。

173.柴到灶门前，水到锅背后。形容家庭主妇操持家务很省力，也形容男人包揽了体力活。

174.家不和，外人欺。笆篱破狗来耕。“笆篱”即篱笆。“耕”即钻。家庭不和，外人就会趁机侵犯利益。

175.家和万事吉，子孝父心宽。家庭和睦，万事皆顺。儿子孝顺，父亲高兴。

176.家有老，是个宝。老人经验丰富，爱护家庭，家中有这样的老人是一种福气。

177.家有千金，外有戥秤。“戥秤”是最小的秤，用来称中药和金银的。家庭有多少收入，有多少财产，外人也是看得见和估计得出来的。

178.家有千金，主事一人。家庭再大，财富再多，也不能大家都作主，要由一人作主。

179.家有千金，灯草只可点一根。“灯草”即旧时油灯中用作灯芯的草。灯草可以用一根、两根或三根，亮度就会不一样。指再有钱也要节约，平时只可用一根灯草。

180.家有千仓谷，不吃起锅粥。“谷”即稻谷。“起锅粥”即刚煮好的粥。意为家里有很多粮食，也要节约。

181.家有万贯，缝补不怪。有万贯家财，穿缝补过的旧衣裤也不足为怪。

182.家里没猫，老鼠起操。形容家长和主事人不在，其他人恣意妄为、胡作非为。

183.家菜不如野菜香。用来谴责有妻室的男子还在外面拈花惹草的行为。

184.爹娘爱细子，朝婆疼长孙。“朝”即爷爷，“婆”即奶奶。父母更心疼最小的孩子，爷爷奶奶更加疼爱长孙。

185.猫在这边瘦，鱼在那边臭。形容一边在节衣缩食，一边在浪费物资。

186.做事要人多，吃饭要人少。做事人多力量大，但吃饭的人多了，负担就重了。

187.做事夫妻二人，吃饭兵马林林。家中做事的人少，但要赡养的老人和小孩很多。

188.做官爹不如讨饭娘。母亲在孩子成长过程中的重要性超过父亲。

189.做包做馃，吃断家伙。做包做馃时因为好吃也就吃得多些。

190.越是饿，望儿大。越是苦，讨新妇。“新妇”即儿媳妇。填不饱肚子的时候，希望儿子快点长大来养活全家。家庭困苦时，希望娶个能干的儿媳妇来改变贫穷的面貌。

191.越骂越高寿。越打越顺溜。从小娇惯溺爱的孩子长大后，对老人不敬不孝，动不动就骂老人，有时还要打老人。老人用此语自嘲。

192.畜牲不可惯。饲养牲畜不可娇惯。喻养小孩和养牲畜一样，太娇惯会把小孩惯坏的。

193.铁将军把门。没有人在家，把门锁上了。

194.着着块铁，洗洗个缺。“着”即穿。衣服穿得很脏再洗，很难洗干净，且容易洗破。

195.秤杆不离秤砣，老公不离老婆。秤杆离砣就无法称重，老公也离不开老婆。

196.眼皮生来往下夹。指上辈老惦记着下辈，千方百计地照顾着下辈。

197.领儿肚，破榨蒲。“榨蒲”竹篾编成的筐。这里用来形容哺乳期的妇女饭量很大。

198.领儿婆，吃一箩。过条坑，吃碗添。哺乳期的妇女饭量大，刚吃过饭，哪怕跨过一条坑，还可以再吃一碗。

199.裙搭鞋，屎塌裤。形容非常邋遢。

200.量肚吃饭，量身裁衣。形容凡事都要根据自己的能力和条件来处理。

201.棍头出孝子。小孩从小要严格要求，引导、启发的同时，还要辅以适当的惩罚。

202.新来报到，摸不着锅头锅灶。新娘子刚进门不了解情况，要虚心请教，也指到一个新的地方不了解情况。

203.惯坏个冬瓜烂瘪。冬瓜总是从里面开始腐烂。喻对小孩不能娇惯溺爱，不然惯坏了都不知道。

204.锅见底，碗朝天。烧好的东西都吃完了。

205.锅向天，碗向地。形容用餐后不收拾洗刷。

206.嫁不着老倌一世苦，讨不着老妪三代穷。“不着”即不好。嫁了个坏男人的女子一世艰苦，娶了个坏女人的男子，家里会一直贫穷。

207.嫁个爹爹多心疼，嫁个小鬼打煞人。丈夫年龄比自己稍大一点的会体贴人，丈夫年龄比自己小的一般不太懂事，争吵打架的事就会多些。

其二

1.一代亲，二代表，三代了。一代的亲戚最亲，二代的亲戚为表亲，三代以上的亲戚来往就少了。

2.一个女三个贼。父母都要贴补一些财物给出嫁的女儿，喻贴补出去的财物被贼偷了一样。

3.剖柴看缕，娶妻看舅。“剖”即劈。劈柴时顺纹路易劈开，男子找配偶时要看对方兄弟的性格品行。

4.一准亲，二准邻，三再准别人。自己能够与人分享或可以转让的东西，先要考虑亲戚，尔后考虑邻居，再考虑其他人。

5.一家亲一家兵。亲戚团结互助，遇到危难大家一起解决，遇到外侮时一致对外。

6.七碗来，八碗去，差一碗不来去。亲戚邻里间有来有往，有来无往的关系是不能长久的。

7.人意好，吃水也鲜甜。亲朋邻里交往，诚心实意，就是喝白开水也感觉是甜的。

8.三年不上门，底亲也不亲。“底亲”即嫡亲。三年都没有来往的嫡亲，关系很疏远。

9.干柴不如鲜竹，买爷不如亲叔。“买爷”指继父。鲜竹比干柴易燃，继父不如亲叔叔。

10.捉细狗看狗娘，买细猪问猪郎。“捉细狗”即讨要或买小狗。“细猪”即小猪。“问猪郎”即问明是哪只种公猪配的种。喻男女婚配择偶时要看对方父母的性格品行。

11.丈母看女婿，越看越有趣。女婿是女儿的终身依靠，丈母娘大多特别疼爱女婿。

12.斤掉斤，两换两，少一点不来往。亲戚、邻里、朋友间应有来有往，有来无往的关系是不能长久的。

13.认亲拜年，认祖挂钱。“挂钱”即扫墓。春节期间，亲戚要相互登门拜会，祖墓每年都要去祭扫。

14.不边亲，不挂心。不是亲戚，就不会关心和为之担心。

15. 不重衣衫要重人，不重富贵重爱情。男女选择配偶，一定要重视对方的人品，也要有牢固的爱情基础。

16. 火烧屋拖累邻舍。指一人出事肯定会牵扯出相关人员。

17. 打板壁，吓邻舍。“板壁”即用木板装饰的墙壁。“邻舍”即邻居。敲打自家的木板墙以恐吓邻居，也有旁敲侧击、虚张声势的意思。

18. 只可争个无礼，不可争个薄礼。不计较礼品礼金多少，只求心意已到。

19. 旧笆篱钉新杆。“笆篱”即篱笆。“杆”指木桩或竹桩。旧篱笆钉新的桩来加固，这里指旧亲戚再结新亲以巩固关系。

20. 外甥外甥，大似个天。外甥在外婆家的地位很高。

21. 外甥像娘舅，大丑都不丑。外甥一般像娘舅，娘舅品行出众，外甥也不会太差。

22. 待客待不穷，没客冷门庭。待人热情，不会使家庭贫穷。长久没有客人来访，门庭就冷落了。

23. 好花开在笆篱外。“笆篱”即篱笆。栽在篱笆内的花卉却将花朵开在了篱笆外。指留在家中的儿子都不成器，嫁出去的女儿都有好的结果。

24. 血缘亲，打断骨头连着筋。血缘关系是割不断的。

25. 吃在丈母家，嬉在外婆家。女婿喜欢在丈母娘家吃饭，外孙喜欢在外婆家玩耍。

26. 行路要好伴，居住要好邻。旅行的路上要有好伙伴，居住的地方要有好邻居。

27. 有钱长三辈，无钱辈辈无。有钱的人称呼也高，没钱的人被人看不起，再高的辈分也没人称呼。

28. 有女嫁在屋角头，冷菜冷饭没得留。“冷”作剩。女儿离娘家近，女儿经常回来蹭饭，剩菜剩饭也被吃光。

29. 早端午，晏中秋。“晏”即晚、迟的意思。端午节的主餐是安排在中饭，送节礼的应该在午饭前送到。中秋节的主餐是安排在晚饭，送节礼的在晚饭前送到。

30.旱天不看浮云，贫穷别望六亲。旱天有一点浮云，也不会下雨。贫穷的人不能指望靠亲戚的资助过日子，还是要靠自己摆脱贫困。

31.穷在闹市无人问，富在深山有远亲。穷人就算在闹市也无人搭理，富人就算在深山也有人去拜访。

32.进门看面色，出门看天色。做客时，进门就要注意主人的态度。外出时，要看天色和天气变化。

33.远亲不如近邻，隔壁不如对门。近邻来往多，有困难可及时提供帮助。家中有什么情况对门比隔壁更能及时提供帮助。

34.远亲不可断，近邻不可疏。亲戚虽远，有血缘连着，近邻与自己生活关系密切，都必须保持良好的关系。

35.姐妹姐妹，各人下夹袋。姐妹各自成家后，都有自己的收支、负担、责任，故经济各自独立。

36.姐妹亲，斤换斤；母子亲，四两换一斤。母子情谊最深，他们之间的账是算不清的。

37.胀煞新女婿，饿煞老姑夫。女婿是新亲，亲戚都来叫他吃饭。姑夫是老熟人，那家以为在这家吃了，这家以为在那家吃了，其实没人叫他吃饭。

38.贫穷不结高亲，落雨别踩高墩。贫穷的人结高亲易让对方看不起，下雨踩高墩容易滑倒。

39.拣七拣八，拣着个跷脚眼瞎。“跷脚”即跛子。选配偶十分挑剔，到最后选中的并不是很好。

40.亲眷勤转，不亲不转。亲戚要经常走动。

41.亲上加亲，挤断背脊筋。原是亲戚，又再结姻亲，如婚姻有变，矛盾更激烈，影响也更大。

42.亲是亲，邻是邻，救火还靠本村人。遇到急事，邻居和本村人比亲戚更能及时提供帮助。

其三

1. 一生之计在于勤。无论学习、做事、做人等都要勤奋。

2. 一曝十寒，成事免谈。“曝”即晒。“寒”指冰冻。最易栽培的植物，每见一天阳光，就又冻十天，也是不可能正常生长的。学习、工作也是同理，只有坚持不懈才能成功。

3. 人往高处走，水往低处流。人要步步上进，向好的地方发展，水要往低处流。

4. 人穷志不短。人虽穷，但志气不能短。

5. 人无算计一世穷。不动脑筋，不想办法，靠简单的劳动是富不起来的。

6. 人愚人来磨，刀灾（钝）石上磨。人愚笨只有请高人来开导、教育，刀钝了就要用磨刀石来磨。

7. 小倌别懒，女家听拣。“小倌”即未婚男青年。“女家”即未婚女青年。“听拣”即随便挑。未婚男青年很勤快，娶老婆就会很容易。

8. 千斤骆驼吃粪，四两貂灵吃肉。“貂灵”是一种体积很小的宠物貂。指人和动物都要有自己独特的优势，不能光凭大小和力气。

9. 千里做官，为嘴伤心。做官也是一种谋生，也要为一日三餐努力。

10. 不上高山，不知平地。不历艰辛，就不知幸福生活来之不易。

11. 不苦不成人。吃尽人间之苦，才能成为有作为的人。

12. 不靠爷娘势，自家要争气。路要自己走，业要自己创，不靠爹娘的势力。

13. 不怕事难做，只怕人害懒。世上无难事，只怕勤快人，勤能成事。

14. 无能无智一世穷。无一技之长、不动脑筋是难以致富的。

15. 气力浮财，去掉又来。年轻人做事不要惜力，多做事多出力，最终总是有好处的。

16.只有状元学生，没有状元先生。要认真学习，超越前人。

17.世上无难事，只怕不肯钻。只要肯钻研，再难的事也能做好。

18.讨饭要讨，秀才要考。做什么事都有困难，都要认真努力。

19.龙门要跳，狗洞要耕（钻）。人要能屈能伸，顺利时争取快速发展，不顺利时也要勇敢面对。

20.包袱雨伞，往外一赶。绩溪当地男孩子到十三四岁就要出外谋生闯天下，带一个包袱和一把雨伞离开了家门。

21.好男不吃分家饭，好女不争嫁资衣。不要想着靠分家和嫁妆过日子，要自力更生。

22.本事混饭吃，运气赚大钱。有灵活的大脑和一技之长就可以谋生了，要想赚大钱还是要有机遇。

23.有本事吃本事，没本事淌眼泪。“本事”即本领。人没有真本领就只好流眼泪了。

24.有眼千条路，冇眼地无门。没有好的眼力就会觉得无路可走。

25.先苦后甜甜如蜜，先甜后苦苦黄连。原来生活困苦，后来逐步改善了就感到很幸福。原来生活优裕，后来变得很困苦就感到苦不堪言，难以承受。

26.穷冇穷根，富冇富苗。穷和富不是一成不变的，穷思变，通过努力是可以逐步走向富裕的。

27.穷得志气，苦得玲珑。穷不丧志，苦不丧德。

28.辛苦赚钱快活用。自己辛苦劳动赚的钱用起来舒坦。

29.念书不认真，一世老童生。不认真读书，在学识上就会一辈子都没有进步。

30.放掉一尺，走掉一丈。对自己的学习、奋斗一刻也不能放松，放松了会前功尽弃。

31.虾有虾路，蟹有蟹路。各人有各人的发展道路，要根据自己的实际情况选择。

32. 响鼓还需重锤敲。比喻有能力的人也需要大力鞭策。

33. 要想歇新屋，做得皮包骨。“歇”即住。要想住新房子，就得十分辛苦的工作。

34. 扁担无楗两头塌。“楗”即扁担两头的竹楗，用以固定挑绳或软挎。若无楗，挑绳或软挎会往外滑落。比喻做人要有目标，还要时时地规制自己，否则将一事无成。

35. 扁担不硬，担杵撑折腰也无益。“担杵”即挑担人短暂休息时用来撑住担子、放松肩膀的木棒，道路崎岖时可当拐杖来助力，道路平坦时可以放在另一个肩上拗着扁担，分担两肩压力。若扁担太软，担杵再硬也撑不起担子。这里喻自己不努力，没担当，别人怎么帮助你也是不行的。

36. 高山自有横堘路。“横堘路”即半山腰中横着穿过山坡和山湾的路。只要自己努力，就会有克服困难、解决困难的机会和办法。

37. 害猪癫都要学几分。“害猪癫”即癫痫病发作。指一个人必须要有一技之长。

38. 黄头啼啼啼，吃的都是腻。“黄头”即黄鹂鸟。“腻”指肉。黄鹂鸟虽小，但它吃的是肉。人也一样，必须要有特长和作用才能有自己的生存空间。

39. 跑遍码头，吃尽苦头。只有多跑码头，才能长见识，才能有经验。只有吃尽苦中苦，才能出人头地。

40. 赚一钱，靠脚行。赚一两，靠嘴讲。赚一斤，挑断背脊筋。赚一点钱都须付出辛勤的劳动，想要赚更多的钱就得更加辛苦劳动。

41. 糠箩跳进米箩，米箩跳进珍珠箩。指通过拼搏，自己的境遇有了大幅度改善。

其四

1. 一个屁股三个褡。“褡”即补丁。喻欠债太多。

2. 一沰鼻涕唆不上嘴。意为烂泥扶不上墙。

3. 舔屁股嫌尔口舌粗。能力差，被人看不起的意思。

4. 一沰痞唾一沰钉。“痞唾”即吐出的唾液。指说话准确、算数，兑现承诺。

5. 一心想发财，运气不曾来。想发财但没有机会，也有空想发财的意思。

6. 一身摆得正，不怕尼姑和尚坐一板凳。自己心态端正，不怕别人说闲话，也有身正不怕影子斜的意思。

7. 一只獭猫，害掉一塘鱼。“獭猫”即水獭，专吃鱼类为生。塘边有水獭，一塘鱼也会被吃完的。

8. 一核老鼠屎，坏掉一锅粥。“核”即粒。一锅粥里掉入一粒老鼠屎，整锅粥就不能吃了。比喻一个品质坏的成员就会破坏整个团队的声誉。

9. 一节光一节毛。“光”即顺境，“毛”即逆境。人的一生有顺境，也有逆境。

10. 一个躬斗打定。“躬斗”即觔斗。指人一出生就注定了贫富贵贱。

11. 一代官司三代仇。打官司会积下很深的仇恨，也会影响几代人的关系。

12. 一心想唱戏，喉咙不争气。指一心想做成某件大事，但自己不具备必要的条件。

13. 一盆冷水浇到柢。“柢”即植物的根部。事与愿违，彻底失望，就像一盆凉水从头顶浇到脚底。

14. 一朝被蛇咬，二回怕鳝鱼。被蛇咬过一次后，看到鳝鱼也以为是蛇，遇事也会一样。

15. 一餐不饱两餐饥，三餐不饱真孤凄。每天三餐都吃不饱就太可怜了。

16. 一路菩萨一炉香，烧好香纸保安康。指各路菩萨管的事不一样，要分开来求，也指各路菩萨都必须求到。

17. 一路菩萨保佑一路人。本指各路菩萨的职责不一样，这里指每个人自有人关心和爱护他。

18. 躲雨要防复来潮。“躲雨”即避雨。“复来潮”即第二次阵雨。避大雨时不要一阵雨停后马上就走，防止紧接着还会再下第二次阵雨。喻纠正错误以后要防止再犯。

19. 一个鸡头三杯酒，也是个数。“数”指运道、天意。指什么事都是天意决定的。

20. 一索瓦三面福，没福只盖猪栏屋。“一索”即一片。意为一个人的家庭、地位、财富都是自己的福气决定的。

21. 七算八算，笔尖乱钻。算得太精，反而成不了事。

22. 七合米，八合命，多一嘴害黄病。“黄病”即肝脏的重病。指迷信认为命里注定，不要强求更多。

23. 七十七，骑马过石壁。人生是坎坷的，生命也是很脆弱的，哪怕到了七十七岁也不一定能善终。

24. 八十八，不晓得跷脚眼睛。“跷脚”即跛脚。人生是无常的，就算到了八十八岁也不知会遇到什么凶险。

25. 九子十三孙，自造孤老坟。子孙再多，也不一定能为自己送终。

26. 十个人劝，不敌一个人煽。反面煽动的影响是很大的。

27. 十赌九死。赌博的人都没有好下场。

28. 十句没有一句真。形容有些人从来都不讲真话。

29. 十只茶杯九个盖。东挪西借始终应付不了支出的需要。

30. 十只指头有长短。形容人的能力水平有好有差。

31. 十只点心九只浮，一只不浮夹夹吃。“点心”即南方饺子。煮饺子时饺子浮起来就熟了，个别饺子没浮起来，一样可以吃。指尽管个别人有不同意见，也要按大多数人的意见办。

32. 十回吃酒十回醉（回回吃酒回回醉）。形容有些人不吸取教训，每次做事都会犯错。

33. 十回吃酒九回醉。形容有些人不善于总结经验和吸取教训，做事时经常犯错。

34. 十里无真信，本村出谣言。本村的信息有的也是谣言，那十里外传来的信息更不能轻信了。

35. 十赔九不足。大多数赔偿是不足的。

36. 十女九不真，改命作夫人。旧时男女婚配时，合八字的算命先生收钱财后改八字，因而不少人的八字是假的。

37. 十八个不在乎。对任何东西或任何事情都不在乎。

38. 人生烦恼识字始。有文化的人思想更复杂，理想更多，烦恼也就更多。

39. 人怕不要脸，树怕没了皮。树没了皮就不能存活，人不要脸就什么坏事都干得出来。

40. 人叫不行，鬼叫就跳。“行”“跳”即走、跑。不与好人为伍，坏人招呼一声就与其同流合污了。

41. 鳗鲡出洞火把隐。“鳗鲡”是山区河流中一种珍贵的鱼，即河鳗鱼。这种河鳗鱼藏于深水潭石洞中，要到深夜才出洞觅食。“隐”即熄火。绩溪人夜里用火把照明逮鱼，等到河鳗鱼出洞时，火把已经燃尽熄灭了。这里指做事情恰好到关键时刻出了问题。

42. 人无性，树无皮。人没有德行就等于树没有了皮。

43. 人比人，气煞人。人与人是不可比较的，实际上也没有必要比较。

44. 人家骑马我骑驴，回头看看挑担伢。比上不足，比下有余，应该要有平衡的心态。

45.人到中年万事休。中年人意志衰减，没有什么作为了。

46.人心何忍。用来谴责昧着良心干坏事、恶事之人的话。

47.人行时，放屁点得着火。人顺利的时候什么事都顺。

48.人不买路，牛不买山。路是众人都可以走的，牛是可以放在山上吃草的。

49.人急上吊，狗急乱跳。人无法活下去就上吊，狗急了就乱跳。

50.人背痣苦一世，痣背人快活人。人背后长痣就命苦，胸腹前长痣就快活。

51.又甜又咸，吃了没叮谈。用来劝人吃东西不要太馋的话，也指又甜又咸的东西破坏了食物的本味。

52.三尺长韭菜自家剐。“剐”即割。喻指自吹自擂，夸大自己。

53.三斤嫩姜不敌一斤老姜。喻指年纪大的人有经验、有能力，年轻人要向他们学习。

54.三分人才，七分打扮。人的打扮是很重要的。

55.三讨不如一偷。农村中有一些贼手贼脚的人，顺手拿了人家的东西还振振有词。

56.三斤狗不卖路。“卖路”即忘记路。三斤重的小狗都不会忘记曾走过的路，人有时还忘记了。

57.三个老爷两顶轿。指钱财等物不够分。

58.三寸喉咙深似海。喉咙虽只有三寸，但人一生要吃很多的东西，所以说喉咙是很深的。

59.三岁看八十。从小孩时就可以看出一个人的性格品行以及将来的成就。

60.三十不发，四十不富，五十六十寻死路。三十岁不发达，四十岁没致富，五十岁六十岁就没有大的希望了。

61.擀一把要撒一把。有了收益，要与相关的人分享。

62. 大门驮驮一抛。指办喜事排场很大，客人很多。

63. 大运来前三年霉。迷信认为大运来的前三年会倒霉，但也有激励时运不济之人努力地度过人生低潮的意思。

64. 大堆不懵，无价之宝。“大堆”形容人的个子大。“懵”即笨、不灵活。个子大又聪明灵活的人是一个无价之宝。

65. 大水推掉只鸭。“推”即冲走。鸭子是水禽，怎么会让水冲走呢？喻指凡事不能大意，否则不可能发生的意外也会出现。

66. 小时偷针，大起来偷金。小时候偷缝衣针，家长不教育，任其发展，长大了就会偷金银财宝，走上犯罪的道路。

67. 小鬼讨担挑。不是自己的事揽过来做，不应自己承担的责任主动承担。

68. 久赌神仙输，无假不赢钱。用以劝诫人们不要赌博。

69. 上一回当，下一回乖。吸取上当的教训，以后就不会上当。

70. 上了赌博场，不顾爷和娘。赌博的人无情无义，上了赌场就什么也不顾了。

71. 上代作恶下代当。告诫人们不要做恶事，否则后代是要遭报应的。

72. 上台官下台狗。告诫为官者在任时要低调、廉政。

73. 上天无路，入地无门。面临绝境，毫无办法的意思。

74. 寸有所长，尺有所短。各人有各人的长处和短处。

75. 千金难买回头看。能反思过去、吸取教训很难得。

76. 千间房夜歇一间，千仓粮日食一升。做人不要太贪婪，自身的需要是有限的。

77. 戳拐之侄，摇篮之叔。“戳拐”即拄着拐杖。老人不一定辈分就大，小孩不一定辈分就小。

78. 万物土中来，还回土中去。所有生物都依靠土壤生存，消亡后的物质都归于土中。

79.乡下锣鼓乡下敲。入乡随俗的意思，也有攀不上高雅，就按自己的水平来的意思。

80.门楼好修，门风难收。门楼坏了好修缮，门风坏了就很难挽回了。

81.与人方便，与己方便。为别人提供了便利，需要时别人也会为你提供方便。

82.牛没力拖横耙，人没理用蛮法。牛没力气，拖不动耙时只能横着走。人没理时只能讲蛮话，干蛮横的事。

83.牛吃麦，羊去赶。指派去纠正错误的人也是同类型的人，会跟着犯错。

84.牛系草髻堆下，有个不吃草穰。“草髻堆”即稻草堆。“草穰”即稻草。喻顺理成章的事。

85.牛耕田，马拉车。发挥特长、物尽其用，也有各不相干的意思。

86.天晴防落雨，落雨防涨水。凡事都要有预防的措施，这样才能有备无患。

87.天晴望落雨，落雨怕起水。比喻有些人想惹事但又怕事。

88.天上掉下来，也要起早爬起来拾。不劳者不得食，哪怕天上掉馅饼，懒人不愿起早也是捡不到的。

89.天越晴越高，人越老越骚。比喻年纪大的人想留住美好的形象，越来越注意保养和打扮。

90.天养人肥碌碌，人养人皮包骨。风调雨顺、五谷丰登时大家都过得好，但靠别人养活就很难了。

91.天雷打蚂蚁。对事物的描述太夸张，也指计划与现实差距太大。

92.天堂里过日子。生活优裕，也有不知人间疾苦的意思。

93.日落东山，溪水倒流。指不可能发生的事。

94.日不讲人，夜不讲鬼。白天议论人，很容易被人家听到，引起矛盾。晚上讲鬼的事，会引起心理恐惧，影响睡眠和休息。也有讲人人到，讲鬼鬼来的意思。

95.日不倒墙，夜不倒屋。白天墙倒了，会砸到从墙边经过或在墙边的人。夜里房屋倒了会压伤或压死在屋里睡觉的人。白天墙不倒，夜晚屋不倒是人们的愿望。

96.无荤不动筷。没有荤菜就不吃饭，这里形容不做与自己利益无关的事。

97.无针不引线。比喻事情的发生肯定是有原因的，或传言总是有一定的根据。

98.无福之人六月生，有福之人六月死。六月出生的人一到世上就要受炎热煎熬，六月去世的人少受炎热的灼烤，入土后腐烂得快。

99.开场聚赌，养贼害民。开赌场，于国于民都是有害的。

100.不虚心不知事，不实心不成事。不虚心学不到真本事，不实心实意地做事，事情也会做不成或做不好。

101.不怕不识字，只怕不识事。“识事”即知情达理。知情达理比能识字更重要。

102.不怕年轻苦，只怕老来穷。年轻时苦一点能坚持，年老时穷困潦倒就难以坚持了。

103.蠓虫分得出公母。喻眼力好、善于观察的人，也用来嘲笑自吹本事大的人。

104.不做亏心事，不怕半夜鬼打门。“打门”即敲门。告诫人们不要做亏心事，这样才能坦荡、踏实。

105.不听老人言，吃亏（吃苦）在眼前。不相信老年人的劝告，一意孤行，吃亏和吃苦在所难免。

106.不贪便宜不吃亏，贪图便宜总吃亏。告诫人们不要贪图便宜。

107.不义之财不可取，酒肉朋友不可交。君子爱财，要取之有道。靠酒肉维持的朋友关系，最终是靠不住的。

108. 不贪财，祸不来。很多灾祸都是贪婪引起的。

109. 不种那边田，不往那边行。别人的田里不去为好，以免被人怀疑偷盗。比喻不是你负责的事就不要插手干涉，不要乱发表意见，以免被人怀恨在心。

110. 不懂装懂，永世饭桶。不懂装懂，永远也不会有进步。

111. 不怕火烧屋，只怕跌下水。没有房子的人不怕房子着火，只怕掉到水里没衣裤换。

112. 不晓得哪个冬瓜好做种。“好”作可以。指不知道哪一个人靠得住、能够信任，对自己真心。

113. 不走的蛇最毒，不吼的狗要咬人。“走”作逃。“吼”即吠。见到人不逃跑的蛇肯定是毒蛇，见到生人不吠的狗会偷袭咬人。喻平时不声不响的人，往往会做出出人意料的事来。

114. 云里讲话雾里听。有些人喜欢说空话、大话，根本就不能相信。

115. 公河私碓。河流是公有的，但河边建造的水碓是私人的。

116. 六十斤猪好杀，六十岁人好死。“好”即可以。这是生活无着或病痛缠身的老人的牢骚话。

117. 少年吃苦风吹过，老来吃苦真难过。年轻时吃点苦无所谓，老年时吃苦就难熬了。

118. 少年无丑妇，老来丑煞人。年轻的人都有几分姿色，老年人就漂亮不起来了。

119. 见人讲人话，见鬼讲鬼话。说话办事虽能随机应变，但没有原则和立场，见风使舵。

120. 见官莫向前，做客别向后。去见上级时不要走在同僚的前面，而到别人家做客不要后到。

121. 长柄笊篱远处撩。“笊篱”是一种用竹篾、藤条或金属丝等编成的勺形有柄用具，可以在液体中捞取东西。“撩”在绩溪方言里是捞的意思。比喻有大能耐的人是不会在当地逞威风的。

122.乌龟别笑鳖，共个洞里歇。同类不要互相奚落和取笑。

123.手长衫袖短，裤脚撑灯笼。做难以企及的事情，也有硬撑门面的意思。

124.裤带一松，一咕隆咚。放开肚皮吃的意思。

125.饿煞不做贼人。做贼会留下千古骂名，饿死也不能做贼。

126.有个冬瓜奈何，端个葫芦出气。没有本事对付主要对手，只好拿别的人出气。

127.有哪只眼睛看得。实在看不下去的意思。

128.有两个鼻孔窿要气煞。遇到很气人的事情自我安慰的话。

129.为富分毫起，贫穷不算贪。“不算贪”即不在乎。富裕都是靠一点一点地积累起来的，什么都不在乎怎么能富？

130.冬瓜内里烂。冬瓜腐烂都是从里面开始的。这里比喻一个家庭或一个集体的衰败也都是从内部开始的。

131.四脚好估，两脚难估。动物的体重和行为是可以估计的，但人的思想和行为是难以估计的。

132.四两棉花没得弹。棉花数量太少了，没办法弹。意为不知如何评价不会办事的人的行为。

133.塘鱼不改腥，胡椒不改辣。塘里的鱼改不了腥味，胡椒改不了辣味。比喻人的本性是很难改变的。

134.生不端来，死不端去。生没带什么来，死也带不走什么。喻做人要大度，不要太计较个人的得失。

135.生手铳打煞人。“铳”是土枪。指没有用过枪的人首次打枪容易出危险，这里用来形容有的人做事一出手就不同凡响、出人意料。

136.末家得，得一屋。分配实物时往往留有余地，最后的人可能得到最多，也是落后之人的自我安慰的话。

137. 东拣西拣，拣着个破灯盏。“拣”即挑选。挑选东西不能太挑剔，挑得太久，反而眼花缭乱，最后得到的不一定是最好的。

138. 打折手，往里弯。指遇事都要维护自己和小团体的利益及声誉。

139. 打扮煞，粪桶夹。人长得丑，再怎么打扮也没用。

140. 打蛇不离七寸。蛇的头部七寸以内是致命的地方，喻处理任何事都要抓住要害。

141. 打丫头收小姐。“丫头”即丫鬟。借打丫鬟来警告和震慑小姐。喻上级有关领导或部门借惩处你的下属来警告和教育你。

142. 让人三分不为怂，欺人三分不为能。避让人一点不是惧怕和软弱的表现，欺负别人也不显得你能干。

143. 讨饭懒得上街沿。到了要饭的地步还懒得上街乞讨。

144. 讨饭三年，官都懒得做。讨了三年饭懒散惯了，连做官都懒得去做了。

145. 白狗吃肉，黑狗挡灾。指别人得了好处，自己来替他担罪的意思。

146. 牙齿嗒口舌。喻经常在一起的人总会有一些矛盾和摩擦，不应该记仇。

147. 出门不耽搁，进门不着吓（出门不乱吃，进门不着急）。出门时自己不麻烦人，不接受人招待，等有客人来了也没有压力，普通招待就行了。

148. 出门带根绳，万事不求人。指出门时带根绳大有用处。

149. 出门不带钱，到处讨人嫌。出门不带钱，到处去沾人家的光，不会讨人喜欢。

150. 宁可为有干的撑雨伞，不可给无用的做军师。“有干”即能干。宁可给能干的人撑伞，也不能给无用的人当军师。

151. 宁走千步远，不走一步险。指做人要脚踏实地，不能急功近利、冒险行事。

152. 旧官本拣新日子。“官本”即历书，也称“皇历”。“拣”即择。喻用老办法对待新事物和处理新问题。

153. 只有做贼心，没个守贼人。做贼的人是主动的，要防贼是很难的。

154. 只可带根绳，不可带个人。出门带个人是很麻烦的，带根绳还能有点用处。

155. 只可救苦，不可救赌。穷苦人你接济了他，他会对你感恩。赌博的人你救了他，他还会去赌博。

156. 头顶人家天，脚踩人家地。指租房生活的人，也指上门女婿，还指没有作为的人。

157. 吃人家嘴短，端人家手软。吃了人家东西就难以开口批评人家，拿了人家东西就难以惩罚人家。

158. 吃食赖食，吃了不长肉。用来骂吃了东西还赖账的小孩的话，也形容有些人得了好处还不想承认。

159. 吃了碗里，望着锅里，脚还踩在钵头里。指十分贪婪，不满足已经得到的。

160. 吃不得饱饭。比喻有些人经常调换工作，不能干一行爱一行。

161. 吃食要留种，用钱要留本。粮食再缺也不能把种子吃掉，再缺钱也不能把今后发展的本钱用掉。

162. 吃尽酒肉粥饭好，走遍天下家乡好。酒和肉吃多了既厌腻又伤身体还是粥饭养人，天下都走遍了但还是家乡好。

163. 吃的爷娘饭，上坦跳下坦。小孩有爹娘抚养，无忧无虑，也指成年人啃老，逍遥快活。

164. 吃素遇着个月大。“吃素”即为拜佛戒食荤腥，一般时间为一个月，遇到月大就要多吃一两天的素食。比喻本不愿做的事，结果却越做越多，越做时间越长。

165. 吃上嘴都要跌掉。指到嘴边的东西掉了。比喻已到手的利益又失去了。

166.吃掉外婆家伪。吃外婆家的东西没有顾忌，放开吃。

167.象（相）不过河。中国象棋中的棋子象（相）是不能越过界河的。喻有些事是不可为的，不要固执而为之。

168.吃了十成，穿了八成，死倒别人。用以告诉老人该吃的吃，该穿的穿。

169.好省则省。“省”意省事、节省。可以省事就省事，可以节约的财物就要节约。

170.好省不省。有人非要做与自己无关的事，本可以节约的钱财非要去花费。

171.好记性不如烂笔头。记忆力再好时间长了难免忘记，只有用笔记录下来才能长期保存。

172.好人不在世，六害一千年。“六害”指坏人。希望好人长寿，希望坏人早亡，往往事与愿违。

173.好木勺淌不到富阳。“淌”即漂。一个好的木勺，漂不到富阳就会被人捞走了。比喻优秀的女人不会嫁到偏远贫穷的地方。

174.好事不出门，恶事传千里。好事不易被人知道，坏事传播得又快又广。

175.戴着箬笠疼嘴。“箬笠”即用竹篾、箬叶编成的斗笠。“疼嘴”即亲嘴。双方都戴着斗笠是亲不到嘴的，比喻事情没法办成。

176.创业百年，败家一时。创业艰难，败家容易。

177.邪神见不得正神。邪不压正。

178.后生不做人，老来无修成。“后生”即年轻人。少壮不努力，老大徒伤悲的意思。

179.当契千年在，卖契一朝无。旧时家庭经济拮据，就把东西典当出去，有钱时再赎回，所以当契大多没有期限。但买卖契约一旦生效，卖出的东西就不可赎回了。

180.会耕田的牛要顶人。比喻能力很强的人往往脾气不好，容易得罪人。

181.闭门家中坐，是非天上来。人在家中也会意外地遇上祸事和是非。

182.老倌兴时，老妪擎旗。“老倌”即老公。老公发达的时候，老婆也显得威风十足。

183.老倌发财，老妪打天雷。老公有钱，老婆财大气粗，讲话声音像打雷一样。

184.老妪讨不成，和尚做不成。娶不到老婆，当不成和尚。形容运气很差，什么事都办不了。

185.老煞个死人头。形容有些人顽固不化、一意孤行。

186.老虎赶到屁股头，还要回转头看公母。比喻有些人毫无紧迫感。

187.老鼠掉下米瓮。“米瓮”是装米用的陶缸，口小肚子大，一般高一米。老鼠掉进米瓮，有米吃但出不来，又喜又忧的意思。

188.老虎头上蹭痒。胆子太大，不自量力。

189.老虎不吃人，形邪也难看。“形邪”即形象。比喻坏人、恶人看到就感觉害怕。

190.老糠里榨油。粗米糠里很难榨出油。指从穷困的人手中获取财物是很困难的。

191.老婆贴汉。妻子把从娘家带来的私房钱贴补婆家，也喻为别人做事还要自己倒贴钱。

192.耳听为虚，眼见为实。听人说的不一定真实，只有自己亲眼所见才是真实的。

193.耳朵放在肉台上。用来骂小孩忘记大人吩咐的事。

194.年怕中秋月怕半。到了中秋，一年很快就过去了；到了月半，一个月也很快就过去了。

195.各人吃饭各人饱，各人做事各人好。各人都要做好自己的事情，这样是有好处的。

196. 回转头看不着背脊缝。人无法预知自己的未来，一定要谦虚谨慎，低调做人。

197. 过水望前人。“过水”即涉水过河。吸取前人的教训，以便更好地做自己的事。

198. 过了庙再落雨。错过了避雨的机会。喻事前或事发时不提醒，事后再怎么说也于事无补了，也有事后诸葛亮的意思。

199. 过了这个村就没那个店。告诫人们放弃了眼前的有利时机以后就没有这样的好机会了。

200. 先来生眼睛，后来生耳朵。先来的人可以见到事实，后来的人就只好听别人讲述了。

201. 向牛屁不看天时。喻有的人讲话办事不注意环境和氛围。

202. 有才（财）不虚忙，无才（财）抖忙忙。有才能的人做起事来有条不紊，能力差的人做事慌张，效率还很低。也喻该是你的钱财跑也跑不掉，不是你的钱财再慌忙也没用。

203. 有业就好谋生，无业要坏终身。有正当的职业，付出劳动就有收入。没有正当的职业，生活无着，容易走上歪门邪道。

204. 有理不在声高，有志不在年高。有道理的话不一定要高声，有志气的人不一定是年纪大的人。

205. 有钱买得鬼推磨，无钱鬼都不开门。有钱什么事都好办，无钱鬼都要欺负你。

206. 有钱当作冇钱过，冇钱当作有钱用。有钱时也要节俭，不能显摆和浪费。没钱的时候，该用钱的时候还是要用。

207. 有起来大大餐，没起来饿饿哈。有钱的时候胡吃海喝，没钱的时候只好挨饿。

208. 有嘴讲别人，无嘴讲自身。只批评别人，不反省自己。

209. 有酒有肉多朋友，急难之中无一人。靠酒肉维系的朋友，有困难的时候是指望不上的。

210.有理无理三扁担。不分青红皂白地乱惩罚。

211.有人生无人教。用来骂没有教养的人。

212.有废人无废物。有无用的人但没有无用的物。

213.有大猪没大牛。山区的小黄牛个体小，再怎么养也养不大，而猪可以养到千斤。

214.有瘌痢嫌瘌痢。自己有瘌痢还嫌别人有瘌痢，也有怀疑别人背后议论自己不好的事。

215.有那个高头望那个高头。“高头”作可能、希望。“望”作盼望、指望。有那种可能就盼望它实现。

216.有那个高头怨那个高头。“高头”作问题、原因。“怨”作埋怨、责怪。事情办砸了，就会责怪原来存在的问题。

217.有眼不识金镶玉。指有人不识有才能的人，有眼不识泰山的意思。

218.多样物事多样烦。“物事”指家具、用具。家具、用具多，使用起来方便，但收拾整理很麻烦。

219.讲话要老实，做事要出力。要讲老实话，无论做什么事都要努力做好。

220.犟来犟去，犟不过个命。“犟”即固执、不屈。迷信认为人的生死富贵是命里注定的。

221.死要脸，活受罪。不惜代价做力所不能及之事，贪图虚荣，最终自己受罪。

222.嘴上无毛，办事不牢。指年轻人办事不牢靠。

223.死人多口气。指木讷、不知世事的人像只在喘气的死人一样。

224.死掉杀猪匠，不吃夹毛猪。告诫有本事的人不要骄傲。

225.杀鸡吓猴狲。间接惩戒的意思。

226.杀牛场上吃牛血。宰牛场里的牛血可以随便吃。喻以为吃别人的东西是理所当然的。

227. 光棍不讲缺理话。再穷苦，哪怕成了光棍，也不能讲没道理的话。

228. 光眼鱼出不了大河。“光眼鱼”即一种只能生活在小河坑中的小鱼，在大河中无法生存。比喻有些人胆子小，害怕外出，不敢去见大世面。

229. 众家姑娘无人管。比喻众人共有的设施，大家只顾使用，无人管理和维修养护。

230. 众口难蒙。众人都知晓的事让众人闭嘴不传或不发表意见是很难的。

231. 在家是条龙，出外一沰怂。指在家很厉害，在外就很软弱了。

232. 自家一头瘌痢抓不尽，管人家有飞疮没飞疮。自己的事都管不好，没有必要去管人家的闲事。

233. 夹袋里冇个币，别想张别想李。“夹袋”即衣裤的口袋。自己口袋里没有钱，就不要想买这个买那个。

234. 闲时不烧香，临时跪折脚。平时不与人处好关系，有事时找人家就难了。也喻平时没准备，遇事时慌忙应付。

235. 尔山望着那山高，爬到那山发牢骚。总认为自己目前的工作不好，频繁调换工作，换来换去还是牢骚满腹。

236. 运气好，东遇财来西遇宝。运气好时，做什么事都顺，利益随处可得。

237. 运气不通，鸡母变鸡公。运气不顺时，到手的利益或机会也会失去。

238. 运气大通，官斗当官升。官斗、官升均是量具。指时来运转，收入是原来的十多倍。

239. 别看煞某人全无用，可能还有几分鬼画符。不要把人看扁了，各人都有各自的本领和特长。

240. 花花轿不坐，就用破粪箕筐。过去农户卖毛猪时，用两只破粪箕分别兜住猪的前后部，用木杠抬着送到收购地点。比喻给你面子不要，就对你不客气了。

241.坏心坏咙，生个儿子没屁股咙。告诫人们不要存坏心、做坏事，否则是要遭报应的。

242.男人嘴阔走四方，女人嘴阔败村乡。男人能说会道在外吃得开，女人多嘴多舌会引发矛盾。

243.男子做人修自家，女子做人修一家。男人好修养，有利于自我发展。女人好修养，对家庭的益处更大。

244.学好千日不足，学坏一日有余。学好很难，学坏却很容易。

245.旱天无露水，老来无人情。天旱时是没有露水的，人老了人情也就少了。

246.呆子呆到头，浪子有回头。浪子有回头认真做人的可能，呆子就没有希望了。

247.穷三担，富三船。指贫、富人家家产的数量，也指在搬家时总感觉东西很多。

248.穷急无良，狗急跳墙。人太穷了会做出不道德的事来，狗急了也会跳墙的。

249.饭饱思涵养。吃饱了、穿暖了才能知荣辱。

250.身大力不亏。身体强壮、个头大的人体力不会差。

251.财不露白。有钱不要暴露，更不要显摆，否则麻烦事很多。

252.杉树不焦杪，都要触着天。“杪”即树梢。“焦杪”即树梢枯萎。兴旺的家族也有衰败的时候，像杉树一样不能一直往上长。

253.扶不起的阿斗。喻自己不努力奋斗，别人是扶持不起来的。

254.伸头一刀，缩头也是一刀。反正要挨一刀，不如昂起头。喻早晚都要承担的责任和义务，不如豁达一点、爽快一些。

255.坐船坐马三分命。坐船、坐马都会有意想不到的危险。

256.坐下懒隑起，困倒懒盖被。“隑”即站。指懒惰到了极点。

257.鸡寨里供狐狸。“供”即养。姑息养奸，自己反受其害。

258. 鸡子碰石塌。“鸡子”即鸡蛋。“石塌”即大石头。指做不自量力的事。

259. 鸡子无缝寻条缝。“鸡子”即鸡蛋。比喻无事找碴。

260. 鸡肉不吃，鸡汤乱喝。比喻声称不做的事，却改头换面地做着。

261. 鸡啄蚯蚓，寸寸下肚。比喻有的人像鸡吃蚯蚓那样，一点利益都舍不得让给他人。

262. 贪小便宜吃大亏。贪图小利，结果失了大利。告诫人们不能贪小便宜。

263. 贪人家一斗米，损失半年粮。农忙时劳动力紧张，田多的人家出高价雇人，有的人放下自家的农活去赚钱，结果误了自家的农时，造成减产，得不偿失。

264. 拆衫裾补背脊，拆大腿补屁股。比喻临时救急不是解决问题的根本办法。

265. 易涨易退山溪水，易反易复小人心。山溪水来得快，退得也快。不讲信用的小人，心思变化更快。

266. 青竹蛇的口，黄蜂尾上针，两样都不毒，最毒是人心。青竹蛇是颜色像青竹但非常毒的小蛇，黄蜂尾上也有很毒的蜂针。青竹蛇和黄蜂不是最毒的，最毒的是有些人的心肠。

267. 青石板上掮乌龟。“掮”即摔。硬碰硬的意思。

268. 青山出贵子，深水藏蛟龙。青山绿水的地方出人才。

269. 扶起不扶倒。愿意起来的才能扶。比喻帮助有希望的人。

270. 里头猪屎外头光。外面整洁、光鲜，里面则破旧杂乱。喻指人的衣着或居住环境。

271. 苍蝇盘狗屎，蠓虫叮懒人。苍蝇喜欢盘在狗屎堆上。比喻有利益的事大家都盯着不放。“蠓虫”即蚊子。懒人不喜欢动最容易被蚊子叮咬。

272. 冷坐不如寒眠，种山不如种田。在没有电的年代，干坐着还不如早早睡觉。在山上种粮食不如田里产量高、效益好。

273.县官不如现管。遇到问题找县官，不如找具体办事的人。

274.吹火抢铜钱。“吹火”即吹灭灯。指制造混乱，趁机打劫。

275.刮风走小巷，落雨行大街。比喻要分析利弊作决策。

276.刮风落雨挑草穰。“草穰”即稻草。刮风时阻力大，挑稻草很危险；下雨时会淋湿稻草，稻草会越来越重。喻选择办事的时机不当。

277.泥里不倒水里倒。可能会失败时没有失败，不该失败时却失败了。

278.舍不得驴皮熬不成膏。“膏”即胶。没有驴皮就熬不成驴皮胶。喻想做成事又舍不得花本钱。

279.肥水不出缺。“缺”即田埂上预留用来放水的缺口。比喻好处和利益不让给他人。

280.和尚要钱经要卖。“经”即经书。和尚无钱度命时，经书也得卖。喻迫不得已时，该舍弃的必须舍弃。

281.和尚无儿孝子多。指虽无儿子，但有不少像儿子一样孝敬自己的人。

282.和尚不吃荤，鸡子骨碌吞。“鸡子”即鸡蛋。喻有人嘴上讲遵纪守法，却变通着违纪违法。

283.卖屁股贴草纸（卖老婆贴枕头）。比喻做了赔本的买卖。

284.卖油多一灯。指说多余的话，做多余的事。

285.卖炭老孺烧炭头（卖菜老汉吃菜头）。指把好的产品都拿来卖，自己用的都是一些残次品。

286.赌博钱，河边田。草鞋钱，万万年。“草鞋”指劳动。赌博赢来的钱像河边的田，发一次洪水就可能被冲了。自己劳动所得的钱才最牢靠。

287.细狗掉下茅司。“细”即小。“茅司”即茅厕。指小狗掉进厕所有屎吃但爬不上来，又喜又忧。

288.板凳头上个鸡子。“鸡子”即鸡蛋。鸡蛋放在板凳两头的边缘，随时有掉落摔碎的危险。喻事情成功与否还很悬。

289.顶高十八层，下头撑灯笼。上身衣服穿得多，下身裤子穿得少，很不相称。喻事物比例的失调。

290.嘴硬铁钉头，手捏豆腐渣。嘴上说得很强硬，但行动上软弱无能。

291.忠厚老实恶，无用黑心人。把忠厚老实的人惹急了也可能做恶事，无能的人往往很黑心。

292.茅司越掏越臭。“茅司”即茅厕。不光彩的事越张扬，传播的范围就越广，影响就越坏。

293.画龙画虎难画骨，知人知面不知心。画骨难，知人心更难。

294.画只老虎不吃人。指有制度但不严格执行，就像画了只老虎。

295.嘴硬骨头酥。嘴上表现得很强硬，但骨子里是软弱的。

296.狗肉上不来台牌面。“台牌”即桌子。指有些人不走正道，上不了大场面。

297.狗不认骨。狗连自己同类的骨头也抢着啃。比喻有些人为了一己私利，不顾亲情，不惜损害亲朋好友的利益。

298.败竹园出伞柄，败村乡出光棍。旧时用根部弯的小竹子做雨伞柄，这种竹子只有在衰败的竹园里才能找到。衰败的村子或家庭会出现一些不正派的人。

299.晴天带雨伞，饱肚带干粮。指有备无患，晴天要带上雨伞，吃饱饭出门也要带上干粮。

300.要好看，红绿带；要好吃，鱼和肉。想要好看，就穿红色和绿色的衣服；要好吃，就得有鱼和肉。

301.要想饿，儿子大。要想苦，讨新妇。要享福，进了坟水屋。“新妇”即儿媳妇。“坟水屋”即坟墓。指人一生要吃很多的苦。

302.挑米上大堆。指富上加富，也有扶富不扶贫的意思。

303.扁担不大脊大。扁担的弓背叫“脊”。指有人年纪不大但辈分高或职务高。

304.荡粪桶三年肥。“荡”即洗。喻殷实的家庭，哪怕衰败了也不会立马变穷。

305.说说笑笑，无人敢要；不说不笑，端了就跳。“端”即拿。“跳”即跑。性格内向的人往往比性格开朗的人更敢于行动。

306.说起来一朵花，做起来是个疤。说起来什么都懂，实际做起来就不行了。

307.姻缘本是前生定，不由今人作主张。旧时认为姻缘是前世已定的，今人不能擅自做主。

308.皇帝不急，急煞太监。喻当事人都不急，旁人却很为之担心。

309.拾着个马屁走三村。得到一点小道消息，就到处乱传播。

310.拾着句话。用来批评某人反复传播别人说过的错话。

311.跟尔客气，别当尔福气。指人没有自知之明。

312.指头尖做先先，指头长先先娘，指头短讨饭种，指头翘有钞票。“指头”即手指。“先先”即教书先生。指以手指看前程。

313.指转来龙，磨转水口。“指转”是改变的意思。“来龙”是风水地理的龙脉走向。“磨转”即变换方向。“水口”即村庄的入口和出口。喻要改变现存的局面是不可能的。

314.活到八十八，别笑人家跷脚眼瞎。“跷脚”即跛腿。人的灾难祸福是难料的，不要嘲笑别人。

315.鬼不打自招。比喻做了坏事或有坏的意图、计划，无意中自我暴露出来。

316.要知河深浅，须问过来人。只有淌水过了河的人才知道河的深浅。

317.抬头求人，不如低头求土。求人施舍，还不如种好自己的田地，勤劳创收。

318.草鞋不打脚，脚反打草鞋。“打脚”即鞋太硬，硌脚。喻本应该受惩罚的人反倒欺侮他人。

319.省油省灯草，日子过得好。不惹事，与人和睦相处，生活就愉快幸福。

320.祖宗积德，儿孙有福。祖上的人德行好，受人敬仰，儿孙有福，生活美好。

321.树高千丈，叶落归根。指不论人在外有多大的成就，终老都应回归故里。

322.树大不如山，儿大不如爷。“如”即听从、服从。树大起来可以遮住山，儿子大了就不听父亲的话了。

323.跟好学好，跟着家化背稻草。“家化”即叫花子。跟着什么样的人就会变成什么样的人。

324.竖顶千斤。指木头竖起来承受力很强。

325.羯（劁）猪叫，杀猪也是叫。“羯（劁）猪”即阉割猪。喻反正结果都一样，有些事干脆放开做。

326.咬着个死蛇头。死蛇头也是很毒的。指一个人坚持错误的做法。

327.说财财到，说鬼鬼来。好事、坏事该来的都将会来，不是说说就来的。

328.斫树从根起。“斫”即砍。喻处理任何事都必须了解事情的起因和发展变化的过程。

329.烂泥好钉杆，板壁好钉钉。“杆”即木桩或竹桩。“板壁”即木板墙。软弱善良易被人欺的意思。

330.富贵天生，欢乐自取。富贵难以强取，欢乐则可以自己把握。

331.烂污田里只猪。猪在烂污泥田里会越滚越脏。比喻有了缺点和错误，不加以改正，任其自流，就向更坏的方向发展。

332.屎急打茅司。“茅司”即茅厕。“打”即挖。喻做事没有事先安排，到急需时才来做早就应该做的事。

333.屎孔颠倒颠（颠倒屎孔）。“屎孔”即肛门。喻把做事情的顺序弄反了。

334.屎都挤到屁股头。喻要做的事情太多，一件接着一件地挤着。

335.柿砣拣软的吃。柿子要拣软的先吃。喻有些人专找弱的人欺负。

336.聪明一世，懵懂一时。指聪明的人也有懵懂的时候。

337.饿猪叫，饱猪也叫。喻不满足的人。

338.柴到猪头烂，功到自然成。多烧点柴猪头总能煮烂。喻只要努力坚持就会成功。

339.富贵精神起，贫穷瞌睡多。富人有很好的精神，越是贫穷的人越打不起精神。

340.谁人背后无人说，哪个背后不说人。背后被人评论很正常，背后说人也是常有的事。

341.逐节鳗鲡逐节煨。“鳗鲡”即河鳗鱼。“煨”即在炭火里将生食物烤熟。河鳗鱼长，火堆小，只能一段一段的煨。指过一段算一段的意思。

342.请神容易送神难。请神只需三炷香，送神则需要兑现对神的承诺。这里指交了坏朋友，要想摆脱他们很难。

343.请祖宗都不讲真话。形容有些人从来都不讲真话。

344.倩人打架不出力。喻雇来做事的人不尽心、不出力，没把事情做好。

345.捞下菜篮就是菜。把别人的东西当成自己的，任意占有和使用。

346.捉鸡补鸭。喻某种东西不够，用别的东西来凑数，也有一项利益受损用别的利益来填补之意。

347.箍着枕头做美梦。空欢喜一场的意思。

348.撩鱼摸虾，教坏人家。“撩”即捞。子女不务正业，不能任其发展，要加强教育。

349.捉猪上板凳。既有强人所难的意思，也有强制行动的意思。

350.捉鸟上树不做窠。不要强迫他人做不愿做的事。

351.破就破，苏州货。喻物件虽破旧，但却是大地方的产品。

352.破笤帚，鸡外婆。鸡最怕笤帚挥赶，故喻笤帚是鸡的外婆。指一物降一物。

353.破锅自有破锅盖。一样东西自有与之类似的东西相配。

354.恶人自有恶人磨。恶人自有更恶的人来收拾他。

355.钱多害子孙。上代留给下代太多的钱，子孙就会好逸恶劳、坐吃山空。

356.桥管桥，路管路。互不相干的意思。

357.隑在山头看大水。“隑”即站。“大水”即洪水。指幸灾乐祸、隔岸观火。

358.阎王注定三合米，奔遍天下不满升。为人处世不能奢求，要知足。

359.高山滚石，永无回踪。形容有些事情一旦发生就无法挽回。

360.高斫浪费柴，低斫难为刀。“斫”即砍。“难为刀”即损坏刀。喻做有些事难以把握尺度，左右为难的意思。

361.耕不着，耙得着。“耕”即犁。水田耕作时，先犁后耙，少数没犁到的地方耙的时候也能耙到。形容人与人之间有着千丝万缕的联系，总有需要别人的帮助或帮助别人的时候。

362.真穷好过，假富难当。真正贫穷的日子也能过，假装富裕的日子就难过了。

363.家鬼害家人，没家鬼不死人。家里有内鬼就会伤害自家人，如果没有内鬼就安全得多。

364.家化拐隑在门背后。“家化拐”即叫花子用的棍。告诫刚富裕起来的人们不要忘记穷困的时候。

365.家化等不得豆腐滚。“家化”即叫花子。“滚”即烧熟。急不可待的意思。

366.家化容不得乞食。“乞食”即要饭。同样是穷困潦倒的人却不能相互包容。

367.南瓜藤下根萝稷秧。“萝稷秧”即高粱秧苗。在上辈的庇荫下成长起来的人柔弱得像南瓜藤架下的高粱秧苗。

368.焖饭要有米，做事要有理。没米就烧不成饭，没有理就做不成事。

369.做，能做出好胚条。嬉，要嬉出坏胚条。“胚条”即人的形象品格。劳动能培养出一个人勤劳节俭、谦和待人的好品格。“嬉”即吃喝玩乐。吃喝玩乐只能养成一个人好逸恶劳、自私自利的坏品格。

370.做贼遇着个打闷棍。某人将要得到的不正当收入被别人抢走。

371.做鬼棺材都守不住。形容工作不负责任或能力太差，做不好自己的本职工作。

372.做此官行此礼。做官要按照相应的礼节行事，也喻做工作都要遵循行内的规矩。

373.骑马拜堂，家破人亡。旧时娶亲时要避开新娘的经期。

374.清明不戴柳，死到家门口。旧俗认为戴柳可以避邪驱鬼。

375.麻雀不留隔夜食，老鼠要存三年粮。告诫人们必须要有一定的粮食储存。

376.跕蟆走进鸭阵里。“跕蟆”即一种小蛙。“走”即跑。“阵”即群。小蛙跑到鸭群里去。比喻忠厚老实的人遇上一帮的坏人、恶人。

377.凑火接犁尖。“犁尖”即犁头。凑着别人烧旺的炉火把自己断了的犁头接起来。比喻借助别人创造的条件做自己的事，也有就势做好某件事的意思。

378.横枷十二市。扛着很长的东西过集市，影响集市两边人的安全。

379.深山僻坞里念死书，不如到闹市上听说鳖。“听说鳖”即听人发表言论或听人说故事等。指读书要与社会实践相结合。

380.猫儿屙屎自家摀。自己犯的错误自己纠正，也有自家的错误自家遮掩的意思。

381.猪不吃食，内中有病。人与人之间有矛盾，关系不和谐，彼此心照不宣。

382.脚躁手躁，乌龟倒灶。乌龟这里借指物件。倒灶作倒霉。小孩好动，难免要损坏物件。

383.笨人笨福，烂田起谷。“烂田”指自然条件不好的山坞田或排水不畅的低洼田，一年只能种一季水稻。愚笨的人有自己的福气，像烂田里的稻子结出的谷粒饱满而金黄。

384.黄叶不落青叶落。比喻年轻的后辈死于年老的长辈之前。

385.菜里虫，菜里死。做坏事的人也往往死于所做的坏事上。

386.桶没箍就散，人无志就懒。人必须要有远大的志向，才能激励自己为之努力奋斗。

387.眼睛朝天，跌下烂污坑。高傲自大、目中无人的人肯定是要吃亏的。

388.眼睛眨一眨，老母鸡变鸭。形容事物变化太快，来不及反应和处理。

389.眼睛移鼻孔。指借别人的东西马上就还，临时应急用一下的意思。

390.眼面视天阳。走路的时候不注意看路，东张西望或眼睛看着天上，这样容易摔跤。

391.常吃新鲜饭，难以积大钱。喻不能专一行爱一行，三天打鱼两天晒网，没有稳定的收入。

392.春瞌睡拾着个枕头。需要什么就得到什么的意思。

393.媒婆两边吃，巴掌两边甩。媒人两边得好处，但出了问题两边都要责怪媒人。

394.媒婆不翻花，新娘不到家。“翻花”即夸大其词的吹嘘和许诺。指媒人在说合婚姻时为男方说好话。

395.隑个深潭，坐个碌凼。“隑”即站。没有时间观念和紧迫感，站着或坐着与人聊天忘了时间。

396.隑到尔肚里要顶煞，坐到尔肚里要胀煞。指要帮助和维护的人太呆板、太无用了，一点都不会变通，把好事都办砸了。

397.推车抵直壁。事情发展到极端，没有回旋的余地。

398.谨慎无烦恼。为人处事持谨慎的态度，烦恼的事就少许多。

399.凿打木，木打凿。“凿”指木匠挖槽、打孔用的工具。喻两个做坏事的人互相揭短，结果把做坏事的实情都给暴露出来了。

400.隔河千里远。两地如隔着一条河，没有桥和船就像隔着千里之远。

401.傻进不傻出。有的人看似傻乎乎的，其实精明得很。有利益时不退让，要付出时就装傻。

402.锣鼓响，脚板痒。锣鼓一响起，喜欢热闹的人就会迫不及待地赶过去看热闹。

403.嘴上两块皮，翻来覆去不稀奇。不负责任的人讲话是很随意的。

404.量大福大，心好都好。为人宽容，烦心事则少。心情愉悦，就什么都好。

405.越嬉越懒，越吃咸鱼越嘴淡。玩耍的时间长了使人变懒，咸鱼吃多了口味越来越重。喻放任自己，形成了恶性的循环。

406.越吃咸盐越害喉。“害喉”指气管炎之类的病，这类病不能吃得太咸。喻明知不能为的事还继续做，结果自己的处境越来越坏。

407.跌进染缸洗不清。比喻一身清白遭到污染，再也难以洗刷干净。

408.善马好骑，善人好欺。温顺的马容易骑，善良的人容易被人欺负。

409.瞎子擎灯笼，不照自家照别人。盲人晚上擎着灯笼走路是为了让人看见自己，不至于被别人撞到。这里指有些人专门挑剔别人的缺点和错误，不反省自己。

410.端豆腐找篮。“端”即拿。“找”即找钱。卖豆腐的白给了豆腐，还要找钱、给篮子，喻做了倒贴钱的买卖。也指豆腐已拿在手里，装豆腐的篮子还不知在哪里。

其五

1.一根肚肠到柢。“柢”是植物的根。这里喻人直肠子。

2.一个半斤，一个八两。比喻两个人水平、品行相当，也有两人互不谦让、斤斤计较的意思。

3.一只手打，一只手摩。“摩”即抚摸。指打和抚摸并行，即软硬兼施的意思。

4.一句都跌不下地。形容无论有理无理都一句不让人。

5.一只手扯，一只手搡。“搡”即推。指当客人要走的时候只讲客套话，不是真心挽留。

6.一句砂糖，一句狗屎。讲话变化快，前一句讲好，后一句马上讲不好。

7.一肚蜘蛛丝。有心计，一肚子鬼点子的意思。

8.一肚横心思。一肚子害人的心思。

9.一蛮三分理。有些人认为蛮横就会无理变有理，其实是不可能的。

10.一只狗吼，十只狗帮。一个人讲话，大家帮着附和，作贬义。

11.一个姑娘许十八家。仅有的一样东西答应给许多人家，结果只能满足一家，其余的人家不高兴会背后骂他“一个姑娘许十八家”。

12.一句话讲得人笑，一句话讲得人跳。一句恭维的话能使人喜笑颜开，一句刺耳的话可使人暴跳如雷。

13.一斗米望天荒。只有一斗米就希望有灾荒，自己小有成就就希望别人无所作为。

14.一斗米赢个恩人，一石米养个仇人。在他人困难时救济了他，他会感谢你，但帮助多了，导致他永不满足，一旦不再帮助他，他就会心生怨恨。

15.一日由新，万日由旧。有些不正确的事刚开始好纠正，但时间一长形成惯例就很难改变了。

16.一事不烦二主。指有事需要人帮忙，请一个得力的人就够了，不用再麻烦其他人。

17.一个鼻孔出气。比喻观点相同的人发出一样的声音，用于贬义。

18.人情像把锯，俺拉过来，尔拉过去。人情是有来有往的，也是相互帮助、相互利用的。

19.人情放一线，日后好相见。人情是有来有往的，你对人家有情，今后人家也会帮助你。

20.人敬一尺，敬人一丈。别人敬你，你应加倍地敬重别人。

21.人在人情在，人走人情无。“走”指去世或离开。人在人情在，人不在了人情也就逐渐淡化了。

22.人无千日好，花无百日红。人与人的关系随着时间的推移、环境的变化而变化，好的关系不是一成不变的。也指人的境况与花一样，不可能一直艳丽地盛开着。

23.人心隔肚皮。人与人的思想、心理是有差别的，也是难以揣摩的。

24.人心换人心，八两换半斤。喻人与人之间的交往是相等的。

25.人死账不赖。有账千年在。人死了账不能赖，子孙要继续还账。

26.嘴儿甜，当得钱。嘴上多说些好听的，总不会吃亏。

27.七分茶，八分酒。待客时，倒茶只能倒茶杯的七成，倒酒只能倒酒杯的八成。

28.又打又钳毛。“钳毛”即用钳子拔毛。指又打又罚。

29.山上有直树，世上无直人。山上非常直的树也难找，世上真正直心的人也不多。

30.三门槌打不出个屁。形容人不善言辞、木讷、内向，也有不愿与人交流的意思。

31.上一回当，下一回乖。吸取了上当的教训，下一次就不会犯同样的错误。

32. 上不完的当，吃不完的亏。形容有些人不吸取上当和吃亏的教训，老是上当受骗。

33. 嘴上糖都揄得下来。指有人尽说些恭维人、赞扬人的话，嘴特别甜。

34. 上半夜想想自家，下半夜想想人家。在考虑自身利益时也要设身处地为别人着想。

35. 刀打豆腐两面光。矛盾的双方都不得罪，两边讨好。

36. 大人大样，小人没样。大人即循规蹈矩的人，小人即不守信用的人。

37. 口舌长是非多，黑夜长做梦多。“口舌长”即多嘴多舌。多嘴多舌肯定要惹是生非，黑夜长时梦也做得多。

38. 口舌无骨，随人嘴里碌。指有些人不尊重事实，乱讲乱说，也有出尔反尔、言而无信的意思。

39. 千差万差，上门不差。平时与你关系不好的人能主动上门，就很不错。

40. 不怕红脸关公，只怕笑面菩萨。直肠子的人往往脾气不好，这不可怕；满脸笑容的人可能心里藏着害人的主意，这才可怕。

41. 不会烧香得罪神，不会讲话得罪人。敬错了神，神会不高兴。不看场合、不知轻重的说话是会得罪人的。

42. 水退石头现，日久见人心。时间是检验人心的最好办法。

43. 丑妇多妖怪，臭肉惹苍蝇。面目丑陋的人有自卑感，心理阴暗，会做出伤害他人的事。“臭肉”喻心术不正、行为不端的人，这样的人是会引来更多、更坏的人。

44. 嘴皮薄稍稍，九翻十二调。嘴皮薄的人都能说会道。

45. 为客杀牛，客吃名头。来客人就宰牛，其实是借客人的名义满足自己。

46. 打煞在隔墙里。“隔墙”指两面墙之间的小空隙。自己站在公正的立场已经为矛盾双方的和解作了最大的努力，但被矛盾双方误解，左右不讨好。

47.打村外，维村里；打村里，维兄弟；打兄弟，维自己。“维”即维护。不分是非地瞎维护。

48.打也来，骂也来，吃亏的不来。喻有的人为了利益什么手段都敢用，就是自己吃亏的事不干。

49.东处无花西处采，不到树下等花开。等不到的东西不要再等。一般指选择配偶时对方不愿意就不要再等下去了。

50.宁可给饿人一口，不可送富人一斗。给饥饿的人一口吃的，可以救命，送给富人一斗米，富人还看不上眼。

51.宁可路路栽花，不可一路栽刺。告诫做人要善良。

52.吃了尔米，还了尔糠。指对方的态度冷漠，似乎吃了他的米，还给他的是糠。

53.吃（借）了尔多，还了尔少。指对方的态度冷漠，似乎他借给你很多东西，你还给他的很少。

54.吃人家饭，砸人家锅。忘恩负义、翻脸无情的意思。

55.吃官饭打官腔。指当官的人官腔官调的，也指袖手旁观的人还打官腔。

56.吃小米。“小米”即粟米。喻一个人吝啬小气。

57.吃饭要米，讲话要理。没米烧不成饭，做人不能讲没道理的话。

58.吃东家数西家。刚换个环境就说故人的坏话，有见异思迁、忘恩负义的意思。

59.吃饭吃到人家碗里。指做事不讲规矩，越权管了该别人管的事，得了该是别人的利益。

60.在隔壁人家吃饭，到对门人家谢礼。指弄错了要感谢的对象。

61.礼到暖人心，无礼讨人嫌。送礼让人感到温暖，不送礼惹人讨厌。

62.向前向前，老虎驮了行。“行”即走。凡事先人一步，那样困难会多一些，有时还会吃亏。

63. 向后向后，猪肉焖角豆。“角豆”即豇豆。凡事后人一步，看看先行者如何，这样总有好处。

64. 向着人家下巴摇。想吃人家嘴里流下来的东西就得跟着人家的下巴转。形容想得到人家的东西就得乖乖地听人家的话，看人家的脸色行事。

65. 红毛鸡公家家有。许多物件不是一家独有的，没有确凿的证据不能怀疑别人偷拿了你的东西。

66. 老对老，合得好；老对嫩，就心恨。形容老少之间有代沟。

67. 老实不客气。为人老实，不会客气。也指有人吃了或拿了别人的东西毫不客气、心安理得。

68. 光棍光棍，大家帮衬。形容很多事情靠自己很难做到，需要大家帮助。

69. 好心犯恶意。自己的一片好心却不被人理解，甚至有人还恶意相向。

70. 好来好枝花，差来差个疤。关系好的时候什么都好，关系不好时什么都不好。

71. 有钱不买冤家产。“冤家产”即有纠纷的资产。有钱也不能买有纠纷的资产。

72. 有人爱山神，有人爱土地。各人的信仰不一样。喻各人喜欢交往的人群不一样。

73. 有嘴讲别人，冇嘴讲自家。专挑别人的不是，对自己的缺点则从来不检讨。

74. 多管闲事多吃屁。“闲事”即与自己无关的事。闲事管得越多越令人讨厌。

75. 当面人，背后鬼。当面一套，背后一套的意思。

76. 当面锣，对面鼓。当面把事说清楚，也有当面对质的意思。

77. 当时放盐当时咸。指见效很快。比喻有些人一得到利益，态度马上变好。

78.托鬼问病。拜托对你有意见或想害你的人办事是没有好结果的。

79.托托叶怕打破头。“托托叶”即树上落下的叶子。比喻遇事没担当，一点小事就被吓倒了。

80.各处各乡风，十里不相同。各地有各地的风俗习惯。

81.衣裳是新的好，人是旧的好。旧相识的人知根知底，比新结识的人好相处。

82.衣破还领。借人家的衣服穿，穿得再破也要把领子还给人家。比喻借人家的东西损坏得再严重也要归还原物，再来谈赔偿。

83.自家认为一朵花，人家看你是个疤。自己认为自己什么都好，看不到自己的缺点，但别人是看得见你的缺点的。

84.自家瘌痢自家识，别人家瘌痢下脚踢。对自己十分包容，对别人则挑剔嫌弃。

85.共个喉咙透气。“透气”即呼吸。形容观点相同、意见一致的人互相维护。

86.讲话要凭良心，交往要有盘心。“盘心”即自己心中的原则。没良心的话不能说，人际交往中要有原则。

87.讲话要有分寸，交往要有盘算。说话要把握分寸，人际交往中要预料可能会发生的问题。

88.问客杀鸡，小毛嗞嗞。指主人是吝啬鬼。

89.两个人着一条裤。“着”即穿。形容两个人共同做坏事且互相包庇。

90.针向针，杪向杪。喻双方针锋相对。

91.花花轿抬活人，花花嘴骗煞人。“花花嘴”即甜言蜜语。甜言蜜语最容易使人上当受骗。

92.别在人前夸海口，强中还有强中手。不要骄傲自大、吹嘘自己。

93.别看衣衫要看人，不重富贵重真情。待人处事不能以衣着取人，亲朋交往不能攀富，要讲真情。

94.你做初一，俺做十五。相互较劲，谁也不让谁的意思。

95.嘴上念观音，手捏八合升。有些人嘴里讲着善言善语，做的事则是想方设法地克扣别人、占别人便宜。

96.君子一言，快马一鞭。待人处事要爽快、干脆，一言为定，绝不反悔。

97.忍得气，纳得福。为人处事时要能容忍，麻烦事就少，福气就多。

98.事要赢着，话要赢着。在事情上得到了好处，在言语上也不让人。

99.事不公有人管，路不平有人铲。事情不公正有人会出来批评，道路不平有人会铲平。

100.话多不灵。把意思表达清楚就行了，啰里啰唆的就不灵了。

101.话多惹人厌。话说多了，就惹人讨厌了。

102.话多必失。话说多了总有失误的时候。

103.话到嘴边留半句。有些人讲话很谨慎，一般不会把自己的真实想法和盘托出。

104.话别乱说，字别乱撇。不负责任地乱说话是要惹事的，写字乱撇就不成字了。

105.细对细，有主意。小孩与小孩一起玩的时候是很有主意的。

106.虱多不痒，债多不愁。虱子多了就不觉得痒了，欠债太多也不忧愁了。

107.放春风，收夏雨。有付出才会有回报。

108.拉弓不能放箭。人际交往中对不守规则的人警告是可以的，但不能随意惩罚别人。

109.给尔点糖奶奶。“奶奶”作舔舔或吮吮。意思是给你一点甜头，而让你为他所用。

110.客来扫地，客去泡茶。客人来了再扫地即赶客人走，客人走了再泡茶是马后炮。喻做不合时宜的事。

111.茶不见，水不知。客人来了茶也没有沏，水也没有倒。

112.顺摩一抹光，反摩一抚镵。“顺摩”指表扬和称赞。“反摩”指批评。“镵”作刺用。人们大多都喜欢受表扬和称赞，不喜欢挨批评。

113.嘴脸弥勒佛，心里比蛇毒。有些人脸上装得非常慈善，但心里老盘算着害人。

114.软软索，捆倒人。“索”即绳子。软手段往往比硬手段更能征服人。

115.活络人情乐得做。“活络”作顺水。即乐于做顺水人情的事。

116.将心比心，就是佛心。设身处地考虑别人的利益和困难就是有佛的心境。

117.将将就就，顺顺利利（溜溜）。做事不要太复杂，做人不要太讲究，就会顺顺利利的。

118.面上笑嘻嘻，肚里打官司。有些人表面上对你很好，心里总是处处算计你，巴不得你倒霉。

119.面皮老一老，只要肚里饱。“面皮”即脸皮。脸皮厚一点无所谓，只要不吃亏就行。

120.牵葫芦，扯无际。比喻人情往来上没有定则，该往来的没有往来，不需往来的却乱往来。也喻说话没有条理，东扯西拉。

121.骂人不骂短处，打人不打痛处。骂人时专揭别人短处，别人会更加记恨。打人打到人家痛处，矛盾会更激烈。

122.相争有好言，打架无好拳。争吵和打架都是很伤感情的。

123.烧火要空心，待人要实心。烧火时把柴架空火就旺，待人时要真心实意。

124.秤能称轻重，话能知人心。听一个人讲的话就能判断出他的心地和内心想法。

125.逢人只说三分话，不可全抛一片心。说话交友都应有所保留。

126.拿只虾虾钓个鳖。用虾子作钓饵，引鳖上钩。喻用很少的付出换取很大的利益。

127.借只牛，还只马。还给人家的东西要比借人家的东西要好。

128.热面嘴贴人家冷屁股。对人家热心，人家却对你冷淡。

129.嚎水鬼上干滩。“嚎”作骗。比喻想尽办法骗人。

130.捂着张嘴别作声。做了错事不要强辩，得了好处不要声张，以免别人生气和嫉妒。

131.射着渠射着尔。“射”作盯着或比较。生怕自己吃亏，盯着他盯着你，比着他比着你。

132.救了落水狗，回头咬一口。指救了别人，反为别人所害。

133.眼睛生在脑盖顶。目中无人的意思，也比喻只巴结上司，看不起同事和下属。

134.眼睛生在耳背后。只回顾过去，不看眼前的事物。

135.眼不见皆为尽。只要没看见，也就当作没有那回事。

136.逐节生根。“逐节生根”是一种草的俗称，这种草每个节都能长出根来扎入土里，生命力特别顽强。这里形容一些人特别贪婪，你满足了他先前的要求，他还会不断地提出新的要求，也有没完没了的意思。

137.寒时喝冷水，点点凉在心。比喻人生不得志时有人落井下石，这种怨恨终生难忘。

138.装呆不蚀本。只要有利益可得，任人批评，甚至打骂都能忍受。

139.跌得倒爬得起。为人处事能屈能伸、能高能低。

140.敬人不蚀本，口舌打个滚。对人尊敬主要表现在语气上，是不花本钱的。

141.锅头饭好吃，过头话不能讲。“锅头饭”即柴灶铁锅烧的饭。柴灶铁锅烧的饭好吃，过头的话不要说。

142.搭众供条牛，不如独自供只狗。与众人合养一条牛，容易产生矛盾。独自养条狗，不仅会忠于主人，还可以为自家看门。

143.鼓不敲不响，话不讲不明。人际交往中有些事把话讲明为好，以免产生误会。

144.骗人上屋，底下抽梯。存心设计害人。

145.骗煞人不添命。“添”即偿。骗子认为被骗的人哪怕丧命也不需偿命。

146.蜜糖嘴，黄连心，口是心非要当心。嘴上讲好听的话，心里却在算计着坑害人。

其六

1.一头灯草，一头石磨。形容所挑的担子一头太轻，一头太重。也喻指一个单位中人与人之间工作负担差距很大。

2.一个萝卜一个塝。“塝”即坑。人员数和岗位数正好一点不差的意思。

3.一阵日头一阵雨，做也做得，嬉也嬉得。春天天气变化无常，一会儿出太阳，一会儿又下起了小雨。勤快的人照样出去做事，懒惰的人以下雨为由悠闲地在家玩耍。

4.一个和尚挑水吃，两个和尚抬水吃，三个和尚冇水吃。形容人多做事互相推诿，还不如人少好。

5.一个柴头烧不着，两个柴头火没力，三个柴头好烤栗。“柴头”即已烧着了的柴。形容人多力量大。

6.一犁耕出头。“耕”即犁。犁地时中间不停留，一直犁到地头。比喻一口气做好一件事。

7.一只手捞一个鳖。一次只能专心做一件事，同时做几件事结果是一件事都做不好。

8.一百个当不来五十双。指参加劳动的人能力很差，不能很好地完成任务。

9.一脚不到一脚空。事事都必须亲自负责。

10.一日公一日母。喻指做事没有恒心和规律，一天做得好，一天做得差。

11.一月灯，二月鸢，三月四月挑灰料。“灯”即飏灯，类似孔明灯。农历一月农闲，雨雪多，山上湿润，不会造成山林火灾，绩溪人以放飏灯为乐。“鸢”即风筝。农历二月有了徐徐的春风，绩溪人以放风筝为乐。“灰料”即石灰石。农历三四月就要挑运石灰石，烧制石灰了。

12.一年做到三十夜，到头还是光光谢。干力气活一年干到头，除去开销后也所剩无几了。

13.人欺地皮，地欺肚皮。粗耕粗种农作物产量低，人就要饿肚子了。

14.人牢物牢。人对用具爱惜，并经常维护保养，用具就不容易损坏。

15.七七做，八八敲。形容做事很慢，效率很差，也指办丧事时程序多且复杂。

16.七十人抬，八十人扛。形容要搬运的东西很多，需要抬、扛的人也很多。

17.十八条鳗鲡耕一屁股。“鳗鲡”即河鳗鱼。“耕”即钻。比喻同时要做的事太多，无法应付。

18.三懒夹一勤，够勤都不勤。经常混在懒人堆中，勤快的人也会变懒了。

19.三勤夹一懒，够懒都不懒。经常和勤快的人在一起，懒人也会变得勤快起来。

20.三日肩头，两日脚板。坚持挑三天的担子以后，肩头就适应了。坚持走两天远路以后，脚板也就适应了。

21.三个早工顶一工。三个早工合起来可以抵上一天的工作量。

22.三下锄头柄，二下锄头塞，做不曾做，歇也不曾歇。做事不认真、磨蹭，工具容易坏，事也没做好，人也没有休息好。

23. 三日天晴没鞋，三日落雨没柴。下雨天不认真做鞋（指编草鞋），天晴后劳动三天就没有鞋穿了。天晴时不认真砍柴，连着下三天雨，家中就没有柴烧饭了。

24. 三锄头盖两锄头。锄地时敷衍了事。

25. 三刀两段。砍柴时图快，乱砍乱剁，柴火段截得长短不一、乱七八糟。

26. 三口啖不进肉。“啖”即吃、啃。“进”即到。形容做某件事困难重重，很难取得效果或很难有实质性的进展。

27. 三木勺进两木勺出。形容用木勺子舀水时大部分的水都流掉了，也喻纯收入不多。

28. 三吹三打。“吹”和“打”是指奏吹打乐。吹打乐都奏了三遍了，新娘还没有出门。形容做事磨磨蹭蹭，准备时间太长。

29. 三叫不如一动。叫别人做事别人老是不动，还不如自己动手做。

30. 三年不打一更。做事断断续续，很长时间才做一下的意思。

31. 三担螺丝两担壳。指副产品比主产品多。

32. 坛坛满，瓮瓮满。粮食大丰收把所有的坛瓮都装满了。

33. 懒人用长线。懒人缝补时，为了少换线，都用很长的线。

34. 山上种点桐，世代都不穷。“桐”即桐子树。桐子树是多年生的乔木，它的种子榨出的桐油是优质的工业用油。山上种上桐子树，只需简单管护，每年都会有收获。

35. 寸土不荒，粮食满仓。缺粮时，把能种粮的土地都利用起来就能增加粮食总产，解决粮荒。

36. 凡事要亲手，兜粥兜饭多三口。“兜”即舀或盛。自己亲手做事，总不会吃亏的。

37. 大汗雨长流。劳动时挥汗如雨的样子。

38. 千样万样，做者为上。劳动最为光荣。

39.千锄头，万锄头，不敌一个犁尖头。劳动工具的改进很重要。

40.上台一炉火，下台一炉灰。做事情开始时声势大，到后来没有结果了。

41.上三下四平八十。挑较重的担子或抬较重的东西走路时，上岭每走三十步、下岭每走四十步、平路每走八十步就要歇息一下，这样才不至于过度劳累，才能坚持到最后。

42.上山吃力下山险。上山费力，下山容易滑倒。指无论做什么事都有相应的困难。

43.上山弯弯腰，到家有柴烧。上山劳作时不要空手回家，顺带捡一些柴火回家，到家就有柴火烧饭了。

44.上山下地拜拜揖，山珍野菜有得吃。上山下地干活时可以顺手采一些山珍或野菜，回家就可丰富餐桌了。

45.懒汉多尿屎。懒人常借上厕所来偷懒。

46.六月不晒背，十二月要后悔。六月不顶着烈日做好秋季作物的种植管理，秋收时就会减产，到冬天就没有粮食吃。

47.日不做，夜摸索。白天不认真做事，到晚上才手忙脚乱地赶工。

48.日头上墙，懒汉正忙。日头上墙即西斜的阳光照在墙上。白天游闲，太阳西斜了才拼命地赶工。

49.日里咚咚咚，到夜衍老公。妇女白天到处游玩，到了晚上怕老公骂才来想办法敷衍老公。这里指做工的人白天不抓紧工作，晚上再来赶工。

50.日朝做馃，夜夜小年。“日朝”即每天，“夜夜”即每晚。每天都做馃，每晚都像过小年一样。形容做事很慢，一件事老是做不完，天天接着做的意思。

51.公长母短。形容棍棒、秸秆之类的东西整理得很不整齐。

52.有尺有寸。形容做事没有规矩、没有标准和尺度。

53.有紧有慢。形容做事没有轻重缓急之分。

54.天空坦下冇白气力。只要自己勤劳，总会有收获的。

55.天晴驮爿柴，落雨打草鞋。“驮”指扛或挑。“爿柴”即劈开的成片木柴。“打草鞋”即编草鞋。勤快的人晴天、雨天都有事可做。

56.包袱雨伞银，手巾荫帽与茶筒。“包袱”即用布包起来的包裹。过去出远门的人少不了包袱、雨伞和银子。“手巾”即擦汗用的布。“荫帽”即遮阳用的草帽。“茶筒”即用来装茶水的竹筒。上山、下地劳作的人都必须带上毛巾、荫帽和茶筒。

57.冬溜溜、夏石头。这是面点制作时揉面团时的要求。冬天干燥，面团越放越干，故要揉得软一点。夏天空气湿度大，面团越放越湿软，故要揉得硬一些。

58.生米烂饭烧锅焦。用柴灶铁锅焖饭时，水放得太少，火力又过猛，结果上层是生米，中层是烂饭，底层是烧焦的锅巴。

59.打苍蝇，摸虼虱。“虼”即跳蚤。“虱”即虱子。喻做事不认真、不专心，主要的事没做，却做了一些无关的事。

60.只可堆山，不可胀凼。“胀凼”即把低洼的地方填平。在平的地方上堆东西很显眼，容易出成效。往低洼的地方填东西不显眼，很难看出成效。

61.只可打堆，不可拆开。把东西堆在一起很显眼，把同样数量的东西拆开来分散地放就没那么地显眼了。

62.杂事不见功，做煞老长工。做杂事是很费功夫的，也是很难见到功效的。

63.行不知，坐不觉，屙堂尿赶不着。“行”即走。“屙堂尿”即解个小便。许多人一起走远路时，你稍微休息一下，哪怕是解个小便，就很难赶上同伴了。

64.行转去，退转来。出去做事却又转回来，磨磨蹭蹭的。

65.有弯树冇弯柴。树有弯的，但在弯处锯断，劈成的柴都是直的。

66.有前塝，冇后塝。有高低落差的田地，前塝是属本块田地的，后塝则归高处的田地所有。

67.有得忙，有得尝。辛勤劳动虽然既忙又累，但有了收获就有吃的，不会饿肚子。

68.懒汉一大担。懒人挑运东西，想一担挑完，结果适得其反，所费时间更长。

69.自家有收来家，别人家有眼巴巴。辛勤劳动就有收获，否则只能眼巴巴地看着别人家收获。

70.吃饭捧大碗，做事戳戳拐。“戳拐”即拄着拐杖。吃饭时像壮汉，做事时像老人和病人。

71.吃饭喝汤，做事号丧。“号丧”即哭丧。吃过饭还要喝点汤，做事时就要哭了。

72.死头活尾。多人抬运东西，领头的始终走在路中间，末尾的人则要根据路况灵活地走。

73.杀鸡杀鸭，不离嘴甲。鸡鸭的动脉和气管等都在脖颈处，在此处下刀很易致死。

74.老牛婆踏麦。“老牛婆”即年老的母牛。“踏麦”即用牛拖着踏耙（一种农具）把已播种的地拖一遍以覆盖住麦种。这里比喻有些人像老牛婆一样走得慢，任劳任怨，但效率不高。

75.老鼠驮面糊。“驮”即搬运。“面糊”即糨糊。比喻一点一点地搬运。

76.老迈无能，烧火看门。这是老年人自谦的话。

77.早饭吃得早，多割三把草。昼饭吃得早，省得回头又回脑。夜饭吃得早，省油省灯草。“昼饭”即中饭。“夜饭”即晚饭。“灯草”即旧时点油灯用作灯芯的草。早饭吃得早，上午劳动时间长一些。中饭吃得早，省得劳作时肚子饿。晚饭吃得早，可以早睡觉，可以省油省灯草。

78.当勤不勤，当懒不懒。该做的事不去做，不该做或可以不做的事却积极地做。

79.买得来种子买不来苗。播种时不能过分节约种子，不然苗不足就无法挽救了。

80.过水田不旱。有水经过的田总不会干旱的。喻指管理财物的人是不会吃亏的。

81.饭饱草鞋牢，不怕路途遥。吃饱了饭，有结实的草鞋，就不怕走远路。比喻有思想准备、有过硬本领的人不怕人生道路的艰辛。

82.抗旱如救火。抗旱如救火一样，若错过了时机，致幼苗枯死，就没办法了。

83.初一一回，十五一回。指某件事不连续地做，间隔好长时间才做一下。

84.跍蟆催工。“跍蟆”是一种小蛙。春末至秋初，跍蟆早中晚三次的鸣叫好像是在催人们出工和收工。

85.麦子一摁，往外一冲。小麦播种完后，大多数人都外出务工。

86.远路无轻担。路程远，再轻的担子也会觉得沉重。

87.远处块金，不如近处块铜。不管是种植农作物还是务工都以就近为好。

88.闲时不供牛，快活似神仙。忙种时冇牛，死命叫皇天。“供牛”即养牛。平时不养牛是快活，但种田时没有牛就很难了。

89.浅水种田，满水扶秧。插秧时田里水要浅，便于栽秧。栽完秧要灌满水，为秧苗提供充足的水分，有利于秧苗成活。

90.板凳抄树，一家人也捉不住。“抄树”即锯树干。把树干放在板凳上锯，树干滚来滚去，想要固定住树干很难。

91.抬七不抬八。多人一起抬运东西，平均每人负重在八十斤以下为好，超八十斤就过重了。

92.放下扒捞（钉耙）捏扫帚。“扒捞”“钉耙”都是农具。形容人勤快，一刻都闲不住。

93.撒籽望天收。懒人种庄稼，把种子撒下去便不管了，就等着收获。

94.供猪不划算，赚着一栏粪。养猪的收入少，但赚了一猪栏的粪。

95.供猪不赚钱，回头看看田。养猪的收入少，但有了猪粪作肥料，田里庄稼就长得好。

96.前头索一索，后头赶折脚。走远路或挑担走远路，后面的人稍微停一停，再赶上前面的人就很费劲了。

97.前车公，后车婆。指搬运货物时搬运的人前面抱着或推着货物，后面还拖着货物。

98.轻轻担，担倒山。每次搬一点，只要坚持不懈，山也能够被搬走。

99.赶忙三十夜，清闲初一朝。大年三十准备好东西，初一这天就清闲很多。

100.起早拔秧，冻坏只脚手。本想提前把事情做好，结果计划有变或把事办砸了，反而造成被动局面。

101.种，种一山。收，收一盦。“盦”是一种不太大的陶罐。在山上种粮食，种的面积很大，但收获却很少。也形容粗放种植，收获很少。

102.种地不开沟，功夫白白丢。“功夫”指劳动。种地不开沟容易积水，也不便于管理，并且庄稼是长不好的。

103.种尽山头地，饿煞世上人。把山上都种上粮食作物也养不活所有人。

104.种山要种湾，种田别种滩。山湾里土壤相对肥沃一些，且不易干旱，收成比山坡好。河滩田易受洪灾，沙性土壤保肥、保水性能很差，易受旱，收成不稳定。

105.种子不归家。作物在成熟后和收获时都难免落粒，落粒的数量一般都比播种时的用种量还多。

106.草鞋没样，箬皮照样。“箬皮”即箬竹的叶子。草鞋的样子跟箬叶相像。

107.草鞋越要牢，草穰捶成跳狮毛。“草穰”即稻草。“跳狮”即舞狮。

要想草鞋编得牢，编草鞋前最好要将稻草捶成像狮毛那样柔软。

108.草鞋越要好，葛藤丝夹糯谷草。“糯谷草”即糯稻的稻草。葛藤捶软撕成丝后和捶软的糯稻稻草夹在一起编草鞋，这样的草鞋非常好。

109.草鞋线长短，一达四分最标准。“草鞋线”即编草鞋的绳子。“一达”即两手伸直的长度。一达长的绳子折成四股刚好是编草鞋需要的长度。

110.草鞋勤翻边，经着好多天。“翻边”即上下面互换。“经着”即耐穿。草鞋翻边穿可以使上下两面均匀磨损，不至于过早散架。

111.咸鱼淡肉。做菜时鱼类要烧得偏咸一点，肉类要烧得偏淡一点，这样吃起来更有味道。

112.挑一担吃一头，耽搁两夜没存留。形容一些人能做事，但吃的也多，三天没收入就要挨饿。

113.挑水带洗菜，烧饭带领嬶。“嬶”作小孩，“领嬶”即带小孩。指能一起做的事尽量一起做完。

114.除了割田塝，随便哪一样。除了作田塍，听尔哪一门。“作田塍”即用水田里的稀泥糊田塍。要把田塝里的柴草割得精光不容易，做田塍要做得好更难。这是务农手艺不精之人的话。

115.拿个种子装个柄。把种子埋到地里就万事大吉了，不管有无收成。比喻做事是为了完成任务，不管效果如何。

116.宽秧田，窄菜园。秧田宜做得宽些，以减少畦沟，提高有效面积。菜地宜做得窄些，多一点畦沟，便于种植管理操作，有利于通风、排水。

117.宽刀打屁股，枞担戳石壁。“宽刀”即砍柴用的刀。“打屁股”即把刀鞘系在腰间，人走一步，晃动的刀就拍一下屁股。“枞担”即挑柴用的两头尖的木棒。“戳石壁”即挑柴时不小心，枞担戳到山崖路边的石壁。这是对砍柴人的劳动写照。

118.捉着不放，走掉不向。集体劳动时，抓住认真做事的人不放，跑掉的人就不管了。也有一件工作做的时候不放下，放下了就不再继续做的意思。

119. 捞着黄牛就是马。劳动中选用的工具不合适的意思。

120. 映牛不识牛虻。"映牛"即用绳子牵着牛吃草或看着牛吃草。指放牛的人连牛虻都不认识。比喻做事没有掌握应有的知识，不清楚存在的危险。

121. 做煞做死，做不出个鸡子。"鸡子"即鸡蛋。比喻尽管辛勤劳动，但收入甚微。

122. 做一样事换一样骨头。不一样的劳动造成身体疲劳的部位不一样，都要有一个适应过程。

123. 做事背纤，回家射箭。"背纤"即拉纤，在岸上拉着纤绳使船逆流上行。做事懒散像背纤一样慢，收工回家时则像射箭一样快。

124. 做事害黄病，吃饭不要命。做事时像病人一样，吃饭时不要命，吃得又快又多。

125. 做得苦，有得数。"数"指数钱。帮人家做工虽然很辛苦，但收入也是很可观的。

126. 常讲话嘴顺，不常做事手笨。要想讲话顺，就得经常说。要想手不笨，就得经常参加劳动。

127. 黄牛三把草，水牛三把草。水牛比黄牛食量大，不能喂一样多的草。比喻不按实际需要乱分配资源。

128. 猪多抢食，人多有力。养猪要同时养两头以上，抢着吃就不挑食、长得快。劳动时人多力量大。

129. 猪驮柴狗烧火，猫儿洗手做拓馃。做事不利落，把环境搞得一塌糊涂。

130. 堆山塞港。货物很多，堆成了山，把港口都塞住了。这里形容东西多，且没有整理和摆放好的意思。

131. 揩台揩四角，扫地扫角落。"揩台"即擦桌子。擦桌子容易忽略边角，扫地容易忽略角落。

132. 寅时葬，卯时发。指去世的人上一个时辰下葬了，下一个时辰后代就开始发达了。这里讽喻做成的东西很快就没用了。

133.勤拖屋，慢打稻。“屋”指稻谷人工脱粒用的木板谷仓，亦称“板屋”。“拖屋”即往前拖移板屋。勤拖屋可以缩短板屋与稻把的距离，节约时间。“慢打稻”指举起稻把的速度要慢，以减少甩在板屋外的谷粒，尽力做到谷粒归仓。

134.慌里慌张，三餐喝饮汤。“饮汤”即米汤。做事慌张，容易出错，肯定事倍功半，效果差。

135.温暾水杀鳖。“温暾水”即不是很烫的水。杀鳖时要将鳖放入锅内温水中，逐渐加热，将鳖慢慢地烫死。喻做事没有力度，速度很慢。

136.猴狲掰苞萝。“苞萝”即玉米。“猴狲”即猴子。猴子掰玉米，掰一个丢一个，最后手里只有一个玉米。比喻有些人得到一点利益又丢掉一点利益，到头来收获很少。

137.割草（斫柴）映牛，心挂两头。“斫柴”即砍柴。“映牛”即用绳子牵着牛吃草或看着牛吃草。一边要割草或砍柴，一边又要映牛，怎么顾得过来。比喻同时做两样事，可能一样都做不好。

138.阔望收来。虽然所种的作物单产不是很高，但栽种的面积大，总的产量还是可观的。

139.满山百降寻牛轭。“降”指山岭。“牛轭”即套在牛肩上的曲木。由于做牛轭的木料形状特殊，很难找到。这里比喻办难办的事或找难以找到的物件。

140.催工不催饭。做事时要催得紧，吃饭的时候不能催，让人把饭吃饱。

141.躁牛难为犁耙。急躁的牛耕田，犁和耙易损坏。喻指有些人做事急躁冒进，工具损坏严重。

142.想一下一个章程，歇一下又一个主意。主意多、心不定的意思。

143.歇肩不歇长，行路别匆忙。挑担时休息时间不能太长，不然就懒得挑了。走路不要匆忙，以免发生意外。

144.熬糖做酒，别说好手。“熬糖”指熬制麦芽糖。“做酒”指酿造米酒。制作麦芽糖和酿造米酒不是容易的事，就算是老手也不敢吹牛。

145.慢这慢那，三餐吃焖饭。“焖饭”即干饭。做事从容不迫、有条不紊，收效更好，三餐可以都吃干饭。

146.靠博，换博，接博。过去农民往较远的田里挑水粪，都采取几个人合作的方法，每人挑一段路程后把装满粪的担子交给下一个人，如此往复。这种方法就叫“靠博”，两人交接担子就叫“换博”，接下担子就叫“接博”。

147.靠肩，拗肩，盘肩，按磨肩。一个人要同时挑几担货物到目的地，可将第一担挑一段路程后搁下，回头再挑第二担，挑一段路程后搁下，回头再挑第三担，如此反复，这种方法就叫“靠肩”。平路挑担时一般都要用担杵放在另一个肩上拗着扁担分担重量，这叫“拗肩”。如果不用担杵挑担就叫“盘肩”。如盘肩挑时不放下担子，把担子从一个肩转到另一个肩就叫“按磨肩”。

其七

1.一羯（骟、劁）猪，二打铁，三捉鳗鲡四叉鳖。“羯”“骟”“劁”都指阉割，岭南大多用“羯”，荆州用“骟”，岭北则用“劁”。在过去农村阉割猪、打铁、捉鳗鲡、叉鳖最易挣钱。

2.一碗先生二碗匠，三碗四碗务农样。教书先生只吃一碗饭，匠人只吃两碗饭，务农的人体力消耗大，一般都要吃三四碗饭。

3.三角瓦两角砖。有三个角的瓦就可以用来盖房子，有两个角的砖就可以用来砌墙。

4.女怕嫁错郎，男怕选错行。女人嫁错人一辈子不幸福，男人如没有选对职业将没有大的作为。

5.千匠万匠，别学解匠。“解匠”即专门上山砍树锯料、锯板的匠人。这种匠人最辛苦、最危险，所以说千匠万匠，别学解匠。

6.千日斧头百日锛。“锛”一种工具。指每样工具的使用都有一个学习过程。

7.门门通，样样松。每门手艺都懂一点，但样样都不行的意思。

8.三分手艺，七分家伙。“家伙”即做手艺活的各种工具。工具的好坏关系做手艺活的质量和效率。

9.小木不留线，大木不留壳。细木工活在产品组装前要把画的线刨掉，粗木工活则不留树壳就行。

10.大木不差寸，小木不差分。粗木工产品不差寸就行，细木工产品则不能有一分误差。

11.不用匠，不端样。长时间不请匠人做新用具或修理用具，家里的用具就不像样了。

12.木匠易学，倒眼难凿。“倒眼”即木头不能翻动，从下面往上凿的孔。木匠好学，但凿倒眼很难。

13.木匠丢不掉把锉。木匠的锯子钝了就得用锉刀锉锋利，木匠不能没有锉刀。比喻手艺人不可缺少一些必需的用具，也比喻能干的人什么事都需要他参加。

14.木匠进门有柴烧，砖匠进门有担挑，裁缝进门有得妖。木匠来做事就有板头、刨花可以烧炉灶，砖匠来做事必然有很多材料要运进和废料要运出，裁缝来了就有新衣服穿了。

15.木匠不精，只有钉钉。传统的木匠是不用铁钉的，用铁钉则被认为是手艺不精。

16.木匠没法，篾箍一扎。砖匠没法，灰泥一塌。桶匠没法，生漆一刮。竹匠没法，篾片一夹。石匠没法，扁铲一塌。纸扎没法，面糊一捺。各种匠人都有应急和补救的办法。

17.长木短铁。木匠取料宁长勿短，长了可以锯掉。铁匠取料宁短勿长，短了可以锻长。

18.少年木匠老郎中。做木匠要体力，年纪大了就做不动了。郎中则年纪越大经历越多经验就越丰富。

19.半桶水易荡，半块头会讲。“半块头”指技术不精的匠人。技术不精的人往往说起来头头是道。

20.写字无用嫌笔炊。“炊”是绩溪方言自造字，意笔秃了。形容做事技术不行，却总怪工具或材料不好。

21.行行都懂，不如一行精通。有一门精通的手艺比门门都懂的好。

22.竹匠不偷竹，黄篾驮一束。竹匠在东家做工，不可能把竹子偷拿回家，拿一束篾条回家还是可能的。

23.竹匠少一只手，木匠多了一只眼。竹匠破薄篾时，要用牙齿咬住其中的一片篾头，并要用捏竹刀的手将篾撕开。木匠吊线时要闭住一只眼。因此人们开玩笑地说：“竹匠少一只手，木匠多了一只眼。”

24.东家贪图力，匠人贪图食。东家请匠人做事，希望匠人把事做好。匠人帮工希望东家伙食好一点，工钱能及时拿到。

25.老来学木匠，就是不登样。指年纪大了，学什么都很难了。

26.老太婆搽粉。老太婆在脸上搽胭脂，把自己打扮得年轻漂亮一点。这里比喻把旧的房子粉刷翻新或把旧的家具油漆翻新等。

27.早饭下肚，眼泪滴苦。夜饭下肚，钞票一数。匠人吃了东家的早饭，就要进行一天的辛苦劳作。吃了晚饭，就可以将一天的工钱收入囊中。

28.有吃无端，紧饱三餐。跟师父学手艺，前两年是没有收入的，仅供三餐饭。

29.师傅领进门，修行靠各人。师傅只能指导徒弟，但最终的成就要看徒弟的悟性和努力。

30.坝匠没师父，学会煞屁股。“坝匠”即砌石坝的匠人。“煞屁股”即坝面大石头摆放好后，后面要用小石块把缝隙挤紧，使大石头不能松动，这样大坝就结实。

31.卖田卖地，卖不掉手艺。田地可能因经济困难卖掉，但手艺则终身受益。

32.徒弟出山，师傅收摊。过去农村有些行业的手艺人不愿带徒或只传给儿子，如剃头、宰猪等行业，带出了徒弟就分掉了生意，师傅的收入就少了。

33.徒弟挑家伙，师傅捏烟筒。“家伙”即工具。“烟筒”即抽黄烟的烟杆，也叫“旱烟筒”。匠人去新东家做事或一家完工离开时，徒弟都得挑着工具先行，师傅则手捏一杆旱烟筒慢悠悠地跟在后面。

34.绝法不值半分钱。“绝法”即匠人做事中的特殊技巧，可以提高效率和产品质量。这是匠人自谦的话。

35.饿煞的伙头八百斤，胀煞的伙头没秤称。厨师常年在锅台边，最先吃到东西，不会饿着。

36.紧铁打宽刀。勉强够的铁打成刀。比喻用仅有的一点材料做成产品。

37.砖匠怕木匠，木匠怕漆匠，漆匠怕光映。砖匠施工的误差易被木匠发现，木匠施工的精度很难达到漆匠的要求，漆匠的漆品则最怕灯光的照射，灯光下漆品的光泽度和漆面的均匀度一览无余。

38.铁匠不沾钢，三餐喝饮汤。铁匠为东家加工铁器时都会说东家的铁不够好，必须要配好钢，东家只好在铁匠那里买好钢，铁匠乘机高价出售好钢，这就叫“沾钢”。铁匠如不沾钢，赚不到钱只能喝米汤了。

39.铁匠不偷铁，零头剪一截。指铁匠为东家加工铁器时，为了加工件整齐和标准，把过长或过宽的部分剪掉，剪下的部分就据为己有。

40.银匠不偷银，饿煞一家人。银匠故意夸大银器加工中的火耗，从而获得银子赚钱，银匠如不偷银，一家人就得挨饿。

41.裁缝不偷布，三日一条裤。裁缝替人做衣服，通过套裁，三天可以省下一条裤子的布料。

42.裁缝得人憎（跌人经），进门夺火熥。“得人憎”即讨人厌的意思。在没有电熨斗的年代，裁缝靠火烙铁熨烫。为了加热烙铁，裁缝进门就要火熥。如在冬天，东家家里会有人没火熥烤火，因此说裁缝讨人厌。

43.桶匠好做，底箍难打。木桶的底箍上下位置必须相当准确，上底箍难度很大。

44.端人家碗，服人家管。受雇于人就要按雇主的意愿做事，服从雇主的安排。

45.领不差分，衣不差寸。这是裁缝做衣服时必须遵循的误差标准，不然就不美观了。

46.一个便宜三个贪。价格便宜的东西，买的人就多。

47.一分钱一分货。卖家总比买家精，好的东西都不会贱卖。

48.一手交钱一手交货。买卖的规矩。

49.一个卖糖，一个不甜。一个人在喊卖糖，一个人在喊糖不甜。唱反调的意思。

50.人无笑脸别开店，货不停留利自生。笑脸迎客，顾客就喜欢来你的店买东西。货物快进快出，资金流动快，利润自然就会多一些。

51.三文不值两文。形容货物被贱卖了。

52.三个好汉不敌一爿烂店。一家烂店能抵上三个好汉。

53.小鬼托秤砣。形容不会称秤的人把握不好秤砣吊绳在秤杆上的位置，使秤杆一下子翘得很高，一下子垂得很低。

54.下等生意上等钱。看似下等的生意，但能赚钱。

55.上门好买，上门好卖。卖家上门，买家占优势。买家上门，卖家占优势。

56.千般生意万般难，讨饭赶狗难。各种行业都有各自的困难，要勇于面对，努力克服困难。

57.不怕不识货，只怕货比货。不知道要买的货物好坏或价格是否合理不要紧，只要货比三家就行了，有比较就好鉴别和选择。

58.不图便宜不上当。买东西上当受骗大多是因贪图便宜，所以不贪便宜就不会上当。

59.开店容易守店难。新店开张只要有充足的资本就行了，但要把店办好、长期办下去就很难了。

60.开饭店不怕大肚汉。指开店的人总希望消费者消费得越多越好。

61.无零不成账。所有来往的账目不可能都是整数，没有零头的账大多是假账。

62.木勺树上剜。卖家赠送顾客的礼品，其实该礼品的成本已经包含在所买商品的价格中了。

63.乌龟去掉鳖价。旧时乌龟价低鳖价高。形容买东西吃了亏，物次价高。

64.牛过索，猪过栏。“索”指牵牛绳。“栏”即猪圈。买卖牛时买方已换过牵牛绳，买卖猪时买方已把猪赶入自己的猪圈，就不能反悔了。

65.打众开爿店，不如独自摆个摊。“打众”即合伙。合伙开的小商店，很难管理好，不如自己摆个摊。

66.生意茂盛，本钱干净。指不会经营，看似生意好但还是亏本，也是店主自谦的话。

67.宁贵买。心仪的东西，哪怕贵一点，也应下决心买下来。

68.节后三日闲。过节时物品采买得较充足，几天都不需再采买，故店家节后几天都比较清闲。

69.买不尽便宜，吃不尽亏。市面上便宜的东西很多，是买不完的，被商家忽悠而吃亏的事是常有的。

70.买的不知买，卖的不知卖。指市场信息不灵通，某种商品的市场价格已大幅降低了，买家还以原来的高价买入；某种商品的市场价格已大幅提高了，卖家还以原来的低价卖出。

71.买巧不如买便。大多数人还是更注重买东西方便。

72.有货不愁平，冇货愁煞人。“平”即一时卖不掉的意思。有货不要怕卖不掉，店中无货才是使人着急的事。

73.有错买，冇错卖。卖家总比买家清楚各种货物的情况，不会错卖，而买家则有错买的可能。

74.瞒天讨价，就地还钱。买卖双方可以瞒天过海地讨价还价，但是成交后必须付清货款。

75.饭店门前摆粥摊。指与人抢生意。

76.管碓开店，不认亲眷。管理水碓和开商店，若给亲戚都免费或优惠，生意就很难做了，所以对待亲戚也要和其他顾客一样。

77.肥田不如瘦店。开店总比种田强。

78.挑水磨石塌，不发也要发。“磨石塌”指的是用石磨磨豆腐。指开豆腐坊能赚钱。

79.挑水磨石塌，本钱蚀不掉。开豆腐坊，风险小，不会亏本。

80.珍珠米上死。粮食奇缺时，珍珠还不如米值钱。比喻特殊时期，价值颠倒。

81.屠刀生眼睛。“屠刀”即剁肉的刀。指卖肉的人看与买肉人的关系和情面而剁下或好或差的肉。

82.黄牛自有黑主顾。有些货一时卖不出去也不要急，自然有需要的人会来买的。

其八

1.一夜辛苦，十夜难补。一夜未睡，身体恢复要一段时间。

2.一餐吃伤，三日喝汤。一餐暴食，伤了肠胃，此后三天内只能吃一些流质和松软的食物来恢复肠胃功能。

3.一个黄豆三个屁，十个黄豆一台戏。指吃黄豆容易放屁。

4.一斤番芋三斤屎，回头看看还不止。“番芋”即山芋。山芋主要含淀粉和粗纤维，有利于通便，经常食用对人的健康有好处。

5.焐三凉九。三月天忽冷忽热，易感冒，脱衣不能太快。九月天渐冷，增加衣服也不能太快。

6.一聋三分痴。耳聋就难以和外界交流，久之，人就变得痴呆了。

7.一岁年纪一岁人。老人随着年龄的增长，身体的机能逐渐地退化，一年比一年差。

8.一跌一长。小孩在学步时，难免会摔跤，不能因此不让他学步。

9.二八月乱穿衣。农历二月和八月，日夜温差大，晴天和雨天温差也很大，年岁大、体质差的人穿厚衣，年轻、体质强壮的人穿单衣。

10.人生难买老来瘦。年纪大的人瘦一点对健康有好处。

11.人瘦毛长。人瘦了就显得毛发也长了。

12.七十不留夜，八十不留餐。年老之人病灾难测，不宜留年老的客人在家就餐和过夜，以免招惹麻烦。

13.三根骨头两根筋。形容人瘦得不成样子。

14.山中自有千年树，世上难逢百岁人。山中有千年以上的树，但世间百岁以上的人不多见。

15.干净人邋遢死。有些人年轻时非常爱干净，年老时由于行动不便或患病变得邋里邋遢的。

16.小儿积食，山楂麦芽。山楂、麦芽是有助消化的。

17.大人伤风，紫苏红藤。如患伤风，可使用紫苏和红藤。

18.大豆圆圆，放屁一船。蚕豆扁扁，放屁一匾。指吃大豆、蚕豆容易放屁，但营养丰富。

19.千层纱，万层纱，不敌四两破棉花。薄纱虽好看，但保暖差，不如棉花保暖效果好。

20.端午洒了雄黄汤，牛蚣蛇蝎都走光。“牛蚣”即蜈蚣。“走”即逃。端午节那天各户都在家前屋后以及屋内的墙角、水缸边洒雄黄水，用来驱邪和驱走蜈蚣、蛇蝎等毒虫，以免伤害人和家畜、家禽。

21.少吃多滋味，多吃烂肚肠。好吃的东西适当吃一点，有滋有味，吃多了就腻了，甚至会吃坏肚子。

22.不气不恼，自家见好。气气恼恼，自家搞倒。生气伤身，告诫人们不要生气。

23.风热伤感，冬桑叶野菊花。冬桑叶和野菊花是治疗感冒的常用药。

24.风寒咳嗽，生姜红糖。风寒咳嗽，用生姜红糖熬水喝，效果很好，见效也快。

25.风寒从脚起。许多风寒类的疾病都由脚受凉引起的，因此要注意保暖脚。

26.斤鸡马蹄鳖。指鸡和鳖最好的大小。

27.气恼成病，欢乐长命。气恼容易生病，欢乐可以长寿。

28.徽州朝奉，自家保重。指徽州人在外要自己保重。

29.从来不害病，害起病来就伤命。从来不生病的人要生病肯定是大病。

30.手痛要托，脚痛要搁。伤痛处下垂，不利于血液循环和伤口愈合。故痛手要托着，痛脚要搁高。

31.嘴不歇，肚不瘪。嘴里不停地吃，胃来不及消化。

32.心动脚不移。年纪大或有伤病的人心里想做很多事，但腿脚不便或体力不支无法实现。

33.乌龟少动千年寿。乌龟运动少，但能长寿。

34.今年的笋明年的竹，少年体壮老来福。今年的笋明年就长成了竹，少年强壮到老年时就会健康幸福。

35.好汉经不起病来磨。再好的身体也经不住疾病的折磨。

36.好汉不赚六月钱。高温季节不要过度劳累，否则影响身体健康，得不偿失。

37.牙疼不是病，疼煞无人问。指牙疼不是大病，但非常疼。

38.头肿三年，脚肿就行。“行”即走。脚肿比头肿更要引起重视，要及时诊治，以免贻误病情。

39.吃了秋了茄，饿煞郎中爷。“秋了茄”即秋后结的茄子。秋后的茄子要硬一点，但是营养更好。

40.吃得光，不生疮；吃得尽，不害病。建议人们计划用餐，吃光吃尽不浪费，不留剩饭剩菜，有利身体健康。

41.吃煞不壮，养煞不白。“壮”作胖。有的人吃得再好也胖不起来，有的人再怎么保养也不白。

42.吃杨桃，泻肚泻来嚎。“杨桃”指猕猴桃。“泻肚”即拉肚子。猕猴桃很有营养，但吃多了会拉肚子。

43.吃张吃李，不如吃米。“张”“李”这里指各种补品。“米”这里指各种谷物。吃各种补品还不如吃各种谷物安全和营养。

44.早早困，晏晏起，眼睛鼻孔都欢喜。“晏”即晚。晚上早睡，早上适当晚起，保证睡眠时间，人精力就旺盛。

45.早吃姜晚吃蒜，病痛少一半。早上吃生姜，晚上吃大蒜，对身体有好处。

46.早吃姜，赛参汤。晚吃姜，似砒霜。早上吃生姜有利祛除寒气，晚上吃生姜对身体不好。

47.交夏不吃梅，瞌睡舂下来。“交夏”即立夏。立夏以后人容易犯困，梅子可以提神。

48.有钱吃补药，冇钱洗个热水浴。有钱吃补药，没钱就洗热水澡。

49.辣茄不补，两头吃苦。“辣茄”即辣椒。虽然辣椒吃了易上火，但辣椒富含人体所需的维生素。

50.有命吃鸡子，冇命贴火纸。“鸡子”即鸡蛋。“火纸”即黄表纸。在医疗条件很差的年代，妇女生孩子风险很大，顺利生产的就可以吃红糖水煮煎鸡蛋了，而难产去世的就只能在脸上贴火纸了（当地习俗，人死了要在脸上贴张火纸）。

51.伤筋断骨一百日。伤筋断骨痊愈所需的时间较长。

52.动嘴三分饱。人很饿的时候，稍吃一点食物就感到好受多了。

53.老牛难过冬，嫩牛难过春。老牛体弱，很难度过严寒。小牛免疫力差，春天易得传染病，很难度过春天。人也一样。

54.瘦人好装饭。“好装饭”即饭量大。有的人看似瘦但饭吃得多。

55.冻尿饿屁。天气冷小便多，饥饿时屁多。

56.冻煞懒鬼，热死勤汉。寒冷的天要适当地参加一些体力劳动或体育运动，以增强自身的防寒能力。大热天参加体力劳动和体育运动，要注意控制运动量和防暑降温。

57.快活似神仙，屁股生钉尖。嘲笑有些人工作太轻松了，经常坐着，屁股都生疮了。

58.肚上捙筲箕，仙人都难医。“捙”即盖上。“筲箕”即用竹篾编成，可以沥水的半球形篮子。指得了血吸虫病的人后期肚子很大，像盖了个筲箕一样，这时就很难医治了。

59.肚皮十八隔，越胀越开阔。缺粮的困难时期，吃饭不能吃得太饱，以免把肚子胀大了要吃更多的饭。

60.肚饱身前暖，风吹背后寒。吃饱的时候就不觉得冷，风一吹觉得后背冷。

61.冷水洗面，热水泡脚。“洗面”即洗脸。早上用冷水洗脸，可使人清醒且保护脸部皮肤，晚上用热水泡脚可以通筋活血。

62.财赶兴家，黄病打衰家。“黄病”即比较重的病。兴旺的家庭财运也好，衰败家庭的人营养不良，卫生条件差，容易得病。

63.尿多没病，屎多没命。多喝水，多排尿，身体健康。大便多可能是胃肠道疾病引起的，久之，会危及生命。

64.鱼生火，肉生痰，青菜豆腐保平安。指多吃蔬菜有利身体健康。

65.男怕精灵，女怕懵懂。老年男子不要太精，思多伤身。老年女子若懵懵懂懂，肯定是由疾病引起的，要及时诊治。

66.穷人不害病，赛过行泰运。贫苦家庭没有人生病就是最大的幸运。

67.穷人害了富贵病，有命也没命。“富贵病”即治疗要花很多钱的病。穷苦人得了富贵病没钱治病，只能放弃。

68.青菜萝卜汤，益寿保健康。多吃青菜和萝卜，有利于身体健康。

69.苦人头上草蒲榻，贵人头上光塌塌。“草蒲榻”即杂草密密匝匝地缠绕生长在一起。“光塌塌”即光秃秃。贫苦人头发多，富贵人头发少。

70.细人家怕吓，老人家怕跌。小孩子受到惊吓，影响身心健康，会产生心理问题。老年人不灵活、骨头脆，跌倒后易受伤，且恢复也慢。

71.响屁不臭，臭屁不响。响屁都是饿屁所以不臭，不响的屁都是消化吸收不良排出的臭气。

72.要想身体好，吃饭八成饱。吃饭太饱易积食伤身。

73.药物对症，大黄即补。大黄是一味泻药，但对有些病作用很大。

74.药不对症，人参也毒。人参是一味补药，但不宜吃人参的病人若吃了人参等于吃了毒药。

75.春不露脐，夏不蒙头。春天腹部要注意保暖，不可让肚脐外露。夏天要让头部散热，以免中暑。

76.若要小孩安，常带三分饥和寒。小孩不能吃得过饱，也不能穿得太暖。

77.树怕伤根，人怕伤心。树伤了根就很难存活了，人伤了心对身体健康不利。

78.屎急打茅司，病急乱投医。指事情到了紧急的时候，才到处想办法或到处求人。

79.酒不醉，五脏俱补。酒喝醉，五脏俱伤。少量喝酒对身体有好处，喝多了则对身体有害。

80.凉头暖肚。头可以稍凉一点，但肚子一定要保暖。

81.夏不困石，秋不睡板。夏天不能贪图凉快睡在石头上，秋天不能睡在门板上。

82.家里有艾草，郎中不用找。艾草有很多的药用和保健作用，能预防传染病，能驱蚊，抑制及杀灭多种细菌和病毒等。

83.真病无药医。“真病”即绝症或称不治之症。得了绝症是没有药能治好的。

84.病来如山倒，病去如抽丝。得病时来势快而猛，而病愈却十分慢。

85.萝卜上市，郎中冇事。萝卜既是蔬菜又有很好的药物作用，多吃萝卜可以预防多种疾病。

86.萝卜进城，药店关门。指萝卜有很好的药物作用。

87.萝卜丝炒虾虾。贫困的年代，许多人家缺衣少被，冬天还赤身睡在篾席上，人的身体蜷缩起来像炒熟的虾子放在萝卜丝上，故称。

88.脚对风，请郎中。睡觉时切不可脚对着风口，许多病都是脚部受凉引起的。

89.常吃大蒜和生姜，不用医生开药方。大蒜和生姜是很好的保健蔬菜，常吃可预防多种疾病。

90.常常病，不伤命。经常生的病一般都是小病，只要治疗得当不会伤及生命。

91.黄叶落，青草发。秋天落叶和春天青草发芽的时候，传染病易发生，慢性病易发作。

92.越吸烟越害喉。“害喉”即呼吸系统的疾病。有呼吸疾病的人一经烟刺激，当时觉得呼吸顺畅些，其实会使病情越来越严重。也喻指贫困者借了高利贷，当时救了急，其实跟害喉者吸烟一样，负担会越来越重。

93.棺材盖上打躬斗。“打躬斗”即翻筋斗，形容快要死的人。

94.湿热下泻，马齿苋铁苋菜。这两种草药对肠道感染有效。

其九(月份均指农历)

1.年里春，暖烘烘，来年早春耕。年内立春，季节来得早，来年春耕也来得早。

2.正月种竹，二月树木。正月和二月是栽竹种树的最佳时机。

3.吃了清明馃，天晴落雨没得坐。清明后，农活就多起来了，晴天和雨天都有事做。

4.清明前后，种瓜种豆。清明前后，就可以种植瓜类和豆类作物了。

5.三月三，老笋爆喳喳。三月初，“老笋”这种野竹笋就破土而出，人们就可以采来当菜吃了。

6.谷雨谷雨，谷籽下水。谷雨季节，单季水稻就可以开始浸种育秧了。

7.桐子花开，竹笋打堆。谷雨后，桐子树开花了，这时笋子就多了。

8.头遍黄沙一遍粪，二遍黄沙等于不曾种。“黄沙”即沙尘天气。小麦扬花期最怕沙尘天气，如一次沙尘后下雨，恰如施了一遍肥，但沙尘天气多了，小麦花蕊会被沙尘呛死，产量就会受很大影响。

9.四月做天难，秧要暖，麦要寒；种田公公要雨水，采茶姑姑望天干。四月，水稻秧苗需要热量来促进生长，小麦正处灌浆期则怕高温逼熟而减产；春耕需要雨水，而采摘茶叶则需要晴天。

10.麦怕交夏连夜雨。“交夏”即立夏。立夏时小麦正处后熟期，连续下雨，麦田积水会烂根早枯，造成减产。

11.栗树乌，夏树隐，夹毛灰没火种。栗树、夏树、夹毛灰为三种树的树名。这三种树都不是理想的薪柴树种。

12.精粪浇秧，滚水泡疮。浓度高且没腐熟的粪直接浇在秧苗上，如开水浇在人生疮的皮肉上，会使秧苗遭肥害，或枯死或受伤。

13.交夏油菜小满麦。立夏后油菜陆续收割，小满后小麦陆续收割。

14.麦倒精光，谷倒满仓。麦子倒伏多因肥害，倒伏早，减产严重。除病害外，稻子倒伏都因穗大粒重，倒伏迟，不影响产量。

15.麦倒两头翘，懒汉真好笑。小麦倒伏多因施肥太多，还不如懒人种麦施肥少一点好。

16.小满一七，割麦合适。小满后七天，割麦正当时。

17.小满一七，不论青黄都割得。小满后七天，小麦都可以收割了。

18.小满枇杷黄，夏至杨梅红。小满时枇杷黄了，夏至时杨梅红了。

19.栗花白，正割麦。栗花黄，种田忙。“种田”指栽插水稻秧苗。栗子树刚开的花是白的，将要落的花是黄的。栗子树刚开花的时候正忙着割麦，栗子树花将要落的时候正忙着插秧。

20.蚕豆豌豆，共个时候。蚕豆和豌豆是同期的夏季作物，播种收获时间差不多。

21.蚕豆先开花，豌豆先到家。蚕豆先开花但后熟期长，豌豆后开花但后熟期短一些，所以豌豆反而比蚕豆稍早一点收获。

22.挖好大蒜，再裹端午粽。端午节前大蒜已成熟，要尽快收获，收完大蒜后就可以包粽子了。

23.吃了端午粽，一时一刻没得空。端午节后的农事更加繁忙，就没有空休息了。

24.芒种端午前，点火夜种田。“种田”指栽插水稻秧苗。芒种节气在端午节前，季节来得早，要抓紧插秧，不然会造成减产。

25.芒种端午后，点火夜种豆。芒种节气在端午节后，季节来得迟，如不抓紧种豆，豆子不能在下霜前成熟。

26.芒种半田青。芒种时，水稻应已栽一半，在夏至前要栽完。

27.早种三日田，不如多养一夜秧。秧苗太嫩，移栽时易损伤，栽后长得慢，所以一定要足龄壮秧才移栽。

28.起早拔秧，黄昏种田。“种田”即栽插水稻秧苗。起早拔的秧苗失水少，易栽活。黄昏时栽插的秧苗，移栽后受太阳光灼伤少一些，又经过一夜的恢复，更利秧苗成活。

29.种田不留隔夜秧。隔夜再栽的秧苗不易成活，所以当天拔的秧苗要当天栽完。

30.种田种过夏至，一淡无意。夏至节气后再栽的水稻，过了秧龄，肯定会减产。

31.绿豆绿豆，六月播种六月收。绿豆生长期短，尤其是炎热的六月，月初播种，月底就可以收获。

32.小暑油麻大暑粟，山上山下种萝卜。“油麻”即芝麻。小暑时种芝麻，大暑时种粟子，萝卜也可播种了。

33.小暑萝卜白露菜。小暑时可以种萝卜，白露时可以种白菜和青菜了。

34.小暑看田，大暑看稻。小暑时可以看出水稻的生长情况和田间管理的情况，大暑时就可看出水稻能否丰产了。

35.七寸油麻八寸粟。“油麻”即芝麻。这是芝麻和粟栽种时的行株距。

36.猪四狗三猫儿一大担。“担”即怀孕，方言也称“担胎”或“担肚”。三种动物的妊娠期时间，猪为四个月，狗为三个月，猫则为一个多月。

37.六月葱，不见踪。六月时露地栽培的葱都已结籽落禾，所以看不见葱苗。

38.六月不热，五禾不结。六月气温低，不利于农作物生长。

39.六月盖絮被，有谷也冇米。“絮被”即棉被。六月睡觉时还要盖棉被，稻谷长成了也大都是瘪壳。

40.松树刁丫赛浇粪，杉树刁丫算个不曾种。松树适当地去掉下层的枝丫，往上长得更快。杉树则不能去枝丫，因杉树分泌的树脂少，不能封闭被砍枝丫的创口，创口会腐烂至深处，影响树干的材质。

41.夏旱装仓，秋旱精光。夏旱说明气温高，有利于秋季作物长根，促进苗期生长。秋旱时正值秋季作物孕穗和灌浆，没有充足的水分供应，作物就会枯死或大减产。

42.交秋杨桃白露梨，寒露柿坨红了皮。“杨桃”即猕猴桃。猕猴桃立秋时成熟，梨子白露时成熟，柿子则在寒露时成熟。

43.秋后三交雨，遍地出黄金。立秋后再下三次透雨，秋季作物的后熟期就不会缺少水分，必定大丰收。

44.交秋三朝雾，讨饭都冇路。立秋季节连下三天的雾，不利于秋季作物后期生长，是个歉收年。

45.交秋滴滴沥，不芽谷，草穰也是烂索索。“交秋”即立秋。“草穰”即稻草。立秋这天下雨，秋收季节必定阴雨连绵。稻子无法收割，长时间浸泡，谷粒就会发芽。即使抢收了稻谷，稻草也无法晒干，只能放在田里烂掉，到冬天就没有饲草了。

46.关门秋满兜兜，开门秋没得收。立秋时刻在晚上，收成就好。立秋时刻在早上，收成就不好。

47.处暑早，秋风迟，白露山核开打正当时。“开打”即开始收获。白露时是山核桃开始收获的最佳时间。

48.处暑不浇田，有水浇遍添。处暑时稻田就可以停止浇灌了，如果水源充足可以再浇一次水。

49.白露无青稻，小满无青麦。白露时单季水稻都可以收割了，小满时麦子都可以收割了。

50.七挖金八挖银，九月十月是块铜。指茶园秋锄的时间不同，效果也不同。

51.七月龙须八月芒，九月十月切葛藤。“龙须”即龙须草，是搓草鞋绳的好材料，七月采集最好。“芒”是一种芒草，也是搓草鞋绳的好材料，八月采集最好。“葛”是一种藤蔓形的多年生植物，它的根富含优质淀粉，它的藤是编草鞋的好材料，九十月采割最好。

52.七月杨桃八月楂，九月板栗笑呵呵。“杨桃”即猕猴桃。“楂”即山楂。猕猴桃七月成熟，山楂八月成熟，板栗九月成熟。

53.七月长藤，八月长芋。山芋七月长藤，八月长块根部分。

54.七月大，八月小，青菜萝卜吃不了。七月大，八月小，青菜萝卜将是大丰收年。

55.八月半种大蒜，八月中种大葱。指大蒜、大葱的栽种时间。

56.秋分不露头，割了喂老牛。双季晚稻如果秋分还未抽穗，那大部分的稻禾因气温低抽不出穗了，只能割了喂牛。

57.寒露无青稻，霜降一起倒。寒露时双季晚稻就可以收割了，若不及时收割，霜降时就可能有霜冻，霜打后的稻子就会倒伏在地，收割困难，损失严重。

58.寒露油菜霜降麦。寒露要播种油菜，霜降要播种小麦。

59.枇杷开花吃柿坨，柿坨开花吃枇杷。寒露时枇杷开花而柿子成熟，小满后柿子开花而枇杷成熟。

60.霜降霜降，麦子出瓮。“瓮”即陶土做的缸，农村用来储存小麦等粮食。霜降时小麦要播种了。

61.透气白，好种麦。呼吸时呼出的热气遇冷变成白雾时就可以种小麦了。

62.种麦种到小雪，麦秆都矮一截。小麦到小雪时再播种，麦秸秆要矮一些。

63.九黄十收，十黄九收。农作物尤其是谷类作物，太老了易落粒，秸秆会倒伏，没倒伏的谷穗也会下垂，不便于收割和脱粒。所以农作物九成黄收获较好，十成黄时收获也只有九成的产量。

64.小蚕要加温，大蚕要通风。小蚕本身热量少、怕冷，尤其是春季，气温还很低，所以要加温。大蚕体积大，热量足，所以要通风散热。

65.三七耘田，四七下粪，五七六七干湿湿。“七”即七天。水稻移栽二十一天后耘田，二十八天后下猪牛粪，四十天左右要“烤田”，即保持田面干干湿湿，促进分蘖和长根。

66.三个月种，一个月收。许多积温型的作物种得太早，由于气温低，长得很慢。适时播种的，长得较快。早种、迟种收获的时间相差不大，三个月内播的种，收获都在一个月内。

67.干花湿荚。豆类植物开花时需要晴天，气候干燥一点，有利于昆虫帮助传花授粉。结荚后需要湿润一点保证水分供应，有利于豆粒灌浆，促进籽粒饱满。

68.干长根，湿长禾。土壤水分少时作物拼命长根吸收水分，根系则发达，有利于后期生长。土壤水分充足时作物快速长禾，易造成倒伏。

69.干不煞萝稷，饿不煞皇帝。“煞”即死。“萝稷”即高粱。高粱是最耐旱的作物之一。若高粱都旱死了，那皇帝也要挨饿了。

70.干耕湿锄，不如休息。干耕湿锄都会破坏土壤良好的团粒结构，很不利于以后的耕作和作物的生长。

71.不曾霜降就下霜，来年要吃糠。霜下得太早，有些秋季作物还没有来得及收获，会造成损失。秋播的作物刚出苗就受到霜冻的伤害，来年要减产。

72.杉树松树不削壳，等于不曾斫。“斫”即砍。砍的杉树、松树要及时削壳，否则蛀虫就在树皮中产卵，孵出的蛀虫就会从树皮逐渐地往树心蛀，到时砍下的杉树、松树就成不了材。

73.好稻叶下放，差稻面上装。丰产的水稻都不会早衰，到收割时叶子还很旺盛，沉甸甸的稻穗都被叶子遮住。早衰的水稻叶子先枯，能看到很多稻穗，谷粒也不饱满，产量也就低。

74.好稻不如薄芋。“芋”即山芋或芋艿。山芋、芋艿的产量和种植效益都超过水稻。

75.东一穗，西一穗，四十日就好割。看到小麦和水稻零星的吐穗，四十天后就可以收割了。

76. 芋头种得深，挖挖一缸罇。芋头种得浅，挖挖一点点。“缸罇”一种陶钵。芋头种得深一些，产量就高，一株就能装满一缸罇。芋头种得浅，只能收获一点点。

77. 光眼鱼，瞎眼笋。河里总有漏网之鱼，山上总有漏拔之笋。

78. 有灰无粪，只收一半。有粪无灰，一季白栽。在没有化学肥料和化学农药的年代，石灰既是农药，可以杀虫、杀菌、除草，又是含磷、钾、钙、镁、硅等元素的好肥料。指旧时种田没有石灰是不行的。

79. 庄稼一枝花，全靠肥当家。肥料对于农作物的生长是非常重要的，但要科学、合理地施用。

80. 年里光挞挞，年外有麦割。小麦苗期不能疯长，否则会遭冻害，有一定的基本苗就够了。

81. 冻冰响，萝卜长。萝卜在较冷的气温下还能生长。

82. 买柴不买松丫，买菜别买冬瓜。松丫即松树的枝丫。松丫易燃但不耐烧，冬瓜易烧烂但水分多，买来都不划算。

83. 苗里别乱发，麦有六十，谷有三百。“发”即分蘖。麦子和水稻都要尽量地减少无效分蘖，这样主杆就粗壮，穗大粒多，每支麦穗的麦粒数可达六十，每支稻穗谷粒数可达三百。

84. 茄树种一百，日朝有得摘。农家种一百棵以上茄子，盛果期天天可以采摘茄子。

85. 油麻花生不要粪，只想在灰里困。芝麻和花生均不需要很多的氮肥，但需要充足的磷钾肥，应多施草木灰。

86. 春耕深一寸，抵上一遍粪。春天时对冬闲田适当深耕，有利于土壤熟化，对下茬作物生长有利。

87. 秋前养鱼，秋后养稻。岭北大的蓄水塘内都筑有一条坝，把水塘分成前塘和后塘。立秋前遇旱前塘水可以浇灌稻田，后塘水必须留着养鱼。立秋后遇旱，稻子已处于后熟期，需要大量水分，后塘的水也要用来灌溉稻田，不能养鱼。这是岭北当地俗成的规矩。

88.种田不下狠，年年怨谷种。“谷种”即稻种。水稻产量低，不检讨自己栽培和肥水管理的问题，只怨稻种不好。

89.种田少要本，年年换谷种。想要产量高、成本低，优良的稻种很重要，因此要不断地选用更优良的稻种。

90.种地又种田，尿屎要值钱。“值钱”作珍惜。人粪是上等的有机肥。

91.要想吃好麦，三月晒得疄沟白。“疄”即畦。要想麦粒饱满，农历三月要旱一点，否则麦子易烂根早衰。

92.菜三麦六。在适宜的温、湿度条件下，十字花科的种子三天就能出苗，麦谷类的种子六天才能出苗。

93.雪打菜花球，有籽没油流。“菜花球”即油菜秆上已结出花球，还没有盛开。油菜秆已结出花球时下雪，花蕾会受到冻害，影响油菜扬花授粉，就算勉强能结出油菜籽也不饱满，出油率也很低。

94.割麦如拾宝，种田赛赶考。收麦时要分秒必争，像抢宝贝一样。稻田栽秧像考试一样，要限时完成。

95.寒梅种田，讨饭过年。栽插水稻秧苗后遇上寒冷的梅雨，水稻生长慢、分蘖差，势必大幅减产。

96.锄头底下三分火。春天对庄稼地进行一次浅锄，有利于土壤吸收温暖的空气，提高地温。

97.锄头底下三分肥。对作物进行中耕除草，有利于作物根系的生长，吸收更多的养分，除去杂草可以避免杂草与作物争肥。

98.锄头底下三分水。干旱时对庄稼地进行一次浅锄，有利于切断土壤结构中的毛细管，阻止土壤中下层的水分向上输送和蒸腾，达到保水的目的。

99.棉锄三遍白如霜。稻耘三遍多米又少糠。“白如霜”指采摘下的棉花跟霜一样白。“多米少糠”即谷粒饱满，出米率高。作物栽种后的田间管理很重要。

100.稻要养，麦要抢。稻子收割要等完全成熟为好，而小麦收割季节雨水多，有晴天就要抢收小麦。

101.霜打油菜荚，到老不发达。油菜种迟了，到下霜的时候还是一对子叶，这样易受冻害，油菜苗就长不好了。

102.人怕黄病，田怕三棱。“黄病”即肝脏的病。“三棱”是一种生命力极强的野草，这种草根扎得深，繁殖快，它的茎、梗都呈三棱形，当地人称“三棱毛”或“三棱草”。人得了黄病很难医治，田地里长了三棱草就很难除尽。

103.木柯桐，挑煞人。板树草丁花，一肩挑到家。“木柯桐”“板树”“草丁花”是三种树名。木柯桐含水量高，板树和草丁花含水量少，所以砍柴时人们都喜欢砍后两种树。

104.正月叫花猫，二月叫花狗，三月猪婆满山走。“叫花”即动物发情。“走”即跑。指猫、狗和猪每年的初次发情期。

105.打生地。指地要轮换着种不同的作物。

106.有就收，没就丢。自然条件非常差的土地上种植作物，有时候是没有收成的。

107.过冬一间房，夏天一口塘。水牛冬天怕冷，夏天怕热。冬天要住在屋子里，夏天要趴在水塘中。

其十(月份均指农历)

1.分春落雨到清明。“分春”即立春。立春那天如果下雨，一直到清明都没有好的天气。

2.五九分春十九社。“九”是气象用语，冬至这天开始起九，第一个九天为“一九”，第二个九天为“二九”等。“分春”即立春，“五九”那天就是立春。“社”是旧时官府和民间祭拜土地神祈求丰收的地点和日子，根据祭拜的时间，分“春社”和“秋社”，也叫“上社”“下社”。民间一般俗定“十九”那天为“春社”。

3.二月二滴滴沥，蓑衣箬笠背上阁。二月二大天晴，蓑衣箬笠盖田塍。“滴滴沥”即下雨。“蓑衣”即用棕毛编成的雨披。“箬笠”即用竹篾和箬叶编成的斗笠。“背上阁”即放到楼上。“田塍”即田埂。二月初二下雨，预示今后一段时间都是晴天，不需用蓑衣和箬笠了。二月初二天晴，则今后一段时间雨水较多，下田劳作都要带蓑衣和箬笠，不下雨时都放在田埂上。

4.二月二晴，返冻到清明，柴草抽两重。“柴草”即山上的小树和灌木。二月初二若是晴天，寒冷天气会持续到清明。柴草第一次抽出的嫩芽会被冻死，待天气回暖后，还会第二次发芽。

5.不到惊蛰就打雷，七七四十九日天不开。不到惊蛰就打雷，接下来就会有很长一段时间的阴雨天气。

6.清明难得明，谷雨难得雨。清明时节雨纷纷，谷雨时难得下雨。

7.清明断雪，谷雨断霜。清明不下雪，谷雨才不会下霜。

8.三月清明山不青，二月清明满山青。清明节在农历三月，季节来得迟，山上的树木柴草还没有发新枝。清明节在农历二月则季节来得早，山上已是满山青翠。

9.清明前后，冻煞老鬼。清明节前后气温忽高忽低，老年人很难适应，要注意保暖。

10.杨柳青，夜夜蒙（岭北方言）。“蒙”即蒙蒙细雨。杨柳树发芽长叶的时候，晚上经常下雨。

11.春东风，雨祖宗。春天刮东风，带来了暖湿空气，遇到冷空气就会下雨。

12.春天毋滥旱，出门要端伞。“滥旱”指晴或雨。春天刚刚还是晴天，突然又细雨霏霏，所以出门须带伞。

13.春寒多雨水，夏寒雨不流。春天寒潮来袭就会下雨，夏天日夜温差大不会下雨。

14.春雨一大块，夏雨分牛背。春天下雨范围较广，夏天多暴雨但范围很小，故有牛背这边下雨，牛背那边没雨之说。

15.蘑菇云，一朝晴。天上出现蘑菇云，只有当天晴，次日就要下雨。

16.春雾一朝晴，夏雾雨来淋，秋雾晒煞人，冬雾雪封门。春天早上有雾，当天是晴天，第二天要下雨。夏天早上有雾，当天午后就有雷阵雨。秋天早上有雾，当天的太阳很大。冬天有雾，预示将要下大雪。

17.春天不露白，露白一朝晴。“露白”即有霜。春天下霜，当天是晴天，第二天就要下雨。

18.春霜三日白，晴到割大麦。春天连下三天的厚霜，之后要持续较长一段时间的晴天。

19.春天无烂路。春天水汽往上蒸腾，下雨后路面很快就会干。

20.惊蛰过，暖和和（岭北方言）。惊蛰过后，天气就暖和起来了。

21.发尽桃花水，必是旱黄梅。桃花开的时候降雨多，黄梅季节必是少雨。

22.四月南风多雨水，五月南风涨大水，六月南风井也干。四月吹来的南方暖湿空气遇到冷空气就会下雨；五月的南风势力已经很强，它带来了大量的暖湿空气，遇上未退却的冷空气就会下大雨；六月冷空气完全退却，南风带来的暖湿空气直往北去，留下的就是高温和干旱。

23.吃了端午粽，棉衣棉袄送。端午节后就不会再穿棉衣、棉袄了。

24.芒种晴皓皓，大水十八交。“交”即场。芒种时是晴天，接下来要下很多场大雨，发多次大水。

25.打鼓送梅，永世不回。梅雨季节结束时打雷，干旱就要来临。

26.梅里十日伏，伏里十日梅。梅雨季节和三伏季节是逐渐过渡的。虽还在梅雨季节，有时已有伏天的闷热。虽已进入初伏，但有时还有梅雨季节的影子。

27. 霜后暖，雪后寒。下过霜后暖和，下过雪后寒冷。

28. 夏至有风三伏热，重阳无雨一冬干。夏至时刮风，三伏天就会很闷热。重阳节无雨，则整个冬天都会以干旱为主。

29. 热在三伏，冻在三九。气温最高是在三伏天，气温最低是在三九天。

30. 六月初三晴，干煞深山老树林。六月初三是晴天，之后就会有较长时间的高温干旱天气，连深山老树都会被旱死。

31. 六月初三落，卖炭老妪戴金镯。六月初三下雨，之后就会风调雨顺，树木生长得快，烧炭就有原材料了。

32. 落雪暖，化雪寒。下雪时不冷，但化雪需要消耗空气中的热量会显得很冷。

33. 落千落万，落不到坦头岭坦（岭北方言）。夏季雷阵雨多发生在四周环山处，坦头、岭坦地处山间盆地的中心往往无雨。

34. 六月深夜雨，大熟年成。“深夜雨”即白天晴、晚上下雨。六月白天晴、晚上下雨，有充足的光照和丰沛的雨水，这年肯定是丰收年。

35. 六月秋，光溜溜。七月秋，满兜兜。六月就立秋，气候来得早，秋季作物生长期短，产量会受到较大影响。七月立秋，那肯定是个丰收年。

36. 雨打秋，没得收。立秋那天下雨，预示年景不好。

37. 大旱不过秋，过秋没得收。夏季的干旱一般不会延续到秋季，若接着秋旱，农作物就会绝收。

38. 秋老虎，十八朝。立秋后还有十八天左右的炎热天气，民间称为“秋老虎”。

39. 盐盅返潮，大水推桥。“盐盅”即装盐的陶罐。“大水推桥”即木板桥被洪水冲垮。盐盅返潮，说明空气湿度很大，预示着要下大雨，木板桥就有可能被洪水冲垮。

40. 七月抽拉撒，八月蒙雾洒。七月下雨断断续续，八月下雨像蒙雾洒落，绵绵不断。

41. 一番秋雨一番凉，三番秋雨添衣裳。每次秋雨过后都有不同程度的降温，下了几场秋雨后就要添衣了。

42. 七月秋风起，八月夜夜寒。七月开始步入秋天，八月就逐渐地冷了。

43. 七月半落雨，十月半下霜。七月十五若下雨，就要到十月十五左右才降霜。

44. 白露秋分夜，一夜寒一夜。白露和秋分后，天气就逐渐地寒冷了。

45. 八月十八云遮月，正月十五雪打灯。八月十八的晚上月亮被云遮住了，就预示着正月十五是个下雪天。

46. 八月蒙雾洒，有米无柴煨，有柴无米煨。八月下雨如蒙雾洒落，绵绵不断。如果家中柴火已烧尽，则无法上山砍柴，有米也无柴煮饭。如家中无存粮，稻子虽已成熟，但无法下田收割，有柴也无米煮饭。

47. 重阳无雨望十三，十三无雨一冬干。久旱后期望重阳节下雨，重阳节无雨则期望九月十三下雨，如果还无雨则一冬天都干旱。

48. 九月重阳卖臭肉。重阳节前后，气温很高，摆在肉案上的肉都会腐烂发臭。

49. 九月重阳暖，十月小阳春，十一月一个月冻，年尾年头要分春。“分春”即立春。指一年里真正寒冷的时间是很短的。

50. 鸡公高处鸣，明朝大天晴。“鸡公”即公鸡。公鸡站在高处放声鸣叫，第二天会是大晴天。

51. 十月无霜地也寒。十月的晚上，室外已较冷，就算不下霜，地面也是很冷的。

52. 立冬无雨一冬干，立冬落雨一冬烂。立冬这天若天晴，整个冬天少雨雪。立冬这天若下雨，整个冬天雨雪多。

53. 冬至前后，冻煞老鬼。一年中冬至前后是最冷的，年纪大且身体弱的人很难熬过。

54. 冬至月尾，冻煞老鬼。冬至月头，卖被买牛。这里的“月”指农历。

冬至在月尾，冬天非常寒冷。冬至在月头，冬天比较暖和，春天来得早，可以卖掉被子买牛准备春耕了。

55.干净冬至邋遢年，邋遢冬至干净年。冬至那天天晴，春节就是雨雪天；冬至那天下雨，春节就会是晴天。

56.冬至无日色，来年唱太平。冬至那天没有太阳，来年定会风调雨顺。

57.三九无雪，病虫打劫。三九时不下雪，越冬的病菌和害虫冻不死，来年病虫害一定很多。

58.头九落，九九落。“头”即一。“九九”即每一九。一九的时候是雨雪天，整个冬天雨雪天就会很多。

59.头九晴，二九晴，三九四九雪封门。一九、二九都是晴好天气，三九、四九就要下雪了。

60.一九二九不出手，三九四九冰上走，五九六九地开冻，七九八九河边看柳，九九杨花开，九九加一九，耕牛遍地走。一九、二九温度较低，手不露在外面，三九、四九已经结冰，五九、六九就没有冰冻了，七九、八九柳树已经发芽，九九杨树开了花，十九春耕就要开始了。

61.雨雪年边下，瑞雪兆丰年。年边下雪是吉祥的好兆头，预示着来年五谷丰登。

62.腊雪应梅雨，春雪应秋雨。冬天下雪多，来年梅雨季节雨水会很多。春天下雪多，秋天雨水充沛。

63.一块乌云遮头顶，有雨不吓凶。“不吓凶”即不很大、不很多。仅头顶上一块乌云，要下雨也不会下大雨。

64.一日黄沙三日晴，三日黄沙雨来淋。“黄沙”即沙尘天气。一日沙尘天气接着有三天晴天，接连三天沙尘天气就要下雨了。

65.七姑山落雨好晒谷，县城来雨沺破屋。夏秋季七姑山下雨不会影响伏岭一带，县城下雨会往伏岭方向发展，且雨势很猛。

66.七月蠓虫生牙齿，八月蠓虫投水死。七月的蚊子咬人特别厉害，八月的蚊子怕冷，感觉水面温度较高，钻到水里，结果被淹死。

67. 鸡不进寨，大雨浇菜。“寨”即鸡窝。鸡不进窝休息，说明气压很低不舒服，天要下大雨了。

68. 人热直跳，稻在田笑。夏天气温高，人觉得酷热难耐，但对水稻的生长很有利。

69. 干苍蝇，水蠓虫。天气干旱、气温高有利于苍蝇的繁殖，阴雨天、水分充足，有利于蚊子的繁殖，蚊子就多。

70. 干冬烂春。冬天少雨雪，春天就必然多雨水。

71. 三月无饭长天日。三月正是粮食青黄不接之际，白昼一天比一天长，农事也一天比一天繁忙，粮食不足的贫困人家的日子是很难过的。

72. 上社无雨干秧田，下社无雨干菜园。“上社”“下社”即春社秋社。上社日无雨，早稻秧田会干旱；下社日无雨，菜园会干旱。

73. 久晴大雾雨，久雨大雾晴。天晴很久突发大雾，天就要下雨。下了很久的雨再有大雾，天就要晴了。

74. 久晴必有久雨。每年的降水总量相差不大，一段时间多晴天，肯定有一段时间多阴雨。

75. 大水推干田。发大水过后肯定有一段时间是晴天，这时受大水冲击损坏的农田灌溉设施还来不及修复，农田无水灌溉，就会造成干旱。

76. 大冻三朝，小冻一七。大幅度降温，冷空气来得快，去得也快。小幅降温，冷空气则来得慢，去得也慢。

77. 天星稀朗朗，大水推后塝（岭北方言）。天上星星稀疏，说明有些星星已被雨云遮住，预示着要下大雨。

78. 日头当昼现，三日不见面。下雨天的中午出现太阳，很可能还要下几天的雨。

79. 日晕云，月晕雨。日晕预示多云天气，月晕预示将要下雨。

80. 家鸡早进寨，明天大天晴。“寨”即鸡窝。动物能感觉气压的变化，鸡早早地进窝休息，说明气压高较舒服，预示第二天天气晴朗。

81.太太生毛，半夜要嚎。“太太”即月亮。月亮被乌云遮得毫无亮光，半夜后很可能要下雨。

82.月月西风月月晴，六月西风做人情。刮西风后多为晴天，六月刮西风则会有局部雷阵雨，民间称“人情雨”。

83.月亮不开门，必定雨来淋。月亮被乌云遮住，肯定要下雨。

84.蚂蚁上路山戴帽，三日之内雨就到。“山戴帽”即云把山顶遮住了。蚂蚁搬家或山顶被云遮住了，三天之内就要下大雨。

85.蚂蚁搬家，大雨到家。蚂蚁感觉到要下大雨，就会从低处转移到高处。

86.月亮照湿地，落雨来不及（岭北方言）。下雨后，地还是湿的就出月亮，马上就会又要下雨。

87.月亮照湿地，三日不下地（岭北方言）。下雨后，地还是湿的就出月亮，往后三天不会有晴天，不能下地干活。

88.开门一阵，关门一夜。早上开门时突然下雨，只会下一阵雨。晚上关门时下雨，那就要下一晚上。

89.乌云出昌化，雨伞颠倒挂。浙江昌化方向的降雨一般影响不到绩溪十四、十五都一带，就可以把雨伞挂在墙壁上。

90.乌云扯进，大水淌饭甑。乌云扯出，大日头晒谷。“淌饭甑”即大水冲刷饭甑山。“大日头晒谷”即大太阳晒稻谷。胡家、磡头一带，若有乌云从外往里运动定要下大雨，若乌云从里往外运动则是大晴天。

91.乌云盖绩溪，雨伞沰来两边披。从县城下往伏岭、家朋方向的降雨，肯定是大雨。

92.南闪出夜华，北闪雨就来。“闪”即闪电。“夜华”即晚霞。傍晚时分，南面出现闪电，西面就会出现晚霞，预示着明天将是晴天。北面出现闪电，马上就要下雨了。

93.乌云过绩溪，天晴有得嬉（岭北方言）。“嬉”即到户外玩。绩溪县城有乌云，一般影响不到翚岭以北地区。

94.乌云盖旌德，披蓑衣戴箬笠。降雨从旌德下往绩溪岭北方向，那么翚岭以北一带肯定要下大雨。

95.南风转北，大水推屋。“南风转北”即刮南风突然转刮北风。“推屋”即水冲掉房子。南风从海洋中携带来大量水汽，突然与北方的强冷空气相遇，肯定有强降雨。

96.乌云过竦岭，蓑衣箬笠不要紧（岭北方言）。“竦岭”是上庄镇与歙县交界处的一座山岭。竦岭方向的降雨一般影响不到岭北一带，外出劳作不带蓑衣和箬笠也没问题。

97.乌云上徽州，路上干休休（岭北方言）。“徽州”指歙县。歙县有乌云，绩溪岭北不会有雨。

98.日头回富，明朝有主顾。傍晚太阳亮丽称“日头回富”，预示第二天是晴天，做工的人就会有人雇请。

99.长长到夏至，短短到冬至。夏至时白昼最长，吃了夏至面，一天短一线。冬至时白昼最短，吃了冬至面，一天长一线。

100.长五月，短十一月，不长不短二八月。夏至在五月，白昼最长。冬至在十一月，白昼最短。春分在二月、秋分在八月，日昼和黑夜平分。

101.春雪如梦。指春雪融化得特别快。

102.春分秋分日夜平分。春分和秋分那日的白昼和黑夜一样长。

103.东杠日头西杠雨。“杠”指彩虹。“日头”即太阳。东面出彩虹是晴天，西面出彩虹要下雨。

104.东边杠，红映映。西边杠，临夜放（岭北方言）。“杠”指彩虹。东面出彩虹第二天是晴天，西面出彩虹夜里就要下雨。

105.东切日头西切雨，南切乌云北切风（岭北方言）。“切”即闪电。傍晚时分，东面闪电，第二天是晴天；西面闪电，则预示将要下雨；南面闪电，第二天阴天有雨；北面闪电，要刮大风。

106.正月黄沙粪，二月黄沙灰，三月黄沙麦荡盔。“荡盔”即完蛋。“黄沙”即沙尘。正月、二月的黄沙落在庄稼上，经雨水淋洗，等于给庄稼施了一遍粪肥和灰肥。三月，小麦正扬花，沙尘会呛死花蕊，小麦产量会受到很大的影响。

107.早看东南，晚看西北。早上看东南方向可以知道当天的天气，晚上看西北方向可以知道次日的天气。

108.早华当日雨，夜华次日晴。“华”即霞。早上有朝霞，当天就要下雨。傍晚有晚霞，第二天肯定是晴天。

109.早华不过昼，过昼晒生臭。“华”即霞。“昼”指当昼，即中午。“晒生臭”即把食物晒得发臭。早上有朝霞，一般中午前就要下雨。若中午前不下雨，下午的太阳则特别大。

110.春无三日晴。春季连续三天都是天晴很少见。

111.早雷三尺水，晚雷一场空。早上打雷有大雨，晚上打雷雨会下得很小。

112.先打雷后刮风，有雨不吓凶。先打雷再刮风，不会下很大雨。

113.先打雷后落雨，落下来不到一木勺水。先打雷后下雨，雨量不会很大。

114.先落雨后打雷，落下来不好回。先下雨再打雷，雨量很大。

115.有雨山戴帽，无雨山冇腰。有雨的时候云雾罩住山顶，没有雨时云雾只会缭绕在山腰。

116.初三初四眉毛月，十五十六两头红，十七十八一更尽发，二十二三半夜起山。指月亮在不同时日的形态和起山落山的时间。

117.辰早乌溜溜，晏了晒乌龟。“辰早”即早晨。“晏了”即接近中午。早晨灰蒙蒙，近午太阳会特别大。

118.旱天无露水，伏天无夜雨。天旱时空气中的水分少，不会有露水，伏天大多是午后有雷阵雨，晚上不会下雨。

119.旱天雷雨急，不过牛背脊。天旱时气温高，要下雨都是雷阵雨，时间短、范围小，故夸张为牛背这面有雨，另一面没有雨。

120.冻冰上场，杀猪宰羊。地上结冰了，自然温度下可保存鲜肉和腌腊肉，农家就可以杀猪宰羊了。

121.来不见社，去不见社。燕子每年的上社后飞来绩溪，下社前就离开绩溪南飞了。

122.夜华夜华，挑水浇（润）茄。“夜华”就是晚霞。有晚霞第二天必是晴天，该浇水的蔬菜就要挑水来浇。

123.狗吃水，要落雨。看见狗吃水，天就要下雨了。

124.肥，肥不过春雨。瘦，瘦不过秋风。春雨滋润万物生长，秋风使万物凋零。

125.雨中知了叫，预告晴天到（岭北方言）。下雨时有蝉鸣，天就要放晴了。

126.雨打中秋月，元宵雪打灯。中秋节下雨，元宵节将下雪。

127.雨打中秋月，雪压望春花，霜打谷籽芽。中秋节下雨，望春花开了还下雪，播下的稻种已露芽了还有霜冻。

其十一

1.一都柴，二都米，三都姑娘四都被。五都遍养蚕宝宝，六都缸瓮手锅灶。七都鞭炮响，八都时雨香。绩溪的一都山林多，二都良田多，三都姑娘漂亮，四都盛产棉花，五都是历史上重点养蚕区，六都盛产陶土的缸、瓮和小锅灶，七都生产响鞭和爆竹，八都有久负盛名的金山时雨茶叶。

2.一世夫妻三年半。旧时，绩溪男孩十三四岁就出外学徒，要到二十多岁才回家娶亲，婚后又只身外出谋生。此后，每三四年才能回家探亲一次。

一对夫妇婚后到终老，在一起的时间合起来不过三年半左右。

3.绿景绿景，有茶有笋，嫁到绿景，十个姑娘九个肯。绿景村山清水秀，出产茶叶和干笋，经济发展好，这样的好地方是多数姑娘向往的归属之地。

4.一面嚎一面笑，扯根麦秆做叫叫。“叫叫”即哨子。这是逗小孩的顺口溜。

5.二月二做馃烧糊汤，糊汤糊田塍，糯米馃塞污窿。农历二月初二，农家都要做糯米粉馃，煮面糊或米糊汤，寓意用糯米馃把田埂的漏洞堵上，再用糊汤糊上，祈望田埂不漏水，获得大丰收。

6.丁脚粽，丁田塍。糊汤糊田塍，圆子馃塞污窿（岭北方言）。农历二月初二，农家都要做糯米粉馃，煮面糊或米糊汤，岭北还要裹一头尖尖的丁脚粽子，寓意是把田埂钉牢、糊密。

7.十三爹十四姨，十五十六不为奇。旧时十三四岁的男女就有已结婚生子的，十五六岁结婚生子就不足为奇了。

8.七不出，八不归。七出八归是迷信的忌讳，所以绩溪本地人一般都不选有七的日子出远门和有八的日子回家，婚丧嫁娶也要避开。

9.七里降，九里坑，还有一只新岭插上天。谓新岭之高。除了翚岭，岭南从七里降、九里坑过新岭也可以通往岭北。

10.逍遥茶，大鄣笋，岱下灵龙坑甘蔗伏岭饼，荆州山核岩下菌。“岱下灵龙坑”即伏岭镇的岱下村、灵龙坑村。“岩下”即绩溪海拔最高的横岩下村。“菌”即香菇、木耳和石耳。这句话是说这几个地方所产的优质特产。

11.七都牛，八都腔。七都的人很牛，八都的人讲话的腔调好听。

12.八十一，死不得。旧俗认为老人八十一岁死，对后代不利，子孙要讨饭。若真的有人八十一岁死了，出殡后回来的路上，子孙们要装着讨一次饭，以破解厄运。

13.三十里遥遥，四十里浙浙，行又不曾行，歇又不曾歇。“遥遥”即逍遥岩峡谷。从十三都经徽杭古道往杭州去，第一天要走一段平路然后从逍遥岩峡谷上到蓝天凹，共有三十里；再走四十里的下山路到颊口（也称浙口）。看似不是很远，但路上也没怎么休息。

14.宽刀为届，锄头为界。深山里无主的荒山，谁开垦了谁就有耕种权，用刀砍出来、用锄头挖出来的就是四至界限。

15.扇子扇凉风，扇夏不扇冬，有人问我借，等过八月中。天热时不肯借人扇子的托词。

16.顺眼跳财，反眼跳灾。“顺眼”即右眼，“反眼”即左眼。迷信认为右眼跳有财运，左眼跳有灾祸。其实，眼跳是眼皮抽搐，与财和灾毫无关系。

17.大大临溪镇，小小绩溪城。临溪自然条件得天独厚，交通十分便利，是绩溪境内最大的水陆码头，清代以前临溪就已成为徽州知名的商埠集镇，鼎盛时期，其营业税额占全县的百分之六十。故有“大大临溪镇，小小绩溪城”之说。

18.大头大头，落雨不愁，人家撑伞，我有大头。这是绩溪当地人跟头比较大的小孩逗乐的话。

19.大石门太尉殿，岭上岭下打索面。“索面”即挂面。大石门村有一个很有名的太尉殿，相邻的岭上岭下两个村的人家会打挂面。

20.水楂青，饿断肚肠筋；水楂红，饿煞人；水楂烂，白米饭。“水楂”即山楂。山楂果青和山楂果红的时候，正值粮食青黄不接的时候，缺粮严重的山区，许多人家要饿肚子。山楂果腐烂了的时候，稻子就成熟了。

21.磡头磡，上床三档磡。形容磡头村的磡多。

22.无徽不成镇，无绩不成街。指徽州人和绩溪人对外地许多城镇和街道的形成、发展起了非常大的作用。

23.前眼塘，后眼井，三日不落雨，干煞东青岭。家朋乡的东青岭村地处高坡，虽有水塘水井，但稍有干旱，饮用水就奇缺。

24.不种田白米饭，不养猪肥烂烂。指不种田的人照样有白米饭吃，不养猪的人照样有肉吃。

25.父子不同穴，叔侄不同桌。绩溪当地农村的旧习俗。父、子死后不能葬在同一处墓穴中，摆酒席时不能把叔叔和侄子安排在一个桌子上。

26.开门姑关门嫂。若儿子和女儿年岁相差不大，当地的习俗是要先把女儿嫁出去再娶儿媳。

27.生要在苏州，嬉要在杭州，死要在徽州。苏州对小孩子出生庆贺的仪式最隆重，杭州风景秀丽，是游玩和居住的好地方，徽州的安葬仪式最隆重，所以说生要在苏州，嬉要在杭州，死要在徽州。

28.头等先生腊八边，二等先生月半边，末等先生年脚边。指旧时不同的教书先生放年假的时间。好的教书先生腊八就放假了，差一点的要到月中放假，最差的要到年末才放假。

29.只准骑马，不准抬轿。指旧时吃盐豆的规矩。用筷子夹盐豆时只能将筷子竖起来夹（叫骑马），一次只能夹起一粒。不能将筷子平着挑（叫抬轿），以免一次夹几粒。

30.石街头，笆篱山，十年大旱九年干。干煞石街头，饿煞笆篱山。石街头、笆篱山是现扬溪镇丛山村委会的两个自然村。“干煞”即旱死。“饿煞”即饿死。石街头、笆篱山地处新安江和水阳江两水系的分界处，地势高，土地贫瘠，旱灾频繁，村民常常食不饱肚，有些年份甚至连水都喝不上。20世纪70年代后，由于大力兴修水利工程，情况大为改观。

31.田圩黄基坦，挑水端中饭（岭北方言）。田圩、黄基坦是现长安镇的两个自然村。旧时，这两村的村民要到很远的地方去挑饮用水，形象地说挑一担水要带上中饭。

32.龙后锅灶汪里缸。龙后即六都的一个小村庄，盛产锅灶（炭炉）。汪里即黄泥塘村，旧时称汪里塘，有世代相传的制陶工艺。

33.尔种树，我遮阴；尔买田，我做中；尔讨老孺，我接亲。形容两人的关系非常好。

34.出勤磨洋工，歇工打冲锋。干活时磨洋工，收工时像冲锋一样。

35.直刀不用，弯刀听斫（岭北方言）。岭北的坦头村人多山少，薪柴不足，过去经常有很多人到冯村的山上去砍柴。两村为此事也经常闹纠纷，甚至发生群殴事件。后经调解，冯村作出了让步，最终决定，坦头村人可以到冯村的山上砍一些较细的柴，即“直刀不用，弯刀听斫”。

36.金（荆）岭高高，翚岭迢迢；不端中饭，性命难逃（岭北方言）。金岭、翚岭山高路远，到这里劳作或路过，不带中饭是会被饿坏的。

37.百坑草鞋百坑着，过了金岭打赤脚（岭北方言）。“着”即穿。百坑人编的草鞋不是很结实，过了金岭就散架了。

38.尚田的人头，梅山尚田降的拳头，陈村的笔头。尚田村面积大人口多，梅山和尚田降善习武，陈村文人多。

39.好铁不打钉，好男不招亲。好的铁不用于作钉子，好男儿不做上门女婿。

40.好汉阄上死。抓阄定的事是无法反悔的。

41.坦头六亩丘，吃水用杯兜。三日不落雨，吃尽田沟水。这是过去伏岭镇坦头村、六亩丘村一带饮用水十分稀缺的真实写照。

42.十八朝请汪公，西坑赛琼碗，胡家舞龙灯。这是十四都西坑和胡家两个村祭祀汪公的民俗活动。

43.有用的子孙出外赚钱，无用的子孙在家挂钱。“挂钱”即扫墓。有能力的子孙在外赚钱，没有能力的子孙在家扫墓。

44.走到渔梁，忘了爹娘，走到深渡，忘了朝婺。“朝”即爷爷。“婺”即奶奶。渔梁和深渡是水路去苏浙沪的必经码头。形容有的人还在去闯天下的路上就忘了家里的人。

45.伏岭伏岭，光山秃顶，要想种粮，化肥枯饼。“枯饼”即榨过油的饼状油渣。伏岭一带的山体均为花岗岩，十分的贫瘠，后因人为的破坏，山林被砍光，水土流失严重，要想在这里种粮食，必须要用化肥和枯饼。

46.先有山云寺，后有小九华，小九（华）本从山云来，大九（华）还从小九（华）去。传说地藏王先在山云寺挂单，后到小九华建寺修行。后来，地藏王感到上游有村庄，有污水流下且小九华地域不够开阔，容不了众多香客，就迁至青阳大九华。

47. 男怕三六九，女怕一四七。民间迷信认为男子年龄逢三六九是个坎儿，女子年龄逢一四七是个坎儿。

48. 杨滩新屋下，大水推屋瓦（岭北方言）。山洪暴发时，地势较低的杨滩村和新屋下村河边的房子有被洪水冲毁的危险。

49. 闰七不闰八，闰八一刀杀。“闰”指闰月。民间认为闰八月的年份有灾祸，这是迷信的说法。

50. 初三、十一，不消拣得。绩溪当地人认为农历每月的初三、十一都是吉日。

谜　语

其一

1. 一只脚咚咚咚，二只脚报天明，三只脚高台坐，四只脚守大门。（打四种用具或动物）

谜底：杵。公鸡。香炉。狗。

2. 一子尖尖，二子圆圆，三子打伞，四子捏拳，五子铃铛挂，六子挂铃铛，七子一身毛，八子一身疮，九子光碌碌，十子溜溜光。（打当地的十种蔬菜）

谜底：一子竹笋，二子芋头，三子香菇，四子蕨菜，五子刀豆（四季豆），六子角豆（豇豆），七子冬瓜，八子黄瓜，九子南瓜，十子茄子。

3. 一眼当堂，两目无光，三餐不吃，四肢无力，五谷不分，六亲不认，七孔不通，八面威风，九（久）坐不动，十（实）在无用。（打一物）

谜底：木头菩萨。

4. 一只老鼠，二个尾巴。（打一厨房用具）

谜底：碌粿槌。

5. 一条蛇，板壁爬。（打一度量工具）

谜底：木杆秤。

6. 一日咄、咄、咄，夜下隑角作。（打一物）

谜底：拐杖。

7. 一只小狗，挂在门口，客人一见，回头就走。（打一物）

谜底：门锁。

8. 一只布袋三个口，有两腿又冇手，谁人离开它，出不了房门口。（打一服饰）

谜底：裤子。

9. 八仙桌上一鸡公，平时打坐万事空。客人行进门，尾巴一翘嘴一伸。（打一待客用具）

谜底：茶壶。

10. 又圆又扁四只角，又黑又臭真触恶，好的墟在不许放，不好的墟在就要放。（打一中成药）

谜底：中医用的膏药。

11. 上圆下方，下圆上方，外圆里方，里圆外方。（打四种用具）

谜底：竹篓。竹筷。铜钱。旗杆墩。

12. 三尺布做条裤，裤又不像裤。古怪又怪古，尔条裤有两个肚。（打一外出随身物）

谜底：捎马。即出门客的搭肩袋，前后都有袋子。

13.小时紧皮紧夹，大起来披头散发。（打一植物）

谜底：竹子。

14.小时一株苗，大时一根树。树上结了很多棚，棚里住着许多小小人。（打一作物）

谜底：芝麻。

15.日里噼哩扑嘟，夜下竖起屁股到天光。（打一厨房用品）

谜底：瓷饭碗。

16.少时青青老来黄，捶捶打打配成双，送君千里终一别，大限来时丢路旁。（打一用品）

谜底：草鞋。

17.不是高官和将军，不会武也不能文，定时发命令，人人肯服从。（打一计时器）

谜底：自鸣钟。

18.四合院里一个家，五男二女都不差，做起事来啪啪响，收钱讨账顶呱呱。（打一计算工具）

谜底：算盘。

19.四个铁锤，两个铁键，后头拂尘，前头打扇。（打一动物）

谜底：牛。

20.四四方方一个村，村里住了一连兵，出外打一仗，死一个火头兵。（打一厨房用品）

谜底：火柴。

21.古怪真古怪，肚上四只奶。（打一家庭用具）

谜底：筲箕。为了耐磨筲箕底上安上四块竹块垫底。

22.头顶青丝发，身穿鱼鳞甲，不怕风和雨，只怕磨刀杀。（打一乔木）

谜底：松树。

23.头戴红冠帽，身穿彩色衣，虽非英雄汉，唱得万户开。（打一动物）

谜底：公鸡。

24. 头戴珍珠脚踏泥，身段高低一般齐，文武百官人人爱，皇帝少俺不登基。（打一作物）

谜底：水稻。

25. 生在山中绿叶青，住在房中冷冰冰。主人接客先接我，客人谢主知俺恩。（打一饮品）

谜底：茶。

26. 生在山崖，落在人家，冷水浇背脊，千刀万刀花（划）。（打一工具）

谜底：磨刀石。

27. 兄弟两个一样长，日夜守在锅灶旁，日里发热，夜下退凉。（打一厨房用具）

谜底：夹火钳。

28. 兄弟七八个，从细箍着过，老来闹分家，衣裳全扯破。（打一蔬菜）

谜底：大蒜。

29. 兄弟三四个，日日夜夜做，忙到三十夜，还是吊起来过。（打一粮食加工用具）

谜底：水碓。

30. 兄弟百把百，出门做水客，天旱赶出去，大雨回家歇。（打一工具）

谜底：水车。

31. 半山壊里一只红麻雀，只能看不能捉。（打一生活现象）

谜底：灯火。

32. 半山壊里有个老人家，不粘不惹渠要咬人家。（打一植物）

谜底：荆棘。

33. 半空里一个鳖，动一动，就落雪。（打一粮食加工用具）

谜底：丝箩。

34. 白石头砌塘塝，红鲫鱼荡啊荡。（打人的两种器官）

谜底：牙齿和舌头。

35. 出门滚丁胖，来家瘦精精，隑到板壁下，眼泪涕淋淋。（打一用具）

谜底：雨伞。“滚丁”即很、非常。“隑”即斜靠立着。“板壁”徽派建筑中用木板装饰的墙壁。

36. 稀奇稀奇事，三只脚不落地。（打一农具）

谜底：挑猪牛粪用的粪箕。

37. 全身白如雪，腰里有个结，从来不见水，日夜水里歇。（打一水生动物的器官）

谜底：鱼鳔。

38. 竹打栏杆肚子空，服侍小姐过一冬。（打一取暖用具）

谜底：火熥。

39. 红红碗，绿绿盖，跌下地，粉乌碎。（打一蔬菜）

谜底：西红柿。

40. 老子着麻衣，儿穿大红袍，老子一笑，儿子一跳。（打一干果）

谜底：栗子。栗子外面是一个带刺的麻球状的厚壳，里面是大红色薄壳的栗籽。厚壳裂开，大红的栗籽就出来了。

41. 有个小姑娘，身着花衣裳，尔要惹着它，它就戳尔枪。（打一昆虫）

谜底：蜂。

42. 早早桶，晏晏桶，半夜五更桶；有柄桶，没命桶，照明桶，上下颠倒桶；有底有盖桶，没底没盖桶，有底无盖桶，有盖无底桶；有档桶，木挎桶，还有高挎桶。（打十四种木桶）

谜底：早早桶是木头的洗脸盆，晏晏桶是晚上洗脚用的木头盆，半夜五更桶是马桶；有柄桶是有柄的木勺桶，没命桶是杀猪或腌菜用的大旺桶，照明桶是点灯用的灯盏盆，上下颠倒桶是用木头箍的锅盖；有底有盖桶是装干货的木桶（也叫寄桶），没底没盖桶是小孩坐或站的隑桶，有底无盖桶是洗澡用的木头浴盆，有盖无底桶是蒸饭用的木头饭甑；有档桶是喂猪用的木头猪食盆，木挎桶是挑水用的木头桶，高挎桶是挑大粪用的安有竹挎或藤挎的粪桶。

43. 两个姑娘一样长，一个模样两样心肠。（打一物）

谜底：对联。

44. 两个姑娘一样长，酸甜苦辣她先尝。（打一物）

谜底：筷子。

45. 两个姑娘白如葱，落在人间受苦刑，看着家家团圆聚，心焦常到二三更。（打一物）

谜底：灯草。

46. 饭盆梗饭盆，听打不开门。（打一物）

谜底：鼓。

47. 远看像条牛，近看无牛头，肚里轱辘转，珍珠往下流。（打一粮食处理工具）

谜底：风车。

48. 肚大冷冰冰，专吃红点心，封了渠仂口，满肚变焦公。（打一厨房用具）

谜底：杀火兜。“杀火兜”即一种有盖的陶罐。把红炭火装入罐中，盖上盖子，炭火与空气隔绝熄灭变成黑炭。

49. 藤绕丝，纸贴藤，里头开花，外头见红。（打一物）

谜底：灯笼。

50. 杭州来了个客，越来越矮趴。（打一用品）

谜底：香。

51. 嘴巴老阔，捏着重煞，含着红烧肉，吐进土宝塔。（打一物）

谜底：火锹。

52. 弯弓弓，斜势势，着进去，正合意。（打一生活用品）

谜底：袜子。

53.独木造高楼，有瓦有砖头，人在水下走，水在人上流。（打一雨具）

谜底：雨伞。

54.胞哥在东边，胞弟在西边，隔座茅草山，今世不见面。（打一身体器官）

谜底：耳朵。

55.铁嘴铁牙齿，爬上树就屙屎。（打一劳动工具）

谜底：锯子。

56.矮矮树，低低丫，矮矮树上开黄花。黄花结桃子，桃子破了露白花。（打一作物）

谜底：棉花。

57.圆圆门阙，斜斜门楼，官家小姐，不见日头。（打一爬行生物）

谜底：蜗牛。

58.圆筒装面糊，早晚挤一点，三十二兄弟，都讲不能省。（打一卫生用品）

谜底：牙膏。

其二

1.一头有毛一头光，插进洞刷石塝，扯出来血夹浆。（打一卫生行为）

谜底：刷牙。

2.短短五寸拐，插进去浆就来。（打一卫生行为）

谜底：刷牙。

3.三头六耳四脚行，一半野兽一半人。（打一民俗表演）

谜底：舞狮。

4.小小戏班请进来，皮门板扇搭舞台。第一出韩文公扫雪，第二出伯乐出勤，第三出姜太公钓鱼，第四出吕洞宾推磨。（打一床上用品制作过程）

谜底：手工制作棉絮。

5. 不要斧头不要锯，做起屋来真有趣。不要斧头不要刀，做起屋来老蛮高。（打一飞禽的活动）

谜底：鸟筑巢。

6. 四脚蹲地四脚球，一个欢喜一个愁，你要想回老家去，让我送你到常（肠）州。（打两种动物的活动）

谜底：猫捉老鼠。

7. 青丝线，白丝根，荡荡脚嫁老公。（打一农事）

谜底：水稻秧苗移栽。

8. 红伞顶黑伞，黑伞顶珍珠，珍珠顶宝盖，宝盖顶零碎。（打一厨房活动）

谜底：铁锅烧饭。

9. 赤骨肉出门去，穿着衣裳来，困倒一顿打，赤骨肉爬起来。（打一作物的种和收）

谜底：豆类作物的种、收、脱粒。

10. 呼噜进，呼噜出，巷弄口焐垃圾。（打一种行为）

谜底：用烟筒抽旱烟。

编后语

书名《绩溪方言俗语》，顾名思义，此书的重点和难点都在收集整理绩溪民间流行的以方言为语音载体的俗语。虽然民歌、民谣也是方言俗语重要的组成部分，但是先前方静先生已出版过这些方面的专集，本书就不再进行收集整理。方言俗语有很强的地域性，受收集整理者生活范围所限，不可能将绩溪所有地域的方言俗语全部收集起来。方言俗语也会随着时间的推移和社会的发展，有的被淘汰和淡忘，有的也会带上时代的印痕，产生一些新的内容。本书的这些内容对于丰富无比的绩溪方言俗语来说，仅仅是九牛一毛。

在这次收集整理过程中突出了绩溪方言的特有性，有些外来语和汉语普遍使用的俗语，大部分都没有收录进来，但绩溪人经常使用的也收录了一部分；有些不雅和带有侮辱性、歧视性的方言俗语也没有收录进来；方言俗语故事中已介绍的俗语在俚语、谚语篇章中大多不再采用；还有一些不好归类的也没有编入。本书在每条俗语的后面加注了本人所理解的含义，少数的条目还加了例句。由于本人对国际音标注音一无所知，汉语拼音水平也不是很高，故没有对书中俚语、谚语等条目予以注音，实是一大憾事。

绩溪方言有独立的语音却没有独立的文字，这给绩溪方言俗语用文字记录带来了很大的困难。用普通话文字记录时，有些字意同音不同，读起来不能朗朗上口，失去了方言表述时的韵味；有些俗语无法用准确的文字表达，所以词不达意。绩溪属山区，旧时交通闭塞，各地语言均有差异，有十里不同音之说，和外县接壤的边界地区与县域中心区的语言也有较大的差异，翚岭把县域隔成岭南和岭北，岭南与岭北的语言差异就更大，这次收集整理的方言俗语大多是通用的，地域专用的就作了特别注明。

由于本人水平有限，书中表述的条目和释义肯定还有不少的错误，书中的有些观点不一定正确，有些提法、说法可能不够准确，但求方家不吝指正。斗胆拿出拙作，就是想将绩溪的方言和俗语用文字的形式留存于世，也算抛出引玉的砖吧！渴望更多的热心人参与挖掘、抢救绩溪方言这一宝贵的非物质文化遗产行动中来。

本书的谋篇布局得到了方静、汪后华两位先生的悉心指导。书稿基本成型后，我将之打印数本，在全县不同的区域又选了十多位土生土长的、热心于方言保护的人士再作田野调查，征询意见和补充收集。在汪后华、胡亚虎、赵正中、汪自源、汪婉青、曹新体、章洪立、许蕴仪、胡汉民等先生的帮助下，使本书的内容得到了进一步的充实，使书中有些释义更加准确。在这次田野调查中方静、方军两位同志不辞劳苦，帮助联系、陪同调查，使这次历时一年多的调查进行得非常顺利。在本书出版之时，得到了安徽师范大学历史与社会学院徐彬院长及安徽师范大学出版社孙新文老师的鼎力帮助。对以上各位先生和同志再次表示感谢！八年磨一书，在这八年中，始终得到了家人的理解、帮助和支持，在这里也对他们说声谢谢！

邵名农

二〇一九年十月